子ども像の探究

子どもと大人の境界

是澤博昭・是澤優子

世織書房

はじめに

時代により変化する子ども観

　親が愛情をもって子どもを大切に育てる。それは人類の誕生以来受け継がれてきた、子育ての原則であろう。時代や地域を超えて、子どもは愛されてきた。だが、子どもへの接し方、遇し方、育て方をはじめとする、社会の子どもの見方、いわゆる「子ども観」は各々の時代（社会）によって変化する。

　かつて農村などでよく見られたイズミ（メ）・エジコなどと呼ばれる、藁をやや浅い筒形に編み上げ、乳児を入れておく籠（かご）は、現代人の感覚からいえば育児放棄ととられかねない。子どもが誕生して3日目または7日目以降に入れるが、尿や便を吸収するように籠の底に灰や藁などを敷き、そこにおむつをしない子どもを入れ、身体の回りを布団などで包み固定する。そして乳幼児を動けないようにして、親は仕事にでる。

　イズミは、家内中が農（林業や漁業）作業などにでた後、乳児の子守をする人がいない場合に用いられた。子守を雇える家や孫の守りをしてくれるお年寄りのいる家は別として、イズミの中の生活は基本的には生後数カ月から歩けるようになるまで続くが、時には歩き始めても入れておく場合もあった。両親が田畑から帰ってくるまで一人で置かれ、その間に猫や犬、鼠に噛みつかれるなど、時には痛ましい事故もあったという。

　戦後、農作業の機械化などによる人手不足の解消や保育所などの充実、また長時間子どもを放置することの教育や衛生上の問題などもあり、イズミは姿を消す。しかし、関東や東海地方では第2次世界大戦前まで、青森や岩手、秋田県などでは昭和30年代まで頻繁に使用されていたというから、地方によっては最近まで続いていた子育てなのである[1]【図1】。

愛され・育まれる子ども

　だがこれは乳幼児への配慮が十分になされていない結果なのだろうか、いわゆる育児放棄なのだろうか。近年紙おむつが発達し、吸収力が高く、通気性に優れた商品が数多く出回っている。尿や便を排泄した後の不快を感じさせず、また漏れにくいので長時間おむつを取り替えないままでいる乳幼児をよく見かける。預かり手がなく、農繁期は母親も含め家族全員が働かなければならない生活の知恵から生まれたイズミも、性能のよい紙おむつも、子どもの尿や便を吸収させたままにしておくという事実にはかわりがない。従って、それは同一には論じられないだろう。

図1　エジコ（イズミ）

（岩手県立博物館ホームページ〈http://www.pref.iwate.jp/~hp0910/korenaani/f/001.html〉）

　科学技術の進歩により子育てに便利な商品が開発され、法律により児童の保護規定がいくら整備されても、それを現在の常識から照らし合わせて、時代の進展とともに昔より子育てをめぐる環境が整備され、子どもが大切にされるようになった、と断言できるだろうか。親が愛情をもって子どもを育てるという点では、子育てに手がかからなくなった分だけ、むしろ退化しているといえなくもない。では私たちが昔の生活から失してしまったものは何だろう。

　その一つに、子どもの成長する力への信頼や神秘性があるのかもしれない。生命の誕生のメカニズムが科学的に解明されることで、私たちは誕生前の幼い命の尊さを知った。だがそのことと同時に、人間の生命をコントロールできる範囲が広がり、伝統的な子育て観に見られる、「七つ前は神のうち」とされた子どもへの畏敬の念は失なわれてしまったのではないだろうか。

1　祖父江孝男・須江ひろこ・村上泰治「エジコに関する文化人類学的研究——分析及び地域的変異について」『人類学雑誌』66号、2月号、1957年。

現在子どもは幼い頃から親の愛情が注がれ、大切に育てられるが、必要以上に管理され、教育されているように思われる。それはある意味で、子育てにそれほど気を配らなかった前近代社会より、かえって親子や家族の関係が希薄になっているといえなくもない。

繰り返すが、愛され、育まれる子どもはいつの時代にもいる。だが育て方の常識をはじめ、理想とする「子ども像」は時代とともに移り変わる。現在のような子ども観を受け入れる中で、どのような子ども像が現れてきたのだろうか。

アリエス[2]は名著『〈子供〉の誕生』で、その果たすテーゼを２つに要約している。それは第一に伝統的な社会を解釈すること、そして第二に今日の産業社会の中で子どもや家庭が占めている位置を確認することだ[3]。まず過去を解釈し、現在の子どもや大人がどのような位置にいるのか確認すること。それによって初めて私たちは何を失い、何が変わったのかを、考えることができる。そうすることで現在、私たちが抱いている「子ども像」の本質が見えてくるのではないだろうか。

本書が扱う子ども

「子ども学（児童学）」が扱う「子ども」という存在には、第１章で詳しく述べるように二重の意味がある。それは①大人（社会）の立場から見れば、大人へと成長し発達する未完成な存在であり、逆に②子どもの側から考えれば、大人とは異なる独立した異文化にいる存在ということになる。本書では、①のような立場を前提とする「社会化」とか「教育」という言葉を考慮にいれながら、できるだけ②のような子どもの世界観を大切にして考えていきたい。

だが、自分が通過した子ども時代を振り返り、主観的に考えるのではない。

---

2 アリエス（Philip Aries［1914～1981］）フランスの歴史家。1979年に社会科学高等研究院研究主任に迎えられるまで「日曜歴史家」と呼ばれながら独自の歴史研究を進める。

3 （杉山光信・杉山恵美子訳）『〈子供〉の誕生——アンシァン・レジーム期の子供と家族生活』（みすず書房、1980年）２頁。

もちろん「子ども」の視点から、子ども像を探求することでもない。私たちはすでに子どもの世界を失ってしまった「大人」だからだ。「子どもがわからなくなった」という言葉をよく耳にするが、子どものことがすべてわかるというのは幻想である[4]。まずそのことを確認することから始めたい。

それでもかつて子どもであり、子どもを育てる親であり、児童文化[5]を勉強するわれわれは、できるだけ①の呪縛から逃れて、大人は子どもをどのように見てきたのか、大人の立場から、いわゆる子ども像を（児童）文化という視点から探究したいと考えている。それは大人とは異なった世界に生きる特別な存在として、今の子どもの世界を客観的に見ることである。

本書は、第1章で現在の子ども像を成り立たせている基本的な構成要素を整理した後、歴史的視点を踏まえて、第2章・第3章では、伝統から近代まで日本の子ども像の成り立ちを概観する。第4章・第5章では、近代の特徴である保護され、教育される対象としての子ども観の本質を考察する。最後に第6章・第7章では、映像文化の出現とともに消滅したとさえいわれる「子ども期」の現状を見てみよう。

今日、私たちが常識として受け入れている子ども像を成り立たせている源を振り返ることは、同時に、新しい子ども像を探求するための出発点を確認することにつながるだろう。「現在を理解する鍵として過去を征服し理解する」（E. H. カー）こと[6]、それが現代の子どもをめぐる諸問題を考えるための第一歩だと、私たちは考えている。

それはまた子どもという存在を通して、近代社会の成り立ちの一端を精査し反省することにもつながるだろう。「少年犯罪は社会を映す鏡である」と

4　本田和子『異文化としての子ども』（ちくま学芸文庫、1992年）19頁。
5　日本独自の用語。①子どもがみずから創造したもの、②大人が子どもにために与えるもの（児童文化財［テレビ番組・児童文学・絵本・紙芝居、人形劇他］や児童文化施設［動物園・水族館・児童館他］がある。またそればかりではなく、子どもに関する政策や施設・活動など、子どもに関するあらゆる行動様式を含む概念である。「児童文化」という語は1920年代に使われ始め、昭和に入った1930年代から一般的に用いられるようになったという（滑川道夫『児童文化』東京堂、1970年、13～14頁）。
6　カー（Edward Hallett Carr［1892～1982］）イギリスの歴史家、国際政治学者。清水幾太郎訳『歴史とは何か』（岩波新書、1962年）33頁。

いう語は、決して理由のないことではない（5章参照）。子どもを学ぶことは、自分（大人）を見つめなおすだけではなく、もっと大きな社会、さらには文化を学んでいくことにもつながるのである。

目　次

はじめに …………………………………………… i

1章　子ども像の源流 …………………………………… 3

1　新しい子ども ………………………………… 3
　1　「子育て」への喜び　3
　2　教育によって創られる？　5
　3　大切な子ども期　6

2　大人という存在 ……………………………… 7
　1　教育と社会化、そして発達　7
　2　大人への成熟──子どもの発達段階　10
　3　後退りする大人　13
　4　未成熟の魅力　15

3　子どもと文化 ………………………………… 16
　1　文化という語　16
　2　文化とは──文化人類学の立場　18
　3　文化相対主義と文化変容　20
　4　後天的に学ぶ子育て　22
　5　環境に適応する過程　23

4　子どもの世界 ………………………………… 24
　1　異文化にいる子ども　24
　2　子どもから見えるもの　27

　　　　【付論1】　子ども・子供の表記について　………　30

2章　伝統社会の子ども ………………………………………………………… 34

　　1　中世から近世へ ………………………………………… 34
　　　　1　子どもを表す漢字──児・童・稚児　34
　　　　2　聖なる存在　35
　　　　3　働き、学び、遊ぶ子ども　36
　　2　近世の子ども ………………………………………… 37
　　　　1　「小さな大人」の誕生　37
　　　　2　江戸時代の玩具　38
　　　　3　遊びと願い──子どもの健やかな成長　40
　　　　4　乳幼児の死亡率の高さと魔除け・厄除け　41
　　　　5　しつけ（躾）られる幼児　43
　　3　民俗文化に見る人の誕生──七つ前は神のうち
　　　　　　　　　　　　　　　………………………………… 43
　　　　1　不安定な霊魂の安定　43
　　　　2　産育儀礼──妊娠から七五三まで　45
　　　　3　子どもと大人の区別　51
　　　　【付論2】　イズミから子守へ──「おんぶ」に見る近代
　　　　　　　　　　　　　　　………………………………… 53

3章　近代日本と子どもの誕生 ………………………………………… 62

　　1　近代日本の子ども ……………………………………… 62
　　　　1　近代国家と子ども　62
　　　　2　新しい子ども観の登場　64
　　2　幼児教育と教育玩具 …………………………………… 65
　　　　1　フレーベルと幼稚園　65
　　　　2　恩物──幼児のための教育玩具　67

3　遊びと教育　69
　3　教育対象としての子ども──教育玩具とその時代 ……………………… 70
　　　1　教育玩具の紹介　70
　　　2　児童研究運動と教育玩具　72
　　　3　教育玩具ブーム　73
　　　4　教育の商品化　74
　　　5　教育玩具流行の背景　76
　4　教育される子どもの拡大 ……………… 77
　　　1　玩具の近代化──明治後期から大正期　77
　　　2　教育家族の普及・拡大──高度成長期　79
　　　3　現代の「教育」玩具　81
　【付論3】「教育玩具」から見えるもの ……… 83
　【付論4】日本の幼稚園の誕生と児童保護 ……… 85

4章　子どもとは──保護と教育の対象 …………… 89

　1　子どもの現状と権利 ……………… 89
　　　1　大切にされる子ども時代──少子化と教育　89
　　　2　長くなった大人への道①──厳しい就業の現実　94
　　　3　長くなった大人への道②──ひきこもる若者　95
　　　4　世界共通の子ども観　96
　2　近代の子ども観 ……………………… 99
　3　教育の必要性──児童労働と学校 ……… 102
　　　1　産業革命と児童労働　102
　　　2　児童労働の現状　104
　　　3　子どもを守り育てる学校　105
　4　保護と教育 ………………………… 108
　　　1　なぜ子どもに教育は必要なのか　108
　　　2　二つのキーワード　110

【付論5】サンタモニカ事件に見る日米の子ども観、
　　　　 そして子どもの権利 …………………… 111

5章　子ども像の変容 ……………………………………………… 117

1　児童福祉と子ども ………………………… 117
　1　18歳は大人か子どもか　117
　2　児童福祉法──健やかな育成　121
　3　児童虐待　123
　4　虐待の事例　124

2　もう一つの児童虐待 ……………………… 125
　1　捨子の運命　125
　2　明治期の乞食小僧　126
　3　保護されない子どもたち　128
　4　児童保護の浸透　129

3　「少年法」と子ども ……………………… 131
　1　「少年法」の理念と保護主義　131
　2　健全育成　132
　3　小さな大人観　132
　4　モンスターとしての子ども　133
　5　消滅した子ども　134

4　永山事件と光市母子殺人事件──19歳は大人か子どもか
　　　　　　　　　　　　　　　　　　　　　　 ……………… 136
　1　永山事件の概要　136
　2　心境の変化──死から生へ　137
　3　永山則夫の罪と罰　138
　4　永山基準と光市母子殺害事件　139

【付論6】何歳まで罪が問えるのか
　　　　──神戸連続児童殺傷事件・佐世保小6女児殺害事件
　　　　　　　　　　　　　　　　　　　　……………………… 141

6章　テレビ時代の子ども文化 …………………………………… 146

1　高度経済成長と遊び空間の変容 ………… 146
1　高度経済成長下の子ども　146
2　遊び環境の変化──空き地・原っぱ・道からの追放　150

2　テレビに惹かれる子どもたち ………… 157
1　テレビの普及──家庭に届く映像情報　157
2　子どものテレビ視聴と大人の心配　160
3　まねをする子ども　165

【付論7】子どもの歌に見る生活の変化──鞠つきと羽根つき
　　　　 ………………………………………………… 171

7章　情報化社会と子ども
　　　　──子ども文化の商品化と遊び空間の変容 ………… 178

1　情報化と子ども文化 ……………………… 178
1　メディアミックスの時代へ　178
2　消費を誘う遊び　183
3　キャラクターの「価値」と子どもの消費行動　186

2　大人を取りこむ児童文化 ……………… 187
1　大人社会を巻き込む子ども向け文化　187
2　子ども時代の文化体験の行方　190

3　電子空間の遊び ……………………… 192
1　テレビゲームの浸透と大人の危惧　192
2　大人文化として定着する携帯型ゲーム　195

4　携帯文化の時代 ……………………… 197
1　便利な携帯電話　197
2　情報化社会における生活　199

5　コンピューター時代の子どもと大人 ……… 199

【付論8】情報化社会と音羽「お受験」殺人事件
　　　　　——映しだされる子育て不安 ……… 203

おわりに ……… 213

資　料 ……… 221
　1　法令 ……… 221
　　（日本国憲法、児童憲章、児童の権利に
　　関する条約、教育基本法、学校教育法、
　　児童福祉法、少年法）
　2　戦後の子ども向けメディア年表（1945年〜2013年）
　　　……… 232
　3　1953年テレビ放送開始期の番組 ……… 240

あとがき ……… 243

子ども像の探究

1章　子ども像の源流

1　新しい子ども

1　「子育て」への喜び

　時間を貨幣と同じように考えて使用する精神こそが資本主義の社会、つまり「近代」社会を形成してきた、とマックス・ウェーバー[1]はいうが[2]、後に述べるように「子ども」もまた近代の発見である。明治に始まる日本の近代化の中で、私たちは多くのものを獲得したが、また実に多くのものを失った。そして失ったものは、計算できないもの、目に見えないもの、言葉に表せないものが多い[3]。それは「子育て」の喜びということにも、あてはまるかもしれない。社会の変動とともに私たちが育み続けてきた子ども観が変わり、また新たな子ども観が誕生する中で、「子育て」の喜びも様変わりした。

　子どもは無限の可能性を秘めた存在と見なされ、そこには大人（社会）が理想とするその時代の子ども像が、いつも映しだされている。例えば、伝統的な日本人形を代表するものの一つに、三頭身を基準フォルムにした独特の形をもつ御所人形がある。その大きな頭に横太りのあどけない裸の幼子の姿には、乳幼児が常に死と隣あわせの存在であった江戸時代、くりくりと肥えてよく遊ぶ健康的な子どもが、理想的な姿であったことを伝えている。また御所人形には、子どもの健やかな成長を願うお目出度い姿をしたものが多い【図1】。子どもへの願いと祈りが人の形になり、人びとに愛でられてきたこ

1　ウェーバー（Max Weber [1864～1920]）ドイツの社会学者・経済学者。
2　（梶山力、大塚久雄訳）『プロテスタンティズムの倫理と資本主義の精神』上巻（岩波文庫、1955年）39頁。
3　見田宗介『社会学入門──人間と社会の未来』（岩波新書、2006年）38～39頁。

図1　御所人形   図2　お宮参（昭和30年代）

とがわかる。

　子どもが健やかに成長し一人前の大人になる、かつてはそのことだけに、親は「子育て」の喜びを感じていたのだ。それは「子育て」というよりも、子どもが自分の力で周囲に見守られながら成長する「子育ち」への喜び、といいかえてもよいだろう。それはまた「児やらい」[4]という語に代表される、親などが子どもに寄り添いながら後から追い立てて子どもの成長する力を育み、段階を踏んで子どもを一人前に育てていく、という「子育て」であり、喜びの過程であったのである。

　戦後の高度経済成長期をすぎる1960年代半ばあたりまで、授乳や離乳食、おしめなど育児の面でも母親の苦労は大きかった。それ以前の医療も公衆衛生も不充分な時代では、子どもが無事に育つかどうか、健康面の心配も絶えなかった。妊娠・出産から子育てと、私たちは心身ともに大きな労力を払い、切実な願いを込めて、次の世代を担う子どもたちを育んできたのである。そして、食い初め・七夜・初節句や七五三などの、成長の節目にはそれぞれ何らかの行事（産育儀礼）があり、氏神（住む土地の鎮守の神）にお参りし、親類縁者、地域社会の人びとなどが集まり、その日を祝う。周囲に励まされ、子どもの健やかな成長が確認されたのだ【図2】。

　多くの子どもは自分が成長するだけで親が喜んでくれる、自分が親の喜び

4　大藤ゆき『児やらい』（岩崎美術社、1968年）。

であり、必要とされている、と感じることができた。(もちろん間引きや捨子など悲惨な現実を忘れてはならないが。)子どもたちは、このような制約のない伸び伸びとした環境のもとで育ったのである。

2 教育によって創られる？

では、乳幼児の死亡率が極端に低下し（4章図2参照）、育児支援の制度が整い、さまざまな育児用品の改良などにより子育ての負担が減った今日、私たちは子育てのどこに喜びを見出しているのだろうか。

例えば、わが子を有名幼稚園や小学校へ入学させ大学までエリートコースを歩ませる、乳幼児のうちから外国語（英語）を教えてバイリンガルにする、サッカーや野球のスポーツ教室にかよわせて将来のプロ選手をめざすなど、それはあたかも幼いうちから教育環境を整えることで、子どもは大人の思い通りに創られる（育てられる）存在であるかのような幻想に、私たちは支配されてしまったのではないだろうか。

店頭で見かけた『頭のいい子が育つママとパパの習慣』（清水克彦、講談社、2009年）という本をのぞいてみた。その冒頭には、「私はどのような家庭環境を作れば成績がアップし、なおかつ、まともな社会人として育つ素地が作れるのかを、お母さんたちに実践してほしい習慣、お父さんたちに試してもらいたい習慣、そして、夫婦一緒に取り組んで欲しい習慣に分けながら述べていこうと思う。」（7頁）と記されている。そして本の腰帯には、「『お受験勝ち組』の親には共通点がある」というキャッチコピーが掲げられる。著者がいう「頭がいい子」とは、単に偏差値が高いとか、テストの点数がよいだけではなく、社会人としての適応能力が高い子をさす。薄っぺらな「頭のいい子」では通用しないのだ、という。しかし「頭がいい子」とは、何よりもまず偏差値が高い子どもという前提条件は揺るがないだろう。

現代では「教育（学歴）＝よい人生（就職・結婚・高収入・社会的ステータスなど）をつくる」とでもいわんばかりに、学校教育の成績が人の幸せを左右するほど大きな比重を占め、それがより有利な人生へのパスポートになるという価値観を多くの人びとが共有している。しかも、高学歴は親と子の努力次第で手に入ると考える人も多く、学歴へのブランド志向も根強い。子ど

もの幸せを願って、乳幼児のうちから子どもの教育に熱心な、いわゆる早期教育[5]に走る親も少なくない。子どもの成長がある程度約束されている現在、親の教育方針にそったよりよい子育ての成果が子どもだけでなく、周囲や親自身にも求められる時代なのかもしれない。そして「時は金なり」とばかりに、子どもの生活を時間で管理し、塾や教室、遊びから遊び相手にまで心を配り、無駄なく、有益な養育環境を整える。その多くは、「〇歳で字が書ける」「〇歳で新聞が読める」など、他の人より早く「何かができること」、つまり通常の発達段階に、少しでも早く到達したことが確認できる成果を期待しているようだ。

3 大切な子ども期

人にはその人なりに成長するスピードがあり、その中で失敗を重ねながら自分のペースで学び、身につけることも多いだろう。大人が子どもをコントロールして、教育の名のもとに「早く、早く」と急かしているように、私には思えてならない。柳田国男[6]は、近代教育を「前に立てて引っ張っていこうとする」[7]もので、伝統的な子育て観とは反対であると述べているが、まさに適切な表現だろう。

子ども時代だけに見えるもの、体験できる喜び、例えば、アニメの「となりのトトロ」に出会うことができて、サンタクロースがプレゼントをはこんできてくれるかけがえのない時間、その時期にしか体験できない大切な何かが、「教育」の名のもとに失われているのではないか。

それはあたかも（たとえは適切ではないかもしれないが）18世紀後半のイギリスで、産業革命により生産過程が機械化されたことで過酷な児童労働（4

---

[5] 汐見稔幸は早期教育と育児行為の区別が曖昧であるために前者を次のように定義している。「①特定の能力や技能の習得を意図して、②できるだけ早い時期から開始するという指向性をもち、③働きかけに対する子どもの期待される反応を強く期待して行われる、④乳幼児への計画的働きかけである」（「現代早期教育事情」高良聖編著『警告早期教育が危ない』日本評論社、1996年、26頁）。

[6] 柳田国男（明治8［1875］年〜昭和37［1962］年）民俗学者。民間にあり民俗学研究を主導する。

[7] 「四鳥の別れ」前掲『児やらい』の序文。

章参照）を生みだし、多くの子どもたちの「子ども期」を失わせたように、便利さを追求する現代は、「早期教育」「幼児教育」などの名のもとに、大切な子ども期が大人によって奪われているのではないだろうか。

近代に入り保護され、教育される存在として子ども期が発見されたことはよく知られている。それと同時に、教育投資をする価値ある存在としても、子どもに新たな価値が見出されたのである。

2　大人という存在

1　教育と社会化、そして発達

先にもあげたフランスの歴史家フィリップ・アリエスは、アンシャン・レジーム期のフランス社会の生活を検証することを通じて、「子ども」及び「子ども期」という考え方が近代的な家族の形成にともなって現れることを明らかにした[8]。

幼児期をすぎ、身の回りのことが一人でできる年齢になると、子どもは奉公や見習い修業にでて、大人と同じように働き、遊び暮らしていた。子どもは「小さな大人」と見られていたのである。しかし社会の近代化にともない、それまでの社会が果たしていた諸機能が消滅し、家族の成員も家父長的な大家族から夫婦を中心とする核家族へと変化する。そして「子ども期」が新たに意識され、18世紀頃にはよりよい子育てをするために子どもの数を制限することがよいとされ、出産がコントロールされ、少子化傾向が現れる。そして「家族が子供を中心に再編成され、家族と社会のあいだに私生活の壁が形成され」[9]、愛情を中心とした夫婦・親子関係に変る。いわゆる「近代家族」の誕生である。つまり子ども期は、一種の近代的な「制度」、歴史の一時期につくりだされた社会的観念なのだ。

18世紀後半から19世紀にかけて、ルソー[10]、ペスタロッチ[11]、幼稚園の

8　（杉山光信・杉山恵美子訳）『〈子供〉の誕生』（みすず書房、1980年）。
9　同上『〈子供〉の誕生』386頁。
10　ルソー（Jean-Jacques Rousseau [1712〜1778]）スイス生まれ。フランスの啓蒙思想家。

創始者とされるフレーベル[12]などにより、「子ども」には特別の意味が与えられ始め、大人と区別され、家庭で保護され親の愛情を一身にそそがれる対象となり、無知で無垢な存在と見なされる。ルソーは、子どもを子どもとして見た、つまり、大人のように扱うことをやめた初めての人であった、とヴァン・デン・ベルク[13]はいう。例えば、モンテニュー[14]は、あらゆるものを観察し、自分で見たものは正確に記述しているが、子どもが成人するという「人生段階については何等触れていない」、それは彼が「何も見なかった」のではなく「見ようとしたところで見るべきものが存在しなかった」からだ。ロック[15]をはじめルソー以前には、「誰一人成人することについて言及した」思想家はいないのである[16]。

　これは近代に入り、子どもに関する人びとのものの見方（子ども観）が変わったことを意味しているだろう。かつて人は、「子どものうちに大人をもとめ、大人になるまえに子どもがどういうものであるか考え」[17]なかった。子どもを大人とは違う存在とは見なさなかったのだ。

　近代に入り誕生した「子ども」には、大人になるための前段階である「子ども期」が用意され、子どもらしい振る舞いや個性が尊重されるようになる。「子供はその純真さ、優しさ、ひょうきんさのゆえに、大人にとって楽しさとくつろぎのみなもと」「愛らしさ」というべき存在となったとアリエスはいう[18]。それは大人が心と身体の発達を暖かく見守る、新しい子ども観であ

11　ペスタロッチ（Johnn Heinrich Pestalozzi［1746〜1827］）スイスの教育家。孤児教育、小学校教育に生涯をささげる。著書に『隠者の夕暮』など。
12　フレーベル（Friedrich Wilhelem August Fröbe［1782〜1852］）ドイツの教育家。
13　ヴァン・デン・ベルク（Jan Hendrik van den Berg）オランダの心理学者。
14　モンテニュー（Michel Eyquem de Montaigne［1533〜1592］）フランスの思想家。モラリスト（人間をありのままとらえ、現実生活に密着した道徳を追究した文筆家）の第一人者。著書に『随想録』など。
15　ロック（John Locke［1632〜1704］）イギリスの哲学者、政治思想家。人間の精神は、初め白紙のようなもので、そこにさまざまな観念を構成するのが教育であるとした。教育面ではルソーの先駆となり個性を尊重した。著書に『人間悟性論』『教育論』など。
16　ヴァン・デン・ベルク（早坂泰次郎訳）『メタブレティカ──変化の歴史心理学』（春秋社、1986年）24頁。
17　ルソー（今野雄一訳）『エミール』上（岩波文庫、1984年）18頁。

った。ルソーは次のように述べる。

> わたしたちは弱い者として生まれる。わたしたちには力が必要だ。わたしたちはなにもたずに生まれる。わたしたちには助けが必要だ。わたしたちは分別をもたずに生まれる。わたしたちには判断力が必要だ。生まれたときにわたしたちがもってなかったもので、大人になって必要となるものは、すべて教育によって与えられる[19]。

　弱いものとして生まれた子どもは、生きるために必要な能力を教育によって獲得するのだ。そしてルソーは、子どもが大人になるための心理的独立（心理的離乳）や思春期（第二次性徴が表れ子どもから大人になりかける心身ともに不安定な時期）の問題について言及し、それを第二の誕生と表現したことはよく知られている。

　今日私たちは、未熟な子どもが成熟した大人へ向かって変化する過程を、「発達」という言葉で表現する。そして「未熟な子どもや青年を指導して社会の維持と発展」のために意識的に働きかける営みを「教育」と呼ぶ（『岩波教育小辞典』）。子どもは「教育」されることにより「発達」が促進され、「社会化」（個人が集団や社会の成員として適合的な行動様式を習得）される存在なのだ。長く人生を歩み、豊富な知識や経験を積んでいる大人には、子どもを一人前の社会人として育て上げる責任が生まれる。「日本国憲法」で、大人（日本国民）は「保護する子女に普通教育を受けさせる義務を負ふ。」（第26条②）と明記されていることからもわかるように、それは同時に大人の使命の誕生でもあった。従って本書では、とりあえず法律上、社会の構成員として自立することができる、20歳以上の人を大人と呼ぶことにする（5章参照）。

18　前掲『〈子供〉の誕生』123頁。
19　前掲『エミール』24頁。

2 大人への成熟──子どもの発達段階

　次に人間の意識と行動を客観的に解明した心理学の業績をもとに、子どもの世界を考えてみよう。人間の生涯は一般的に、乳幼児期、児童期、青年期、成人期、老年期などに区分されるが、青年期までが大人とはちがう成長発達の時期であると考えられ、研究対象にされてきたが、その学問的試みが始まったのは19世紀後半から20世紀にかけてのことだ。

　主に子どもの身体的成長や運動能力、認知能力などを解明する研究が進む中で、発達過程には大人になるまでに諸段階あることが明らかになった。ある時期を他の時期から区分し、それぞれの段階を分析すると、各時期にはそれぞれに質的な断絶があることがわかる。子どもは、それ以前の状態を否定的に乗り越えながら、その時期に応じた適切な経験を積み重ねる必要がある。そして、ここに発達課題という概念が生まれ、教育が寄与しうる領域などが理論化されるのだ。

　しかし、そのためには確固とした発達観が必要だ。各段階の子どもには、何を働きかけたらよいのか。その理論的な背景には、ピアジェ[20]に代表される発達論がある。

　ピアジェの研究は、発達における情動の役割や社会的・文化的な要因を軽視したという批判もあるが、子どもの発達に関して画期的な理論を提示し、大きな影響を与えた。彼によれば、子どもの思考の発達段階は、4つの段階（①感覚運動期、②前操作期、③具体的操作期、④形式操作期）に分けられるという。その特徴の一部を見てみよう。

　❶　感覚運動期（0〜2歳頃）
　外にあるものを見たり触ったりする、つまり視覚・聴覚・触覚などの感覚を通して外の世界を認知する。従って、目の前にないものを頭の中で再現する、いわゆる「表象」を介さないで外界と直接結びつく、自分と他者の関係が未分化な状態から始まる。やがて、運動的な働きかけをすることで認識が進む。じゃまになるものを退けてボールを取るなど、

20　ピアジェ（Jean, Piaget［1896〜1980］）スイスの発達心理学者。

手段と目的を結ぶ関係が成立し、この時期の終わりには、見えなくなったものを探すというように、「物の永続性」の理解も進む。

例えば初期は、玩具を見せてすぐに隠すと、何が起こったかわからない様子で平気だったが、感覚運動期の完成期になると、隠された玩具を探したり、欲しがって泣いたりするのだ。

❷ 前操作期（2～7、8歳頃）

操作とは、行為が表象として内化されたもの（例えば、指で数えていた足し算が暗算でできるようになる）だが、ピアジェは認識の発達とは操作的思考の発達だという。前操作期は、象徴的活動が成長する時期であり、言語活動も開始される。外部の刺激とつながる因果関係の認識ができるようになるが、まだ事物の一面に強くとらわれた自己中心的な思考の段階であるという。

自己中心性とは、自分の視点から離れて物事を認識したり考えたりできない、つまり他者の視点から自己を見つめることができないことをいう。従って、すべてのことが自分に関係づけられているように考えるのだ。例えば、兄弟や仲間、ペットや木や風やコップなど、身の回りのあらゆるものが自分と同じように考え、感動し、話す力があると思っている。

自分が泣いた時、木が風でそよいでいると、木も一緒に泣いてくれた、帰り道に父の背中で見た月が自宅のマンションから見えると、月もついてきた、というように理解するのだ。また、布団を頭にかけ足はむきだしのままで隠れたつもりなっている幼児をよく見かける。「頭かくして尻かくさず」の状態だが、ここにも自分から見えなければ、相手にも見えないだろうという自己中心性がよく表れている。

それは生物と無生物を区別せずアニミズム的に考えることにもつながる。「お人形さんが笑っている」と命のないものに意識や感情などを認め、人間が作ったものと自然物とのちがいがわからない人工論、「アニメのトトロが本当にいる」といった実在論的思考なども見られる。これらの特徴は、自己と他者の関係が未分化な状態から自己意識が強くでて

くることにも関連しているが、成長すると他者の視点を意識することで、自分が世界の中心ではないことを知る。

前操作期は、言葉を獲得することで、「もの」や「できごと」を言葉という記号で表し、コミュニケーションの手段として使えるようにもなる。また積木を自動車に見立てて遊ぶなど実物のイメージを代わりのもので置き換える象徴的（過去に経験したが、現在はないような対象や事物の表象）思考も可能になり、これが遊びにも取り入れられることで、「ごっこ遊び」を盛んにするようになる。

❸ 具体的操作期（7、8～11、12歳頃）

前操作期にくらべるとより多様な論理操作が可能になるが、その適応範囲は限られている。具体物が目の前にあれば、モノを動かしたり、指で数えるといった行為や作業により論理的な思考が可能だが、抽象度が高くなると失敗しやすい。

例えば前期は、自己中心的でイメージ的な幼児期の思考の特徴を残しているので、知覚（見た目）に左右されやすい。「液量の保存」という、ピアジェの課題がある。カップAからカップBへ水を注ぎかえたら、水の量が変化するかという実験を、さまざまな形の違うコップを使って繰り返してみる。

ピアジェによれば、この実験から（ア）見た目の変化に惑わされる段階、（イ）ある程度は理解できるが、まだ見た目に左右されやすい段階、（ウ）質量は変わらないことが理解できる、の3段階が見られるという。（ウ）は保存が獲得されている（数の保存・重さの保存など）段階であり、系列化、階層構造に基づく分類などの操作も可能になる。

❹ 形式的操作期（11、12歳以降）

やがて、11、12歳頃になると、論理的・抽象的な推論が可能な形式的操作期を迎える。思考の内容と形式を分離し、内容が具体的な事柄だけでなく、抽象的な関係や単なる可能性の問題や事実に反する仮定についても、同じ論理形式を用いて推論できる。つまり、現実に縛られるこ

とがなく、抽象的・形式的に考えることができるようになり、大人と同じ思考の基礎が完成する。

❶から❹の概念区分は厳密であり、各段階の子どもは質的に異なる思考法をとる。つまり発達段階には質的な断絶あり、モノの見方や思考の仕方も異なっている。ただしこれは暦年齢により固定されたものではなく、あくまでも発達段階の順序を示すものだ。各段階には、その段階を特徴づける全体構造があり、またそれぞれの段階に準備期と完成期があるという。このように考えると、最終的に完成した認知構造❹「形式的操作期」を獲得（成熟）した人を「おとな」の第一歩とする考え方もあるだろう。そして青年期（後述）の心理的に不安定な状態などを乗り越え、成人になるのであれば、子どもは大人の未成熟な存在ともいえるのである。

3　後退りする大人

子ども期を、大人側から見て「未熟」「未完成」という言葉で表現すると、「大人」は物の考え方や態度が成熟している人、それにふさわしい人という意味が付与される（『日本国語大辞典』）。そして大人へと到達するまでの距離がはかられ、大人になるためのさまざまな課題が提示される。

例えば、社会的に健全で幸福な成長をとげるために必要と思われる役割に注目し、発達課題を取りだし、それを具体的で実践的な概念として体系化した人物としてハヴィガースト[21]がいる。彼は、児童期には児童期の、青年期には青年期の発達課題があり、各々の課題は各々の段階で学習によって形成されなければならないと考え、その元になる要因として①身体的成熟、②社会からの文化的な要請、③個人の価値観と願望の３つをあげる。ある段階で成功する能力は、それ以前の段階で達成すべき課題をマスターしたかどうかにかかっている。これが後の人生航路を大きく左右する。そこで個人差を考えながら、課題の発達を援助することが必要となる[22]。

21　ハヴィガースト（Robert James Havighurst［1900～1991］）アメリカの教育学者。著書に『人間の発達課題と教育』（荘司雅子監訳、玉川大学出版部、1995年）。

だが大人へのモデルが示されると、ますます大人と子どもの隔たりは大きくなる。ある年齢になると元服式などを迎え、それをすぎると皆一律に大人になるのが前近代であった。ところが現代社会では成人式をすぎても、いや30歳を超えても大人になれないと悩む若者の姿を見かける。近代に入り外面ばかりか、内面の成熟度まではかられ、大人になるために身につけることが複雑で、多様化し、また早期の経済的自立もむずかしくなると、大人への道のりはますます険しくなる。

　　大人たちは知らず知らずに、そうするつもりもないのに、大人特有の仕方でもって子どもを子どものままの、または青年のままの状態に……とどめておくのです。……大人は子どもに絶え間なくモデルを示して、これにならって子どもたちが成人するようにするのですが、このモデルはいずれも成人することを要求する意味をもつと同時に、完全に成人することを禁止するものでもあるのです[23]。

　子どもから大人へと大きく変り、成長する時期とされる青年期は、今日さまざまな意味づけがなされているが、時代や社会のあり方によって変化する。平成22年度から『青少年白書』が『子ども若者白書』に改題されたように、一般に豊かな社会になればなるほど青年期の延長傾向が見られる。大人と子どもの中間的存在の期間、エリクソン[24]によれば、社会に対する責任や義務が一時的に猶予された、いわゆるモラトリアムの期間は長くなる（4章参照）。「子どもが大人になろうと試みていると、大人はさし招くしぐさをしながら、あとずさりする」[25]のだ。

22　もっともハヴィガーストは、個人の発達は共通の課題を達成して同一のゴールをめざすのではなく、現実社会での経験をとおして展開していくのだという。確かに（2）の社会の要請は時代とともに変化し、文化的にもかなりの違いが見られる。従って、発達課題は、必ずしもそれがそのままあてはまるわけではない。いまどのような課題を達成することが求められているのか、時代の変化や状況を見極めながら、自らの目で臨機応変に選択することが必要となる。
23　前掲『メタブレティカ』99〜100頁。
24　エリクソン（Erik Homburger Erikson［1902〜1941］）アメリカの精神分析学者。

4 未成熟の魅力

　もっとも「発達は人間が生まれてから死ぬまでの心身の形態や機能の成長と変容の過程」、と見ることもできるだろう。近年発達心理学（人間の加齢にともなう発達的変化を研究する心理学の一分野）も人間は生涯を通して成長発達を続けるものととらえ、老年期を含む人生全体を視野に入れ研究対象とする視点を強調するために、「生涯発達心理学」と呼ばれることがある。

　ただし近代教育は「成長を未成熟と成熟との間の間隙を埋めるためのもの」と見る傾向[26]が確かにある。子どもに教育を施し、社会化するという立場にたてば、それはより一層顕著になる。だが子どもは大人の欠けた存在なのだろうか。少なくとも私たちは、そのような立場をとらない。「成年期を固定した標準」、つまり大人を完成されたものとして考え、子ども期を測定すると、かえってその本質がとらえられなくなるのではないか。

　デューイ[27]がいうように、「大人は誰でももはやそれ以上成長する可能性がないと決めつけられることを不快に思うし、また自分に成長発達の可能性がなくなっていることに気づいた場合には……自分が力を失った証拠として嘆き悲しむのである。どうして、子どもと大人とに異なった尺度を使う」[28]のだろう。「大人に達していないもの」＝「未成熟」という前提をはずすと、「未成熟」は魅力的な言葉になる。そこには、いつも強く、激しい活動力がある。理想に向かってひたすら努力する、人間の発達の可能性が輝いているのだ。

　子どもへのルソーのまなざしが、大人という教育主体の側を死角におき、子どもとの関係を見えなくしたのに対し、「アリエスの功績は、子供に対する大人の〈関係〉を発見した」ことだ、と宮澤康人は指摘する[29]。もちろん

25　前掲『メタプレティカ』99 〜 100 頁。
26　デューイ（松野安男訳）『民主主義と教育』（上）（岩波文庫、1975 年）75 頁。
27　デューイ（John Dewey［1859 〜 1952］）アメリカの哲学者、教育学者。
28　前掲『民主主義と教育』75 〜 76 頁。
29　宮澤康人『大人と子供の関係史序説――教育学と歴史的方法』（柏書房、1998 年）10
　　〜 12 頁。

大人が人間社会の中心であることは疑いのない事実だ。その意味では、子どもは大人に向かって発達する存在なのだろう。それを前提としながら、それでも子どもを大人の欠けた未熟な存在と見るのではなく、大人とは異なる独自の世界をもち、特有の行動様式をもつ、違う世界に生きる住人として、大人との関係性から見ることはできないだろうか。

確かに、子どもの文化は、大人の存在を抜きにして考えることはできない。そして子どもがもとめる文化の内容は、一般に自我の発達とともに大きくなっていく傾向がある。つまり、身の回りのものから遠くのものへ、目に見えたり、触れたりできるもの（具体物）から目に見えないもの（抽象物）へ、単純なものから複雑なものへと変容していく。だが、それは子どもの世界にとどまらず、社会全体にも大きな影響を与えることもある。

マンガやゲームに馴染んだ世代が成長し、それらを生活文化として重要なものに押しあげるなど、子どもは、その時代時代で常に新しい世界をつくりだしている。子どもの生活や交友関係の在り方は、大人にはなかなか理解できないこともある。しかも社会の変化も激しい今日、子どもは大人が追いつくことのできない世界観をつくり、広げ次の世代の常識をつくりかえてしまうこともあるだろう。

子どもこそ次の時代の社会や文化が詰まっている存在である。そして異文化にいる子どもを通して、大人の文化を反省することもできるのではないだろうか。

3　子どもと文化

1　文化という語

これはややもすると混同されがちだが、子どもの世界を考えること、位置づけることは、大人の社会の一員として、子どもを組み込むことではない。子どもを子どもの世界から連れだし、「教育」により社会化するという考えは、子どもと大人が同じ文化に属しているという考え方である。だが、文化人類学者の山口昌男や児童文化研究者の本田和子は、子どもを大人とはまったく異なる文化、異文化に属するものと見る。

そうすると「"子供をいかに教育すべきか""いかに社会化すべきか"といった、いわばハウ・ツーものの世界から解放され、子供はフィクションの中にいきはじめ、われわれの想像力を刺激しはじめる」と川本三郎は述べ、子どもや少年を主人公として、現代文学や映画が生き生きとした力を獲得するのは、実はこの文脈である、と興味深い指摘をしている[30]。いわば子どもの世界との異文化交流により、私たちは大人の存在を見つめ直すことができるのだ。

まずここで、文化という言葉を説明しておこう。もちろんこれは西洋からの翻訳語である。文化という語を辞書（『大辞林』第2版）で引くと、次のように記されている。

① 社会を構成する人びとによって習得、共有、伝達される行動様式ないし生活様式の総体、言語・習俗・道徳・宗教・種々の制度はその具体例。……
② 学問、芸術、道徳など主として精神活動から生み出されたもの。

①は英語 Culture の、②はドイツ語 Kultur の翻訳語だという。柳父章は「かつて Kultur は人間精神の産みだした特権的精神を語る言葉」で、日本の知識人たちは②の意味で Kultur から「文化」の意味を受け取るとともに、伝統的な漢語の意味[31]を混在して「文化」という語を使用していた。

そして大正時代、一般の民衆の間にも「文化住宅」「文化鍋」などと広まっていくが、何か高級なイメージを抱く翻訳語特有の曖昧な語として使われる。戦後ベネディクトの『菊と刀』[32]など、アメリカの①の立場に立った文化論が紹介される中で、「文化」という語に新たな広がりが見られるように

---

30 川本三郎「イメージを歪曲かする子どもたち」『海臨時増刊 子どもの宇宙』（中央公論社、1982年）189～190頁。
31 「刑罰の威力を用ひないで人民を教化すること。文治政治。」（諸橋轍次『大漢和辞典』大修館書店）
32 ベネディクト（Ruth Benedict［1887～1948］）アメリカの女性人類学者。著書に『菊と刀』（長谷川松治訳、講談社学術文庫、2005年）。

2 文化とは——文化人類学の立場

今日社会科学、特に文化人類学では、前頁の①の生活様式（way of life）の意味で文化という語が用いられる。それを文化人類学者祖父江孝男の著書を参考に見てみよう[33]。

祖父江は、人間の特色は言語（language）[34]をもつことだ、という立場から文化を説明する。もちろん動物にも鳴き声があり、コミュニケーションも行われている。例えば日本ザルの研究によれば、鳴き声は30余種あり、（ア）呼びかけなどの平静な感情、（イ）恐怖、苦痛、驚きなど、（ウ）攻撃、脅し、叱責など、（エ）外敵が来た時の警戒など、大きく分ければ4つぐらいに類型化されるという。ただし、それらは「自分の心の中のいろいろな感情をじかにそのまま表出した」だけの感嘆詞にすぎない。外敵が来たとしても、何が来たから危険なのか、どこへ移動するのか、サルの音声では表現も伝達もできないのだ。しかし人間の言語は、感情ばかりか、現在や過去、未来、ありもしない仮定の話までできる。

では人間がそのような言語をもつことに、どんな意味があるのだろうか。そこで祖父江は、クロフォードのチンパンジーの実験を紹介する。2匹で協力することで餌をとることを学習したチンパンジーの内1匹を入れ替えると、古参のチンパンジーは新入りのチンパンジーに、それまでの学習の成果を伝えることができず、また一からやり直すしかない。もう一度同じぐらいの時間をかけて、新入りは餌をとることを覚えることで、再び共同作業ができるようになる。だが、人間は餌をとる方法を見ず知らずの人に口で説明することができる。つまりこれまで獲得した成果を、他人に伝えることが可能

---

33 祖父江孝男『文化人類学入門（増補改訂版）』（中公新書、1990年）「第2章 人間は文化をもつ」参照。
34 人間に固有な意思伝達手段で、社会集団内で形成習得され、意思の相互伝達と抽象思考を可能にし、社会・文化活動を支えるもの。また、社会の全体像を反映すると同時に文化全般を特徴づけるもので、共同体の成員は言語習得を通じて社会学習と人格形成を行う（『ブルタニカ国際大百科事典』）。

なのだ。人間は言語によって新しい工夫や発見・発明を後世に残し、世代を重ねるごとに知識を積み重ねることができるのである。

しかも言語は、伝達ばかりではなく、記憶や複雑な思考を発達させるうえでも不可欠だ。ヤーキースの実験では、不規則な順序で多種類の色が表示される窓がついた大きな箱を作り、その中にチンパンジーを入れる。そして、窓に赤が表示された時にレバーを押すと、色が消え一定時間が立つと餌がでてくるような仕掛けを作る。餌がでてくるまでの時間を色が消えて4〜5秒以内に調節すると、チンパンジーはその仕組みを覚えられるが、これより長くなると、何回繰り返しても覚えられない。つまり4秒以上立つと、何色か忘れてしまうという。人間なら、「アカ」という言葉に直して頭の中で覚えるので、長期間にわたり記憶を保つことができる。さらに文字にして記録すると、幾世代にも受け継がれることになる。しかも、言語は「もの」や「できごと」を言葉という記号で置き換えることで、抽象的なことを考え推理するにも、不可欠な道具だ。内面的な思考の世界は、言語をもたない動物には存在しない人間独自のものである。

従って「文化」とは何か、と問われて祖父江は、「人間と動物のあいだの本質的な差異を示すために人類学者が考えだした概念」だという。その定義はタイラー[35]の「知識、信仰、芸術、道徳、法律、風習、その他、社会の成員としての人間によって獲得された、あらゆる能力や習慣を含む複合体の全体的総体」という定義が基本である。

もっとも祖父江自身は、その「適切な定義は」と問われ、

　　文化とは後天的・歴史的に形成された、外面的および内面的な生活様式
　　の体系（system of explicit and implicit designs for living）

という、アメリカの人類学者クラックホーンと心理学ケリーの定義を紹介する[36]。人間の場合は、内面的な価値観、倫理観や思想などが生活するうえで、大きな役割を果たしている。それが人間と動物との根本的、かつ質的な差異

35　タイラー（Sir Edward Burenett Tylor［1832〜1917］）イギリスの文化人類学者。

なのである。

3　文化相対主義と文化変容

　本書で、子どもが異文化にいるという時に用いる文化という語は、①の英語の Culture、つまり子どもは大人と異なる生活様式を共有する、という意味だ。そして世界各国には、それぞれ固有の文化が形成されてきた。人間は、あるまとまりをもった多数の個別の文化単位で構成され、個々の文化はある程度他の文化と重なり合っているだろう。しかし、文化の違いによる上下関係は存在しないはずだ。その関係を、大人と子どもの世界に置き換え、かつピアジェのいう発達段階ごとに、それぞれ個別の子ども文化が存在し、そこに属する子どもたちの行動や価値観などを大きく規定している。そしてそれは、大人の文化と対等に尊ばれるべきだという立場から見てみたい。

　実はこれは 1930 年代に出発した文化相対主義（cultural relativism）という、人類学者のあいだにおける文化の基本的な見方の転換からの援用である。ヨーロッパ以外の白人とは皮膚の色も風俗習慣もちがう人びとの社会や文化の研究が始まると、西洋人は自分たちの culture とは別の culture を発見するのだ。そして、西洋以外の植民地の人びとや社会を culture とか civilization という言葉でとらえるようになった。

　当初はそれに未開（primitive）という語をあてはめ、西洋の文明（civilization）より劣っているとした解釈であったが、西洋とは別の世界であり、そこには culture があることが理解されるようなり、西洋と対等な世界があることを理解するようになった[37]。そして 20 世紀にはいり、アメリカでネイティブ・アメリカン（native American）に対する統治政策が進む中で「彼らの文化、慣習をアメリカの白人文明やキリスト教だけを基準にして一方的に判断してはいけない」、その一つひとつに固有の伝統と文化があることに気づき始める。

36　前掲『文化人類学入門（増補改訂版）』38 〜 39 頁。なおクラックホーンは、「個々の人間が集団から受け取る社会的遺産」であり、「文化は環境のうち人間がこしらえた部分」である、という（外山滋比古・金丸由雄訳『文化人類学の世界──人間の鏡』講談社現代新書、1971 年、34 頁）。

37　柳父章『一語の辞典文化』三省堂、1995 年、96 頁。

やがて西欧のcultureだけが唯一普遍ではなく、人間集団は個別の文化をもち、それらの文化はそれぞれ固有の価値を有し、そこには優劣や高低の差はない、従って外部から評価、批判することはできない、という考えが1930年代に生まれるのだ[38]。

しかし、1950年代に入り文化相対主義は再反省と批判にさらされた。例えば、首狩り族の伝統は、相対主義の立場に立てば、人間の首を狩ることはその種族の伝統であり、尊重しなければならなくなる。人を殺す慣習は好ましくない、無益な人殺しをしないよう忠告するのはいけないことなのか。それは「人身御供」や嬰児殺しである「間引き」、老人を捨てる「姥捨て」なども同様である。では「伝統的な慣習の何がよくて、何がよくないのか、すべてに共通する判断基準はあるのか」、と問われると困ってしまう。多くの研究者が議論を重ねたが、「世界共通の基準や法則」について、はっきとした答えは得られていないのだ。

すべてを相対主義的に見ようという立場には、多くの人類学者は批判的である[39]。確かに、子どもの世界を異文化として相対主義的に見て、彼らの世界を尊重し、見守るといっても、陰湿ないじめ、喧嘩など放置できないこともあるだろう。教育、或いは躾という名のもとに、大人が足を踏み入れなければならない場合が多いのも事実だ。

以上のことを踏まえながら、「異なった文化をもった人びとの集団どうしが互いに持続的な直接的接触をした結果、その一方または両方の集団のもともとの文化型に変化を起こす」文化変容（accultration）[40]という用語を念頭に置いて、子どもの世界を未熟なものとして見るのではなく、大人とは異なる独自の文化、つまり別のcultureをもつ「異文化」として、文化相対主義的に私たちは見てみたい。そこに大人と子どもとの互いの文化のちがいを認識することで、私たちが子どもの頃にもっていた幸福観や喜びなど、大人になることで失ってしまった大切なものを再発見する手がかりがあるのではない

38　前掲『文化人類学入門（増補改訂版）』199〜201頁。
39　同上、202頁。
40　同上、194〜195頁。

だろうか。そしてそれは何らかの発達に障害がある人たちの世界に接する時の、私たちの「まなざし」の持ち方にもつながるだろう。

4　後天的に学ぶ子育て

では次に一見関連性がなさそうだが、サケ・キタキツネ・人間を例にとって、それぞれの親子関係から、文化の意味を考えてみよう。

魚、例えばサケに親子関係は存在するのだろうか。秋から冬にかけて、サケは生まれた川に産卵するために遡ることはよく知られている。メスは砂礫(されき)に穴を掘って産卵し、そこにオスは精子をふりかける。産卵後親は死に、春に孵化した稚魚は川を下り海で回遊し、3～4年で成魚となり、再び川を上る。子どもは親の遺伝子を受け継ぐが、生まれた時から親の顔は知らない。そこには親と子は存在しても、親子関係は認められない。彼らは無数の子どもを産み、その中のわずかが生き残ることで、種を保存しているのだ（多産多死）。

ではキタキツネはどうだろう。母親キツネは5、6匹の子どもを産み、生存競争に勝ち残った3匹ほどの子ギツネが巣の中で母親を待っている。母は、子どもが未熟な間は餌を運び、外敵からまもっていた（保護・育成）。そこには確かに親子関係が認められる。つまり、親子関係が成立するには、ある程度子どもの数が少なくなる必要があるのだ（少産少死）。

ところがキタキツネは、子育ての方法を誰かに学んだそぶりはない。親になれば、あらかじめ組み込まれた母性本能のような、生物学的な仕組みだけで十分対応していけるようだ。ところが私たち人間は、子どもを育てるためには、さらに親になるための学習が必要になる。

例えば、乳児は授乳後に、一緒にお腹に吸い込んだ空気をだすために“げっぷ”をさせないと、せっかく飲んだ母乳を吐き出してしまう。しかし、乳児の首が座るのは生後3か月頃であり、それまでは上半身を肩に乗せるなどして、背中を軽くたたきながら“げっぷ”をさせる必要がある。それを知らない親が、まだ首の座らない乳児の体を、両手でもって激しく揺さぶり事故をおこす例を耳にする。またテレビのおむつのコマーシャルなどを見て、乳児のおしっこは青いものだと思い込み、わが子のおしっこの色がち

がうと3か月検診などで相談する母親がいる、という笑い話もよく聞く。身近に子育ての経験者がいないので、新米の親は乳幼児の扱いを教わらなかったのだろう。無知といえば無知だが、これらは子育てに関わるさまざまなことを、人間は後天的に学ぶ必要があることを教えているのだ。

5　環境に適応する過程

アドルフ・ポルトマン[41]『人間はどこまで動物か』（高木正孝訳、岩波新書、1961年）によれば、人間の新生児は未熟で、自分では何もできない状態で生まれ、親に大きく依存する。そして生後一年がたち「真の哺乳類が生まれた時に実現している発育状態にやっとたどりつく」という。つまり生物学的にいえば、人間の妊娠期間は、約21か月でなければならないのに、一年早く生まれてくるのだ（生理的早産）。

しかも、人間は誕生した後も、他の高等哺乳類の発達原則からはずれている。他の類人猿が平均的に体重が増加するのとは異なり、人間の乳児期の発育の特徴は、身長や体重がまず急激に増加し、その後は緩やかになる。つまり早く生まれ、その後一年間に急激な発育をとげるのだ、とポルトマンは指摘する。

なぜ人間はこのような進化をとげる必要があったのだろう。そこで人間の乳児の特徴を、キリンやウマなどの他の高等哺乳類と比較してみよう。まず①他の高等哺乳類の新生児の身体の割合が大人に近いのに比べて、人間の新生児は頭が極端に大きい、②出生時の体重が他の類人猿の子どもより重い、③類人猿の3～4倍の脳をもっている、そして④感覚器官は刺激を取り入れられるように完成されている。

つまり人間は外から刺激を取り入れるための感覚器官が完成された状態で、かつ複雑な学習が可能なように脳を大きくして、一年早く母親の母体をでて、外の刺激を吸収しているのだ。「子どもは白紙の状態」で誕生するのではなく、「この世界で出会う何を経験として取り込みやすいかについて生得的準備構造をもって」いる[42]。しかし、それは生物としては大きなリスクを背負

41　ポルトマン（Adolf Portmann［1897～1982］）スイスの生物学者。

っていることも事実である。

　乳児は未熟な状態で生まれるので、養育者に見放されるとすぐにでも死んでしまう弱い存在である。親の子育てのリスクも大きく、子どもは外敵から一人で身を守ることもできない。キリンやウマなど、いわゆる高等な組織体をもつ哺乳類は、長い妊娠期間をもち、たいてい1～2匹で、母親の胎内で充分に育てられ、出生後すぐに親とともに動き回れる状態にまで成長してから生まれる。しかし人間の赤ちゃんは、それとは対照的だ。なぜそのような危険を冒してまで一年早く生まれてくるのだろう。

　それは人間が社会の中で生きる動物だからだ。私たちは一年早く母体からでて、それぞれの人間集団に属する環境に適応することが、何より必要だ。「文化とは後天的・歴史的に形成された、外面的および内面的な生活様式の体系」である、というクラックホーンとテリーの定義を思いだしてみよう。

　つまり発達とは、（社会的・文化的）環境に適応していく過程なのだ。人の子は未完成な状態で生まれるからこそ、その環境にあわせて多様に発達することができる。それをここでは可塑性（plasticity）という言葉で表現しておこう。そして、その適応する環境、つまり生活様式の体系のことを文化と呼ぼう。繰り返しになるが、本書でいう文化は①cultureの意味なのである（17頁）。

4　子どもの世界

1　異文化にいる子ども

　先述したように、子どもは発達段階ごとに大人とは別の世界をもつ、すなわち異文化に属し、大人とはちがう世界、価値観の中にいるのが子どもである。このように考えると、私たちは成長する中で子どもだった頃の自分を忘れて、いつの間にか大人の世界へ移住してしまった存在といえるだろう。ピーターパンのネバーランドのように、子ども時代は、一度飛びだしてしま

42　髙橋道子・藤崎真知代・仲真紀子・野田幸江『子どもの発達心理学』（新曜社、1993年）34頁。

と二度と戻ってこられない世界だ。20歳になった女子大学生は子ども時代をふりかえる。

> 私は幼い頃、動物は秘密でしゃべっていると思っていたし、魔法もいつか使えるようになると信じていました。多分当時の方がいろいろな可能性があると信じ、日々わくわくして楽しかったと思います。今は何があって、何がなくて、これは出来て、これは出来ないことが分かります。子どもの頃のように夢は持てなくなりました。それでも小さなことで嬉しくなり、映画を見て違う世界にわくわくし、現実を知った今でも楽しい日々が存在します。それはきっと幼少期の何でもできると信じていた時期があったからではないでしょうか。大人になり現実を知ることで、幼少期の思い出や記憶を少しだけ頭に残し、たくさんの悲しい現実があることを知ってしまいました。それでもこの記憶や思い出があります。だからこそ希望を持ち、夢に向かって努力できると考えます。

子どもは大人に理解できない思想や考えをもつ。ある学生は自分の幼い時のシャボン玉遊びの思い出を、次のように語ってくれた。

> 母に聞いたのですが、私は2歳頃シャボン玉をしていたとき、シャボン玉が地面に落ちそのまま土の中でも存在すると考えていたらしく、母は土を掘らせてシャボン玉がないこと、消えてなくなったことを教えていたようです。
> 大人になってから考えるとかわいらしいと思うのですが、当時の私はそれが不思議でならなかったようです。それを当たり前と考える大人と当たり前ではない子ども。ここにまさに「子どもの世界」があるのではないでしょうか。それを理解しようとしても大人には難しく、完全に理解することは不可能なのだ、と私は思います。

子どもは大人とは別の世界に住んでいる「生物」だろう【図3】。一見未熟で、何も考えていないように見えるが、自分の考えや意見、好みなどをし

っかりもっている。大人が想像する以上に考え、何かを吸収する能力がとても高い生物だ。大人のもっていない力というよりも、忘れてしまった力をもっている。その証拠に、幼い頃サンタクロースを見た学生もいる。

図3　頭だけをカーテンで隠したかくれんぼ

　私が幼い頃のクリスマスには、必ずサンタクロースがやってきました。ある時サンタを見たいと思っていた私は、家族に宣言をしてベットに隠れて、サンタに会うことにしました。寝る前に紅茶とクッキーを枕元に置いて、手紙を書いて待っていたのです。だが目がさめると朝になり、いつものようにプレゼントが置かれて、「美味しいお菓子をありがとう」という手紙が残っていました。しかし、私は確かに鈴の音を聞きました。でもサンタがプレゼントを置く頃には、眠ってしまったのです。母は鈴を鳴らしてはいません。信じる私の子どもの心が、鈴を鳴らしたのでしょう。おかしなことだと人は笑うかもしれません。しかし、本当にサンタクロースはいたのです。「信じてないとサンタは来てくれないよ」、とよく親に言われました。「信じている子ども」だからこそ、本当にサンタに会えたのだと、今でも思っています。
　大人の世界とは、そんな信じる心を忘れてしまった世界のことを言うのでしょう。大人は汚いものに触れ、それに順応するなかで、淋しくなってしまった生物かもしれません。大人の世界が失った心を教える救世主が、私にとって「子ども」という存在です。

　子どもは大人より未熟な存在だから、（大人の目から見て）不思議な行動をとると思われがちだが、子どもは子ども特有の価値観に沿って行動しているにすぎない【図4】。
　例えば、大人が社会的な価値や世間体に重きを置くのに対して、子どもは

それが楽しいか、楽しくないかに重きを置く。筆者が小学校3、4年の頃、野球をするため公園に急いで向かっていた時、家の前で母親が近所の人と話をしているところを走って通り過ぎてしまった。母は筆者を呼び止め、近所の人に挨拶するように促した。世間の大人から見れば当た

図4　水戸黄門が本物に見えた子ども時代

り前のことだが、呼び止められ注意された当時の私には、「どうしてそんなつまらないことをいちいち注意するのだろう？」、と理解できなかったことを思いだす。

　人は社会との関わりを優先し、価値観や行動の仕方など、大人になるための素養を学び、生活の根底で作用する、広い意味での文化を身につけることができて初めて、社会的に自立した人間、つまり大人となる（社会化）。だが子どもの世界では、大人の社会規範よりも子どもの規範が優先するのだ。

　大人より儀礼的にも日常の人間関係においても、その対象とする範囲は狭いが、確かに子どもの社会は存在する。そこでは子どもの間だけに通用するルールがあり、大人とはちがったつき合い方がある。子どもは未熟で大人社会を知らないからルールを破るのではなく、彼らのルールに則って行動すると、結果的に大人のルールを破ることもあるのではないか。大人から見れば子どもが誤ったことをしているように見えても、実は子どもには子どもの価値基準があり、それに従って行動しているだけだ。誤解を恐れずにいえば、「躾」とは大人の価値観を子どもに押しつけることをいうのかもしれない。

2　子どもから見えるもの

　人間は、その属する国や地域、諸集団ごとに異なる独自の文化をもつ。「子どもから大人へ」という縦の軸から考えれば、人間はそれぞれの属する集団の生活様式の体系を身につけることにより、初めて社会の仲間入りができる。それを「社会化」という言葉で表現し、子どもの社会適応を進める役

割を「教育」が担い、一人前の社会人になるまでの道のりを、「発達」という語で呼んだことを思いだしてみよう。つまり誕生したばかりの人間の心は社会との結びつきをもたない個としての存在であり、それが少しずつ経験を積み重ねて社会化され社会的存在となる、というのが近代の個人主義的な発達観である。

このような立場では、「社会化は個人の内的発達に対しては、常に外から加えられる強制力」であり、「教育は、子どもたちの自発性とは無縁な、社会的要請」と考えられがちだ。従って、大人から子どもの「自発性を無視した教育を押しつけ」られることになる。子どもは「教科書に書かれていたり、学校で教えられることは、自分の目で見、自分の頭で考えることと結局は一致する」ということを、信じることができなくなるのだ。そして大人の指示を待ち、「勉強とは記憶することにほかならないと思うよう」になる。しかしデューイにいわせれば、それはむしろ逆で、子どもはまず社会のものとして生まれ、それから個人になっていく、つまり「人間は最初から社会的存在なのであって、次第に自立した個人へと発達」する、と考える[43]。こうした発達観に立って、子どもという存在を見つめなおしてみよう。

柳田国男がいうように、子どもは何でも大人の真似をするところがあり、その遊びや行事には、かつて大人が真面目に行っていた古い信仰や行事が保存され、無意識の記録者として過去保存の役割を果たしている[44]。子どもに関連する行事や遊びの中に、大人たちの古い信仰の世界を発見することができる。いやそればかりではない。社会は常に変化しているが、それは何気ない子どもの遊びの中に現れて、それは同時に、それぞれの国の文化が反映されているのだ。

例えば、それは子どもたちが使っている玩具や少女たちの何気ない人形遊びにも現れている。増渕宗一の研究よれば、日本の代表的なリカちゃん人形という塩化ビニール製の着せ替え人形は、昭和42（1967）年に発売以来、

---

43 松野安男「社会生活と学校教育」（『東洋大学文学部教育学科研究紀要』第22集）。
44 柳田国男『小さき者の声』『柳田国男全集22』参照。つまり大人の所作の中で、「最も面白かった部分を残して、他を新たなる環境に適する」よう、子どもは「自分たちの遊戯を改良し、また発達させる能力を具えている」（前掲『こども風土記』56頁）のだ。

日本の少女に支持されてきたが、人形のキャラクターに男子はあまり登場せず、母親やガールフレンドの存在が大きいという。そして、リカちゃん人形のモデルとなったアメリカのバービー人形には、母親をはじめ両親の影はなく、ボーイフレンドの存在が大きい。そこから母子関係中心に人形遊びをする日本の少女と男女のパートナー関係で遊ぶアメリカの少女、その国の特徴的な文化の違いが見えてくる、という[45]。

　確かに、アメリカと日本の家族観や価値観のちがいが、人形遊びという幼い子どもたちの遊びの中に現れているようだ。子どもをただ子どもとして見るのではなく、大人（社会）との関わりを通して子どもの世界を見ること、つまり子どもたちを通して、社会や文化が見えるのではないだろうか。子どもの文化はマジックミラーのようであり、そこには自分たち自身の行いが写っている。もっともそれは子どもに限らず、あらゆるものに映しだされているだろう。しかし、児童文化を学ぶ私たちは、子どもを通して社会や文化を考えるという方法をとる。それは子どもを理解するためではない。人間に共通する大切なものを目に見える形で取りだし、浮かびあがらせるために、子ども像を探究するのである。

45　増渕宗一『リカちゃんの少女フシギ学』（新潮社、1987年）。

付論1 子ども・子供の表記について

子どもという言葉

「子ども」という言葉は大和言葉(日本固有の言語)であり、『日本書紀』にも見られる古くからある語だ。もともと子どもの「ども」は野郎ども、男どもと同じように、複数を表す接尾語である。例えば、『万葉集』の山上憶良「瓜はめば胡藤母(こども)思ほゆ栗はめばましてしぬはゆ」の「胡藤母(こども)」は、子どもたちという複数を表す。その一方、憶良の「銀(しろがね)も金(くがね)も玉も何せむいまされる宝古(こ)にしかめやも」の「古(こ)」は単数、つまり一人の子どもをさす。やがて子どもが大人の対義語となり、1人でも「こども」をさす語へと変化した。

『日本国語大辞典(第二版)』(小学館)の「こーども【子供】」の項の語誌を要約すれば、もともと「子」の複数を表す「子ども」の用例は、現代のような単数を意味する例が中古では確認できない。ただ複数を表すことから、若年層の人びと全般をさす用法が生まれ、単数を表す意味に変化したのではないか。院政末期には「こどもたち」という語形の変化が見られ、中世、近世には「こども衆」という語が生まれ、「大人に対する小児」という用法が一般化する。それとともに、単数を表す例が増える。また漢字表記は、基本的には上代から室町末期まで「子等」だが、院政期より「子共」を用いることが多くなり、近世にはいり「子供」の表記が生まれる。そして子どもという語も広がりを見せ、男色を売った年少の歌舞伎俳優や遊郭で遊女に仕えた禿(かぶろ)、使い走りの少女や若い従者をその主人が呼ぶ語、また商家の丁稚等々の用例がある。だが基本的には子どもは大人の対義語として使用されたのであろう。

従って「子供」は、音に対して文字を当てるいわゆる万葉仮名(本来の意

味を離れて仮名的に用いる文字）であり、たまたま「供」の字が当て字として使われたのだ。

ところが教育や福祉などの世界では、「子供」という表記を避けて「子ども」または「こども」という表記が推奨されることがある。「子供」の「供」の字は、「お供」、子が大人の付属物であると連想させる、というのだ。確かに子どもの文化研究所や日本子どもの本研究会、子どもの文化・教育研究所などでは「子ども」の表記が多く用いられている。しかし、語の成り立ちから見ると、もともと付録的な意味や見下げるような意味はないようである。なぜこのような主張が生まれたのか、ここで整理してみよう。

子ども・子供・こども

文化庁『シリーズ19　言葉に関する問答集9』[1]では、次のように記している。

> 問「子供」か「子ども」か。
> 答（子どもの）表記としては「子等、児等、子供、児供、小供、子ども、こども」などいろいろな形がみられたが、明治以降国語辞典類では、ほとんど「子供」の形を採り、「小供」は誤りと注記しているものもある。その後、「子ども」の表記も生まれたが、これは、「供」に当て字の色彩が濃いからであろう。
> ……昭和二十五年の『文部省刊行物表記の基準』では「こども」と仮名書きを示し、「子供・こども」を（　）に入れて、漢字を使っても差し支えないが、仮名書きがのぞましいものとしている。
> しかし、現在では、昭和五十六年の内閣告示「常用漢字表」の「供」の「とも」の訓……の項の例欄に「供、子供」と掲げられており、公用文関係などでは、やはり「子供」の表記を採っておいてよいと思われる。
> なお、新聞・放送関係では、早くから、統一用語として「子供」を使

1　『シリーズ19　言葉に関する問答集9』（文化庁、昭和58年）30頁。

うことになっている。ただし、実際の記事では、「子ども、こども」などども時に用いられることがあるようである。

確かに国民の祝日に関する法律では、毎年5月5日を「こどもの日」と定めている。一方、元共同通信社の上田融によれば、「子ども」という表記は、日本子どもを守る会の二代目会長だった羽仁説子の影響が大きかったのではないかという。羽仁は「日本子どもを守る会」の名称を決めるとき、「私が子供の『供』という字はいけないと主張して『供』を『とも』にしました。人権をみとめる時代に『供』という字はいけない」と、かつて上田宛の私信に書いたという。そこで上田が発足当時から関わっている関係者に聞いたところ、「羽仁が『供』という『字』は『お供』の『供』、付属物の扱いみたいだ、子どもが自立するには平仮名にしたほうがいいと強く主張」して、発起人会議で論議したうえで、「日本子どもを守る会」と名付けた、という答えが返ってきた[2]。

同会の発足は、『児童憲章』が制定された翌年の昭和27（1952）年である。当時は朝鮮戦争の最中で、日本は米軍の前線基地となっていた。第2次世界大戦による戦争の悲惨さを直接体験し、それまでの男尊女卑的な考えから一転して、新憲法では法の下の平等と男女同権が定められた、という背景があった。

戦後の民主主義を支えた人びとの目には、「一部の子どもたちは，その生活・教育・文化・福祉・健康・環境のすべてにわた」り、『児童憲章』が踏みにじられる状況下にあると映ったようだ。「この現実を黙視できないと、親や教師はもちろん、学生・研究者・専門家・地域活動家・市民団体・文化団体・労働組合など広範な顔ぶれが結集し、思想・信条のちがいをこえて、子どもの人権と平和を守る国民的な運動」（「日本子どもを守る会」ホームページ）を進める中で、「供」という字が大人の従属物のように写り、旧時代を連想させ、新時代の息吹を阻む表記としてとらえられたのであろう。しかも「女子供」として一段と低く見られた女性や子どもが、旧来の家制度の中

2　上田融「『コドモ』の表記をどうするか」『用語委員会だより』47号、1998年4月2日。

で虐られた時代を思い起こすこともあり、女性の自立、子どもの人権が認められようとする当時の時代風潮の中で、人びとの意識を呼び起こすうえでも、有効な主張だったのかもしれない。

本書の立場

　繰り返すが、「こども」という語は「こ（子）」に複数を表す接尾語の「とも」がついたにすぎない。ここに特別の意味はない。「供」が当て字として使われたことから、大人の付録や見下げるという誤解された解釈が生まれたのだ。中国文学者高島俊男がいうように、「『こども』も『子共』でもいいのだが、この語にかぎって『子供』と書くことが多い（が）……特に『供』の字を使わねばならぬ理由があるわけではない。単なる習慣である。」[3]「子供」「子ども」の両方の表記を使用することに、問題は見られない。確かに羽仁の主張は、その時代の見識として納得できなくもないが、それをもって現在の表記まで変えなければならないだけの説得力も理由もないだろう。

　筆者は著書『教育玩具の近代——教育対象としての子どもの誕生』では、タイトルとして親しみやすいので「子ども」を使用した。しかし、文中では大人のお供という説、つまり子どもの人権云々という視点から「子供」の表記をさけていると誤解されたくないという理由も手伝い、「子供」という語を用いた。その時代状況から生まれた解釈の意味は尊重するが、それが一般化することで歴史的に育まれた（いい意味でいい加減な）言葉の使用範囲をせばめることには、賛成できないからだ。ただし、児童学・幼児教育・保育学をはじめとする子どもに関心をもつ読者は、「子ども」という表記になじみがある人が多いこと、また一般の読者にもやわらかい表記の方が親しみやすいという点を考慮して、本書では「子ども」という表記で統一することにした。

3　高島俊男「子供、子ども、こども」『お言葉ですが④』（文春文庫、2003年）。

2章 伝統社会の子ども

1　中世から近世へ

1　子どもを表す漢字——児・童・稚児

　子どもを表す漢字「子」は、もともと子どもの姿を象（かたど）った象形文字とされるが、その他に「児（兒）」「童」などもある。諸橋徹次『大漢和辞典』（修正版）によれば、「児（兒）」は小児の頭蓋骨が未だ合わさっていない状態を象り、儿（じん）は人の胴体を表す。総角（あげまき）という子どもの髪を中央から左右に分けて、耳の上でそれぞれ丸く結っている「童」は、「普通十五歳以下で結婚又は冠笄をせぬ者」ともいわれる。

　また白川静『新訂字統』では、「目の上に刑罰として入れ墨を加えられたものを童という。童は受刑者であるので結髪を許されず、それで結髪をしない児童をまた童という。草木のない禿山を童山、角のない牛を童牛というのも、その意[1]。」と記されている。つまり「児（兒）」や「童」はいずれも心身の成熟を表すというよりも、髪型などが社会における階層や身分を表す表象であったというのが特徴だ。

　児童という語も、『列子』や『後漢書』など中国の古典をはじめ、日本でも『文華秀麗集』（818年）などにも見られる。『日葡辞典』には「Iido（ジドウ）チゴ、ワランベ」[2]とあるように、古くから心身ともにまだ十分に発達していない者を呼ぶ語として使用された。

　また日本の伝統的な社会では、「稚児」（ちご）「童（わらわ）・童子（どう

1　白川静『新訂字統』（平凡社、2004年）679〜680頁。
2　1608（慶長8）年イエズス会が刊行した日本語とポルトガル語の辞書。

じ）」などという語も見られ、稚児は乳児（チゴ）、つまり乳飲み子という意味らしく、童は稚児より年長で10歳前後の子どもをさす（『日本国語大辞典』第2版）。その年代は幼名で呼ばれ、服装や髪型も成人のものと区別された。つまり生育上のある程度の区切り、また段階ごとに名前を変え、姿形を変え、大人になるという認識があったようだ。では果たして子どもは、何歳頃までとされていたのだろうか。

2 聖なる存在

　黒田日出男は、古代社会の中で老人と子どもがどのように位置づけられたかわからない点が多いが、『養老令』によると、結婚が許される年齢は男性15歳、女性13歳、17歳になると課役を勤める義務や一人前の刑事責任能力もあるとされた。しかしそれで一人前の大人になったのではない。数少ない史料を見るかぎり、21歳から60歳までが一人前の大人であり、17歳から20歳は子どもから大人への過度段階ではなかったか、と推測している[3]。また横井清によれば、中世社会では15歳になると起請文や申状への署名能力が与えられ、責任能力者となるなど、15歳〜60歳以上が一人前の年齢区分であり、社会通念であった[4]、とする。

　いずれにしても中世の子どもは成長儀礼の各段階を踏むごとに、「稚児」「童」「童子」のスタイルを脱皮して、社会的な性として男女共にふさわしい姿形を身につけ、大人になる。身分制社会の中世では、身分を表すそれ相応の形態が必要であり、属する階層によって身にまとう服装などが異なっていたのだ。そして、子どもは「人」になるまえの存在であった。

　しかし、絵巻などには貴族・武士・寺院社会のそれぞれに雑役・雑用を担う「童子」姿の大人たちを随所に見ることができる。その「童子」姿の大人たちの仕事は、卑しいものとされていたが、子どもは「聖なる存在」として人をこえた力をもつとされていたことも、理由の一つであったようだ[5]。

3　黒田日出男『境界の中世象徴の中世』（東京大学出版会、1986年）220頁。なお「歴史の姿としての子ども」『子どもの領分』展図録（サントリー美術館、1997年12月2日〜1998年1月18日）もあわせて参照。
4　横井清『中世民衆の生活文化』（東京大学出版会、1975年）参照。

これをうけて網野善彦は、非人も童と同じような役割を果たしており、「童形の人が社会的に賤視されるとすれば、それは乞食非人に対する差別が固まってくる室町以降」ではないか、その時期になると「童はその『聖』なるものとしての性格をほとんど失い、次第に『子供』そのものになっていく」[6]、と述べている。ここから近世社会における、「子ども」の誕生を読み解くことができるかもしれない。

3　働き、学び、遊ぶ子ども

中世の年齢区分は、近世社会に受け継がれるが、子どもに対する視線は、戦国から近世にかけて大きくかわる。例えば、江戸時代の基本となる法典で、寛保2（1742）年8代将軍徳川吉宗のもとで作られた『御定書百箇条』には、子どもが殺人や火付けをした場合は15歳になるまで親類に預けられ、その年になると遠島の刑が執行されるなど、犯罪に対する処置は厳しくなり、中世の童には刑事責任はない、とする扱いとは異なってきている[7]。

中世と近世の子どもにどのような性格の変化があったのか、簡単にはいえないが、それは大人の労働の仕方や性別・老若の分業や社会的分業などの大きな変動・変化に関連している。その最も象徴的な変化の一つが、絵画史料の図像探索の結果表れた、少年少女の「子守り」姿の登場であった。例えば16世紀後半の『洛中洛外図屛風・上杉本』には、赤ん坊を背中におぶり子守をする少年少女が描かれ、農家の庭で子どもがイズメ（「はじめに」参照）に入れられている姿も確認できるという。中世にイズメがなかったとはいえないが、近世における農耕労働の強まりを示唆しているではないか、と黒田は指摘している[8]。

中世社会では母親・乳母・老人・下女らの仕事だった「子守り」が、中世

5　黒田日出男『「絵巻」子どもの登場――中世社会の子ども像』（河出書房新社、1989年）97〜100頁。
6　網野善彦『異形の王権』（平凡社ライブラリー、1993年）65〜67頁。
7　前掲『境界の中世象徴の中世』220〜223頁。
8　前掲『「絵巻」子どもの登場』62〜63頁。なお絵巻については『新版・絵巻による日本常民生活絵引』（平凡社、1984年）が参考になる。

末期から近世初頭にかけて、子どもたちの新しい仕事に加わる。近世は「少年少女に子守労働をさせる社会であり、丁稚奉公に代表されるような少年少女の見習い労働もシステマティックに組織され」「子ども労働は社会のなかにきっちりと組み込まれ」るのだ。つまり風俗画などを見るかぎり、中世は遊戯＝労働ともいえそうな老・若・男・女それぞれが固有の仕事をする仕方であり、近世初期の職人の弟子や子どもたちは、厳密な仕事の工程の中に位置づけられている。それは大人たちの職種が増え、労働の強度がましたことなどに密接に関係しているのではないか[9]、というのである。

2　近世の子ども

1　「小さな大人」の誕生

　江戸時代にはいり、世の中が落ち着き泰平の世を迎えると、農業をはじめ漁業、鉱業など各種の産業はめざましく発達する。たばこ、桑、麻、油菜などの商品作物も多くなり、手工業も盛んになる。西陣などの織物や瀬戸・九谷・有田などの陶磁器、漆器、酒をはじめ各地に名産品が生まれ、町人の商業も活発化し、貨幣経済も浸透する。中世にくらべて人びとの生活は格段と豊かになると、確かに、職業が細分化し、職種が増え、子どもの労働もそれに組み込まれていったと容易に想像がつく。それは子どもの教育の場面、特に寺子屋の成立にも表れている。

　寺子屋誕生の背景には、①農民層にまで浸透する「教育」への関心の高まり、②都市の発達による経済活動と生活や文化の変化が、都市の民衆に読み書き・計算能力を要求するような仕事を生みだしたこと、そして③近世（幕藩体制）の支配構造そのものが、民衆にある程度の識字や計算能力を求め、それを前提に成り立っていたこと[10]などが考えられるのだ。

　身の回りのことが一人ででき、ある程度の読み書き算などが身につくと、子どもはそれぞれの家の事情にあわせて、家業の手伝いや奉公など働くため

9　前掲『「絵巻」子どもの登場』62〜63頁。
10　同上、79頁。

に外にだされたのだろう。ただし、ここでいう子どもの労働は、大人とともに働く中で、子どもを一人前に育てるという教育的機能を合わせもっており、子どもを工場などで酷使して使い捨てにした、産業革命以後の資本主義的な労働とは異なる（4章参照）。また、この時代には近代のように、個人として尊重され、社会に保護され、教育されることが必要な子どもはまだいない。乳幼児期をすぎると大人とともに働く、いわゆる日本における「小さな大人」の誕生であった。ここに近世の子どもの特徴を見ることができるだろう。

2　江戸時代の玩具

一方でこのような労働の変化は、子どもの「遊び道具」をより豊かなものに変える。中世の子どもが遊ぶ姿を探した後で、近世のそれを見ると、玩具の質と量の違いがまさに驚異的であることがわかる[11]。近世社会の成立とともに、玩具の発達が始まるのだ。

これから玩具という子どもの遊び道具を通して、近世の子どもの様子をのぞいてみよう。

図1　江戸時代のおもちゃ屋

（「持遊細物や」『人倫訓蒙図彙』）

柳田国男『こども風土記』（朝日新聞社、1942年）によれば「オモチャという語のもとは」「関西でいうモチャソビの語にオをつけたもの」という。都市や農村での経済発展は、遊びをより豪華に楽しむ余裕とゆとりを庶民生活にも与えた。芝居や見世物、書画骨董の鑑賞、習い事など余暇の活用に生きがいを見出す人びとも現れるとともに、商品化された数多くの玩具が絵画資料からだけではなく、文献からも確認できる。

例えば、320年以上も前の元禄3（1690）年に刊行された『人倫訓蒙図彙』という本には、「持遊細物や」（もちあそびこまものや）、つまり「おもちゃ

11　前掲『「絵巻」子どもの登場』82〜83頁。

図2　江戸時代後期の5月節句の賑わいの様子

（『東都歳事記』（夏）「端午市井図」天保9（1836）年）

屋」の店先が描かれている【図1】。この頃からすでに、玩具の専門店があったことがわかる[12]。しかし、玩具が人びとの生活の中で本格的に発達するのは、それから100年ほど経った、江戸時代半ばを過ぎた、18世紀中頃のいわゆる田沼時代といわれる安永天明期以降のようだ。

　安永2（1773）年玩具絵本『江都二色』（北尾重政[13]画）が刊行され、享保から安永頃の玩具88種が絵入りで紹介されている。ここには今日まで続く玩具も数多く含まれており、質量ともに玩具人形類が飛躍的に発展したことを表している。また雛祭りが女子の誕生を祝う節句行事として確立され[14]、江戸の各所には雛市・胄人形市が立ち、人形類を購入する人びとで大変な賑わいを見せるなど、3月・5月を中心とした節句は江戸の庶民の最大の楽しみの一つとなる【図2】。

　19世紀に入ると、幕府による数々の禁止令にもかかわらず、贅を尽くし、

12　持遊細物やの上段には、「童子のもてあそび物、一切此所にあり。諸方の細工人おもひもひあみたてをつくりて、此家に持来る。但、紙、薄板等をもつて造る雑品の物なり。」と記されている。
13　北尾重政（元文4［1739］年〜文政3［1820］年）江戸時代中期の浮世絵師。
14　是澤博昭『江戸の人形文化と名工原舟月』展図録（とちぎ蔵の街美術館、2006年）参照。

素材や意匠に工夫をこらした雛や雛道具などが多種多様に現れる。特に富裕な商人は、家よりの高価なミニチュアの雛道具をつくり、庶民は5月の幟に描かれた鯉の絵を立体にした鯉幟を江戸の空に泳がせるなど、江戸人の遊び心は頂点を極める。そして、近世の風俗の起源などを考証する中で子どもの遊びや玩具などにも言及した山東京伝[15]『骨董集』（文化10［1813］年）、喜多村節信[16]『嬉遊笑覧』（天保元［1830］年）や自らが見聞した当時の風俗を整理する中で、子どもの暮らしなどを紹介した幕末の喜多川守貞[17]『守貞謾稿』など、子どもの遊びや玩具にも関心を寄せた記録も残されるのだ。

3　遊びと願い──子どもの健やかな成長

　もっとも高価なものが多い節句飾りにくらべて、子どもが玩（もてあそ）ぶ玩具は、安価で素朴なものが多い。先の『江都二色』が紹介する玩具は、豆鉄砲・やじろべい・笛・凧・独楽など、種類こそ多いが竹や木、紙、土、糸など、身近なものを材料とした、今日でいう「手作りおもちゃ」の商品化にすぎなかった。

　だが同時に、その多くは子どもの健やかな成長を願うお守りという要素もあわせもっていたのである。江戸時代後期を中心に、「郷土玩具」[18]とよばれる地域の特産物の技術や素材を活かした玩具が、各地の城下町に誕生したと考えられるが、その多くは何らかの俗信、縁起、説話、伝説に結びついている。

　例えば「鳩笛」は、子どもがご飯などをのどにつかえないためのまじない、小さい「犬張子」にざるを冠せた玩具を天井につるしておけば、幼児の

15　山東京伝（宝暦11［1761］年〜文化13［1816］年）江戸時代後期の戯作者。北尾重政に浮世絵を学び北尾政演としても活躍する。『骨董集』は日本随筆大系第Ⅰ期第8巻（吉川弘文館）に収録。

16　喜多村節信（天明3［1783］年〜安政3［1856］年）江戸時代後期の国学者、考証学者。『嬉遊笑覧』（全5冊）は岩波文庫などに収録されている。

17　喜多川守貞（文化7［1810］年〜？）江戸時代後期の風俗史家。『守貞謾稿』は東京堂出版の他岩波文庫に『近世風俗志』（全5冊）として収録されている。

18　各地方で土地の風物、習慣、信仰に結びついてつくられた玩具の総称。土人形・張子細工など素朴なものが多い。なお郷土玩具という語は、昭和初期に定着した。

鼻がつまらないとされていた。子どもが二つに割った饅頭を両手にもっている「饅頭食い」といわれる立像は、父母のどちらが好きかと問われて、その子が饅頭を二つに割って、どちらがおいしいかと反問した説話を題材にしたものだ。子どもが利口になる、あるいは安産を願うために社寺などに奉納されたという。節句飾りと同じく、日常の玩具にも子どもの健やかな成長を祈る願いが込められていたのだ。

ではなぜこのような役割を、江戸の人形玩具は担っていたのだろうか。その背景を考えてみよう。

4　乳幼児の死亡率の高さと魔除け・厄除け

江戸時代後期の子育ての様子を伝えるものとして、天保から嘉永にかけて記された、桑名藩（現・三重県東北部）の下級武士の日記『桑名日記』『柏崎日記』がよく用いられる。読んでみると、男子では疱瘡の病気見舞い、女子は初節句の雛祭りに玩具が多数贈られていることに気がつく。医療が今日のように発達していなかった時代には、病気を治したり、罹らないようにするためには、神仏の力に頼ることが多かった。子ども、特に乳幼児の死亡率の高い時代、玩具は病や魔よけ、災厄の身代わりという要素も含んでいたのだ。

当時の子どもの死亡率の高さを知ることはなかなか難しいが、例えば濃尾地方（美濃国〔岐阜県〕と尾張国〔愛知県〕の併称）の『宗門改帳』から江戸時代後半の農村の人口指標を導き出した速水融によれば、男子では全死亡数の22パーセント、女子では23パーセントが5歳以下に集中しているという[19]。しかし、この数字には1年以内に死亡した乳児は含まれていない。これまで数え年2歳での死亡率などから乳児死亡率を20～25％程度と推定してきた[20]が、宝暦4（1754）年以降に毎月確認されている大坂の菊屋町の史料から、同町では1000人中210人ぐらいの乳児が1年以内に亡くなっていることがわかった。1か月以内に死んだ者を考慮すると、乳児の死亡数は

19　速水融『近世濃尾地方の人口・経済・社会』（創文社、1992年）240頁。
20　同上、81頁。

250～300人ほど[21]という推測が成り立つという。

　また鬼頭宏は、『宗門改帳』と『懐妊書上帳』から江戸時代後期の北関東の農村の乳児死亡率を13～18％程度と推定している。そして出世児10人のうち6歳を無事に迎えることができるのは7人以下、16歳まで生存できるのは5、6人ではないかという[22]。地域や階層などさまざまな事情により違いはあると考えられるが、いずれにしても生後1年未満の乳児死亡率が1％に満たない現在と比較するとき、その数は想像を絶する[23]。

　前述の速水が分析した美濃国西条村では、149組の中で68組の夫婦が子どもの死を経験している[24]。実に約45％もの夫婦が子どもを失った経験をもつ計算になるが、それと記録に表れない乳児の死を考慮すると、その数はさらに多くなるだろう。乳幼児の生死は、当時の人間の力の及ばない範囲が大きく、幼い子どもが死ぬことは決して珍しいことではなかったのだ。

　特に、天然痘（疱瘡）は子どもの死病と恐れられた。これはウイルスによる伝染病だが、ほとんど風土病といっていいほど蔓延し、明治政府が国家の事業として種痘を制度化し、それが普及するまでかなりの死者がでた。

　香月啓益（牛山）[25]『小児必用養育草』（元禄16〔1703〕年）の第四巻・第五巻は疱瘡についてふれているが、疱瘡の神は赤い色が好きなので、歓待して早く去ってもらうという俗信に関する記述がある。まず部屋を清潔にして、子どもや看病人の衣類、屏風や衣桁までも赤にすることを勧めている。

　同書の挿絵には、病気の子どもの前に人形が並んでいるが、これも赤い衣裳などを着た人形であろう。赤色の玩具類は疱瘡だけでなく、病気見舞いにも盛んに利用された。達磨・金時・鯛車などの赤物といわれる郷土玩具、雛壇や五月の節句人形の下に敷く赤毛氈（あかもうせん）や赤鐘馗（あかしょう

21　速水融『歴史人口学で見た日本』（文藝春秋、2001年）131頁。
22　鬼頭宏「宗門改帳と懐妊書上帳――十九世紀北関東の乳児死亡率――」『近代移行期の人口と歴史』（ミネルヴァ書房、2002年）96～97頁。
23　厚生労働省『人口動態統計』によれば、平成15年度の乳幼児（生後一年未満）の死亡率は0.3％である。
24　前掲速水『近世濃尾地方の人口・経済・社会』所収「表9‐22表出生順位による幼児死亡」（246頁）参照。
25　香月啓益（明暦2〔1656〕年〜元文5〔1740〕年）江戸時代中期の医者。

き）とよばれる五月人形などに見られるように、赤い色には魔除け、病除けの意味が含まれているのだ【図3】。

5 しつけ（躾）られる幼児

近世の教育書として有名な貝原益軒[26]『和俗童子訓』（宝永7〔1710〕年）は、「遊び」について、子どもの遊びは無邪気なものであり、好きにさせればよい。但し、必要以上の贅沢や賭け事など、最低限の遊びさえ規制すればよい、と述べている。近世社会では遊びに教育的意義はまったく見出されていない。当時の人びとは、有害な生活習慣を身につけてしまう恐れのある遊びや危険な玩具を規制するなど、養育環境を整えることは論じても、それを教材として幼児を教育することは論じていない。幼児を「しつけ（躾）」ることはあっても、「教育」するという発想がなかったようだ。

従って、玩具に良い、悪いもなく、そこのあるのは子どもを楽しませ、健やかな成長を願うためのものにすぎなかったのだ。ここには教育される対象としての幼児（6歳以下）は、まだ見られない[27]。

図3 疱瘡にかかった子ども

（『小児必用養育草』巻之四）

3 民俗文化に見る人の誕生──七つ前は神のうち

1 不安定な霊魂の安定

「七つ前は神のうち」という言葉があるように、乳幼児は神と人との中間の存在と見なされていた。幼い子どもが人の枠内に組み込まれなかったのは、

---

26 貝原益軒（寛永7［1630］〜正徳4年［1714］）福岡藩士。江戸時代前期の儒者、本草学者、教育者。
27 是澤博昭『教育玩具の近代──教育対象としての子どもの誕生』（世織書房、2009年）。

前述のようにその死亡率の高さが大きな原因だが、それとともに幼児がもつ大人とはちがう独特の世界観もあったのかもしれない。

前近代では子どもに祭礼の際、神を招き寄せる尸童（よりまし）[28]の役割をさせるなど、子どもは大人とは別の世界に属する聖なる存在とされた。そのため成人には禁忌（タブー）である行為が、7歳前の子どもに委ねられる。つまり民俗文化における人の誕生のとらえ方は、7歳頃から認定されるのだ。その歳の前後に氏子入りと称して氏神に詣ることが多く、この年齢になるまでは葬式も「一人前のものとは別にしている例がすくなくない」、つまり「幼児には社会的人格が認められていなかったといってもよく、氏子入りに至って初めて神からも社会からも承認された」という[29]。

また現代社会では信じられないことだが、日本の伝統的な社会では、子どもの生きる権利（生存権）[30]が必ずしも認められていなかった。柳田国男によれば、生まれた子どもを育てるか否かは、育てる側に選択の幅が大きく、子どもを「遺棄する習慣」さえあった。そこには「子供を殺すのではない、育てないのであって、子供にしない」という理屈がつけられている。従って少年を一人前にする元服式などより、出生後の「名付け祝い」や「宮詣り」などの儀式のほうが重大であった。これらは子どもの生存を近隣に承認してもらう儀式であり、神仏などの力により子どもの健やかな成長を願うという一面もあるが、「この子は育てる子供である、大きくなって村人になる子供であると云うことを、氏神様にも、又近隣故旧にも承認して貰う儀式」だからだ[31]。

---

28 「神霊のよりつく人間、それも大抵は童児の場合についていう。」柳田国男監修『民俗学辞典』（東京堂出版、1951年）667頁。

29 前掲『民俗学辞典』259頁。

30 『日本国憲法』「第25条〔国民の生存権、国の社会保障的義務〕1すべて国民は、健康で文化的な最低限度の生活を営む権利を有する。2国は、すべての生活部面について、社会福祉、社会保障及び公衆衛生の向上及び増進に努めなければならない。」

31 「たとえば七日目に名付け祝ひをする名訊きの習慣は、何と云ふ名を付けましたかと訊きに来る時一つの生存権の承認となるのであって、どうしても育てる事の出来ない子供だったらそんなことを人に告げる事はしないわけなのである。」（柳田国男「小児生存権の歴史」『定本柳田国男集』第15巻所収、筑摩書房）。

嬰児殺しである間引きなども、現代のような罪悪感をあまりともなわないで、「子供の霊魂をしばらくの間異界に預かってもらうという意識が強く」、「死んでは蘇えるという一種の農耕的な生命観や霊魂観で理解されて」いた。そこで幼い子どもの霊魂は、異界とこの世の二つの世界を往来できるものとされ、たとえ夭折しても再びこの世に容易に生まれてくることができると信じられていたのだ[32]。

そして出産は人間社会へ子どもを送りだすことであり、その儀礼は「霊界より人間界へ生児を引き移す承認を意味していた」。「生まれて間もない子供はまだ産神[33]（うぶがみ）の管理の下にあって、霊界と人間界の両方にまたがっている」もののように考えられていた。初めての宮参りをして氏子になっても、「一人前の氏子として認められるまでには、次々と踏んで行か」なければならない段階があった。そこで不安定な霊魂を人間界で安定させ、その安全と健康を神仏に願ったりするためにも、産育に関わるさまざまな儀礼が設定されたのであろう。

儀礼ごとに衣服や髪型を変え、機会があるごとに村の子どもたちが食事をともにする[34]など、近親者から村落共同体へと社会的関係を拡大する中で、子どもは一人前として認められていったのだ。

2　産育儀礼──妊娠から七五三まで

人生には誕生・成人・結婚・死亡などの節目がある。その際に行われる儀式を通過儀礼[35]というが、ここで産育に関わる儀礼、いわゆる産育儀礼を『民俗学辞典』、柳田国男「社会と子ども」『家閑談』（『定本柳田国男集』第15巻所収）、大藤ゆき『児やらい』（岩崎美術社）を参考にして、①妊娠・安産祈願、

32　飯島吉晴『子供の民俗学──子供はどこから来たのか』（新曜社、1991年）8頁。
33　出産の前後を通じて妊産婦と生児を守ってくれるものとして信仰されている神。
34　同じ単位の飲食物（たとえば同じ釜で煮炊きしたもの）を分けて双方の腹中に入れることは、そこには眼に見えぬ力の連鎖を作るという、古い信仰が根本にあった（柳田國男『年中行事覚書』）。
35　フランス語 ritesde passage の訳語。フランスの民族学者ファン・ヘネップ（Van Gennep［1873～1957］）が提唱した用語。

②産着、③七夜・名付け、④宮参り、⑤食い初め、⑥初誕生・初正月・初節句、⑦七五三の順に整理しておこう[36]。

❶ 妊娠・安産祈願

「お産は命がけ」という言葉があるように、現代とは比較にならないほど、出産は母子ともに危険であった。しかも生存率が低く、心身ともに不安定な状態にある子どもの無事な成長に感謝し、神仏の加護を願うさまざまな儀礼が行われた。

子どものない人が、子どもを授かるように神仏に祈願する風習は今でも残っている。子安観音、子安地蔵など、各地に産の神と信仰されている神がある。また絵馬を奉納したり、出産直後に焚いて産神にそなえる産飯を貰って食べたりすると妊娠する、子どものない人が他人の家の子を貰って育てると実子が生まれるなどの俗信もある。妊娠5か月目の帯祝いは、胎児を人として認めるという意味があった。犬はお産が軽いので戌の日を選び、この日から産婆を頼むことが多い。戌の日に腹帯をもらいに行くことは今日でもよく知られ、東京の中央区の水天宮では、今でも行列ができるほどだ【図4】。

また元禄5（1692）年『女重宝記大成』は、江戸時代を通じて女性の心得の書として活用されたが、帯祝いに関する記述も見られる。すなわち妊娠5月目から、胎児は形を整えるので、その前に帯をすること、帯をすれば胎内の子は上につきのぼらないために難産にならない、「帯の事、生絹を八尺にして四つにたたみ、その男の左の袖より、女の右の手へまわすべし。」[37]とも記されている。

❷ 産着

産湯の後で着せる着物である、あるいは初めての宮参りの晴着を産着

---

36 『ひとの一生――千代田の人生儀礼』展図録、千代田区立四番町歴史民俗資料館、2008年をあわせて参照。
37 『子育ての書』第1巻（平凡社東洋文庫、1976年）254頁。

図4　近世・上層の出産風景

新しい井戸水、西から東に流れた川水を汲み、湯を沸し、子どもを洗う（「産湯」『小児必用養育草』巻一）。

いうところもあるが、生後3日目に着せるものとしているところが多い。それまで着物の形をしたものをまとわせない風習もあったという。また麻の葉模様は、魔除けになるので産着の模様に使われることもある。

　前述の『小児必用養育草』には、「子を出生すれば、親族または隣家、或いは親しき友どちの方より、その祝儀として、新たに衣服をこしらえ、亀鶴松竹をそめ入れ、或いは金銀の箔をもてちりばめて、産衣と名づけて、酒肴をとり添えて送る事なり。この事古来よりの俗礼なり。」とある。これもおめでたい図柄など周囲から子どもの健やかな成長を願う、江戸時代前期から続く風習であった。

❸　七夜・名付け

　出産後7日目には7夜の祝いで、初めて屋外に出し、家の神、竈神、井戸神などに参らせる風習が広く行われた。また命名の儀礼（名付け）は全国的に行われているが7日目、つまり七夜にする所が多い。また3、5、11、14日目など日取りは地方により異なる。

図5　宮参りの風景　　　　　図6　食い初めの様子

男子は32日、女子は33日に宮参りをする日と定められていた、という（「宮参り」『小児必用養育草』巻之二、元禄16〔1703〕年）。

「小笠原家諸礼」を引用し、120日目に喰初をすることを紹介している（「小児飲食の説、付けたり喰初の説」『小児必用養育草』巻之二、元禄16〔1703〕年）。

❹　宮参り

　生後初めて氏神に参詣することを宮参りといい、男児は生後32日、女児は33日目とされることが多いが、地域によって異なり特に定まってはいない。これは地域の氏神に参詣してその一員となったという意味があるらしく、村の象徴ともいうべき氏神に見参して、その村人の仲間に入ったことを認めてもらうと同時に、子どもの健やかな成長を祈ることでもあった。

　『小児必用養育草』にも「本邦の俗礼にて、生まれ子男なれば三十二日、女子なれば三十三日にあたる日を、宮参りの日と定め、氏神または産神に詣でしむる事なり。」との記述が見られる。そしていつ頃からこのような儀礼が始まったのか定かではないが、必ず近くの産神にお参りするように、と念おしをしている【図5】。

❺　食い初め

　生後100日目にするところが多く、モモカ（百日）とも呼ぶ。また7夜にするところもある。子どもの膳を新調し、小さな茶碗、箸を用意する。親戚縁者を招き、子どもには食べさせる真似事をする。食膳には赤飯に焼魚、それに歯固めなどといって小石を添える地方が多い。乳児の首もすわる頃、成人と同じ食物を供することに重要な意味があると考えられる。

　『小児必用養育草』は『小笠原家諸礼』を引用して、「小児生まれて、百二十日めに相当たる日は、善悪をえらばず喰い初めあるべきなり。食を喰い初めさする事、男子ならば男の役、女子は女の役なり。いずれも一族の中にて、子孫繁栄の人をえらぶべし」と紹介している【図6】。

❻　初誕生・初正月・初節句

　常民[38]の伝承では、誕生日の祝いはほとんど生後1年の初誕生に限られていた。この日に餅をつく風習が全国的に見られ、関東から中部地方では、一升餅をついて子どもに背負わせて歩かせる。誕生前に歩く子は、親を見捨てるなどといってきらい、餅を投げつけてわざと転ばせる風習も各地に見られる。男児には農具、そろばん、筆硯、女児には物指、梁などを並べて取らせて、将来何になるかを占うことも行われている。

　また子どもが生まれて初めて迎える正月は、初正月の祝いとして母方の実家や親戚から子どもの無事な成長を願って、男児には破魔弓が、女児には羽子板が贈られる。前者は災厄をはらう魔除けの縁起物、破魔弓のハマはもともと藁縄製の的のことで、これを小弓で射る遊びはかつて正月によく行われた。

　羽子板は、ふるくはコギイタ、コギノコとも呼ばれ、室町時代は正月の宮中で公家・女官などが男女にわかれコギノコ勝負をしたと記録にあ

38　普通の人びと。エリートではない人びと。英語の commons に相当し、平民・庶民とほぼ同義だが、柳田国男や渋沢敬三らは、日本文化の基底を担う人びとの意を込めてこの語を用いる（『広辞苑第六版』）。

図7　300年以上前の正月の風景

男児は小弓で遊び、女児は羽根つきをしている(『日本歳時記』貞享5[1688]年)。

る。また羽子板を歳暮の贈答に用いる習慣も見られる。贈答に用いられた羽子板は、正月の左義長の行事(正月の歳神様をおくる火祭り)を描いた縁起物の左義長羽子板[39]だったが、江戸時代後期から明治になると押絵羽子板[40]が中心となる【図7】。

初節句には、男児は5月、女児は3月、生後最初の節句に里方や親戚などから人形や幟を贈り、健やかな成長を願うという習俗も広く行われている。

❼　七五三

11月15日に七五三と称して5歳の男児、3歳、7歳の女児を神社に連れて参る習俗は関東地方に多い【図8】。幼児が成長していく段階ごとに、その守護を氏神に祈り、また社会からも祝福を受ける日であった。

39　もとは京都でつくられた高貴な人びとの間で贈答などに用いられた飾り羽子板。江戸に下り、さらに諸国へ広まり、郷土色豊かな数々の羽子板の原型をとなった。

40　裂を厚紙に貼り付け人形などの形をつくる押絵を羽子板に使用したもの。美人や歌舞伎俳優の姿を写したものが流行した。なお羽根つき遊びは付論7参照。

図8 七五三の宮参　　　図9 盛大な儀式となった七五三

宮参は江戸時代の終わり頃に15日になったしたらしい（『東都歳事記』（冬）「嬰児宮参」　天保9［1836］年）。

図8左部中の拡大図。

　天保9（1836）年『東都歳事記』には、「嬰児宮参髪置（三歳男女）、袴着（五歳男子）、帯解（七歳女子）等の祝ひなり、当月始め頃より下旬迄。但し、十五日を専らとす。尊卑により、分限に応じて、各あらたに衣服ととのへ、産土神へ詣し、親戚家々を廻り、その夜親類知己をむかへて宴を設く。」と記されており、都鄙（都と田舎）をとわず盛んに祝われていたようだ【図9】。
　やがて子どもは7歳頃から15歳頃の少年で構成される「子供組」など集団生活で成長し、一人前の男として認められ、若者組などに参加し、結婚とともに完全に一人前と認められるのである。

3　子どもと大人の区別

　前近代社会で乳幼児を教育するという考えが生まれなかった理由として、これまで見てきたようにまず乳幼児の死亡率の高さが考えられる。それとともに、当時は身分制社会であり、ほとんど職業選択の自由が認められなかったことが関係しているかもしれない。生まれた家の仕事を継ぐのが当たり前

の時代、彼らは封建社会の一員としてまず武士の子どもであり、百姓の子どもであり、職人の子どもであり、商人の子どもであった。それは今日のように教育の機会均等と職業選択の自由が保障されている社会とはちがい、身分制社会では一つの身分から他の身分に移ることは難しく、同じ身分内部でもさまざまな階層で構成されており、その上下の間には差別があった。

　基本的に親の仕事を受け継ぐ世界で育った「子ども」は、まず前世代の生活様式などを身につけることが目標となる。それぞれの身分に応じて（分限）、また同じ家族に生まれても男子と女子、同じ男子でも跡取りである長男と次男以下とではまったくちがう扱いを受けた。子どもたちはそのような区分の中で、所属する階層や男女の別などに応じて、それにふさわしい大人となるようにしつけられたのだ。従ってそのようなしつけが可能になる年齢になるまで、子どもは健やかに育ちさえすればよかったのである。

　例えば、出世という言葉一つをとっても、武士は知行の加増、農民は田や畑での生産量を増やすこと、商人は家業を広げ商売を繁盛させることなど、それぞれの「出世」があった。このような社会では、先祖伝来の家長を中心とする「家」の継承が第一であり、身分に応じて与えられた役割を無難にこなすことが求められた。そのため、期待される人間像も一律ではなかったのだ。

　先に紹介した貝原益軒の『和俗童子訓』（宝永7年）では、まず四民（士農工商）の子どもには幼い時から「父兄君長につかえる礼儀」などの基本的な道徳を教えた後に、「武士の子には学問のひまに弓馬・剣戟・拳法など」を習わし、「農工商の子には、幼き時より、ただ物かき、算数のみ教えて、その家業を専ら」仕込むべきだ、と述べている。また、学問は基本的に下を支配するために必要であり、主として武士が身につけるものであった。一方、百姓、町人は生活に必要な読み書きができれば、それでよかったのだ。支配体制に疑問を抱くこともなく、ただ忠実な人間が求められたのである。

　身分を越えて出世することが難しい近世社会においては、家の立派な跡継ぎとなることが子どもには求められた。そして、幼い頃から子どもを勉強に駆り立てる必要もなかったのだ。しかも、乳幼児の死亡率は高く、親や周囲の人びとの主な関心は、わが子が健康で元気に育つこと、つまり「教育」よ

りも「養育」にあったのである。

　それは江戸時代の玩具の呼称「手遊」にもよく表れている。玩具は手に持って遊ぶもの、つまり子どもを楽しませ、そして健やかな成長を願う以外のなにものでもなかった。子どもは大人に管理されることなく、楽しく無邪気に、おおらかに遊んでいたのである。それぞれの身分に応じた知識や教養・技術の習得をするために適した年齢になるまでは、その健やかな成長だけが周囲の望みであった。

　ただしそれは第4章で説明するような、保護され、教育される近代の子どもとはまったくちがう存在である。彼らは身の回りのことが一人でできる年齢になると、子ども期を用意されることなく、大人とともに働く「小さな大人」になる人びとでもあったのである。

付論2

イズミから子守へ
──「おんぶ」に見る近代──

子守をする子ども

　明治10（1887）年に来日したエドワード・モース[1]は、「私は世界中に日本ほど赤坊のために尽す国はなく、また日本の赤坊ほどよい赤坊は世界中にない」、と日本で乳幼児が大切に扱われていることを繰り返し述べている。特に彼の目に珍しく映ったのが「おんぶ」、子どもを背負う姿であった。

　「婦人が五人いれば四人まで、子供が六人いれば五人までが、必ず赤坊を

1　モース（Edward Sylvester Morse［1838〜1925］）アメリカの動物学者、考古学者。

背負っていることは誠に著しく目につく。時としては、背負う者が両手を後ろに廻して赤坊を支え、またある時には赤坊が両足を前につき出して馬に乗るような恰好をしている。」（石川欣一訳『日本その日その日』1、平凡社東洋文庫171、1970年、11頁）と、その様子を記している。

もっとも「おんぶ」は、日本だけの風習ではない。明治6（1873）年オーストリアで開催されたウィーン万国博覧会の「童子館」には、オーストリア・イギリス・中国・エジプト・インド・エスキモーなど、各国の子どもの抱き方、背負い方の展示があり、その中の墺国（オーストリア）は、明らかに子どもを背負っている図が残っている（近藤真琴『子育の巻』『明治保育文献集』1巻所収、日本らいぶらり、1977年）【図1】。

しかし欧米では「おんぶ」よりも、子どもの抱きかたの方に注意が払われていたらしい。「童子館」の展示には、幼児教育とともに、子どもの体の健康に留意する必要があるとして、「抱き方」「手の引き方」「寝かせ方」「机に座る姿勢」の良い例・悪い例が示されたが、「背負い方」は取りあげられていない。日本で子どもを「おんぶ」する姿が、あまりに多いことに、モースは驚いたのだろう。

図1　子どもの抱き方・背い方

（『明治保育文献集』1巻、日本らいぶらり）

図2　乳母に養育される子ども

（「お乳母日傘といふ諺のもと」『骨董集』文化10［1813］年）

庶民の子育て？　古くからの風習

もっとも日本でも「おんぶ」は、どちらかといえば庶民の子育てであったようだ。例えば江戸時代、子どもの頃大切に育てられたことをさす諺に、

「お乳母日傘にてそだちたる者」がある。昔は乳母を召し使うほどの身分で、日傘をさしかけられて大切に養育された、つまり上層の出身であることを自慢する語であった。文化 10 (1813) 年『骨董集』には、日傘をさしかけられ、乳母の懐手で大切に抱かれている図がある【図2】。

また幕末の『守貞謾稿』(巻十八) には、「小児ヲ負フ者、冬月ハ、半身ノ搔巻ヲ用フ者下図ノ如クス」と、「ネンネコ半天」を江戸の庶民が冬に着て、子どもを背負う姿が絵入りで紹介されている。そしてその名の由来は、嬰児赤子は「ネンネ」というからだ、と守貞は推測している【図3】。

図3 防寒のためネンネコ半天をはおる子守

(『合本自筆影印守貞漫稿』東京堂出版、1989年)

図4 素肌に裸の子を背負う女性

(『信貴山縁起絵巻』『絵巻物による日本常民生活絵引』平凡社、1984年)

子どもを着物にくるみ「おんぶ」することは、古くから行われていたらしく、すでに平安末期の『信貴山縁起絵巻』には、素肌に裸の子どもを背負っている女性の姿が描かれている【図4】【図5】。また『一遍聖絵』、鎌倉時代の『長谷雄卿草紙』『春日権現験記絵』、室町初期『福富草紙』などには、中世から子どもをおんぶしている画像が数多く確認される(『絵巻物による日本常民生活絵引』全五巻、平凡社、1984年参照)。ただし黒田日出男が指摘するように、ここには「おんぶ」をしている人に子どもの姿は見られない。中世と江戸の大きなちがいは、「おんぶ」、つまり子守が子どもの役割となっている点だ (2章参照)。

図5　子守は大人の役割　　図6　女児の子守

(『長谷雄卿草紙』)

(モース・コレクション「女児の子守りの姿」『モースの見た日本』小学館、1988年)

「おんぶ」をする子ども

　モース『百年前の日本』(小学館) には、女児の子守の写真が多く残されている【図6】。欧米人には、子守が子どもなのが驚きであり、しかも幼い子どもが子守をする姿は、時として痛々しく彼らの目に写った。モースの翌年来日したイザベラ・バート[2]は、「六歳か七歳の小さい子どもが軟い赤ん坊を背中に引きずっている姿を見るのは、いつも私にはつらい。赤ん坊の頭は丸坊主で、日光を浴びて髪が縮れて見える。ぐらぐらして今にも落っこちそうである。」(高梨健吉訳『日本奥地紀行』平凡社東洋文庫240、1973年、94頁) と語る。

　幼児が這い這いを始め、イズミなどに入れにくくなると、子守をつけたのだろう。モースは、老人と子ども総出で田植えをする脇で、「小さい子供達は赤坊を背中に負って見物」している (同上) と記している。農繁期、戸外の田畑で働く時、子どもを背負ったままでは、母親は思うように身動きができない。おそらく幕藩体制が落ち着き、各種の産業が発達する江戸時代中期以降になり、農村で幼い子どもを子守に雇うことが、盛んになったのではないか (大藤ゆき『児やらい』岩崎美術社、1968年)。小さな腕では長い時間乳

2　バート (Isabella L. Bird [1831〜1904]) イギリス生まれ。『朝鮮奥地紀行』『中国奥地紀行』をはじめ数々の旅行記を著す。来日は47歳の時。

幼児を抱っこすることはできない。子守にとって「おんぶ」は、どうしても必要なことだったのである。

　明治9（1876）年文部大書記官九鬼隆一[3]は、文部大輔田中不二麿[4]へ提出した「巡視」報告書の中で、「中等以下ノ人民」の子弟の現状を、父や母が働きにでると、6、7歳の子どもは家の手伝いをするばかりではなく、幼い弟妹を背負い草刈りなどをしている、と述べている（『文部省第四年報（明治九年）』第一冊、56頁）。また明治17（1884）年渡邊嘉重[5]が『子守教育法』を著し（『明治保育文献集』4巻所収）、子守のために通学できない子どもや通えても「おんぶ」している乳幼児がいるので勉強に専念できない子どもたちがいるとし、彼らの教育の場を保障するために「子守学校」を提唱した。このことからもわかるように、学齢期の子どもが子守をさせられたことも多かったようだ。

　『日本産育習俗集成』には、「子供の腋（わき）に帯をかけ、肩にかけて負うことをタスキガレーといい、その上からかける半天をネンネコという。……幼児を負うには半年くらいは足をはだけずにそろえて負う。（長崎県対馬付近）」とあり、その年齢は、「子守は十二、三歳から十六歳ころまでで、村中から頼み、子守には仕着せといって、盆正月に新しい着物をこしらえて与える。子守は頭を手拭いで縛り、子を負って、半天を着る。（長野県西筑摩郡大桑村）」とある。『女学雑誌』も「子守とハ大略一、一二歳以上一五、六歳以下の小女にして人に雇われて子供を看護を託さるるものなり」（「子守女の論」『女学雑誌』第57号、明治20年）と述べるなど、12歳前後の子どもが子守に雇われ、子育ての役を担っていたようだ。もっともそれ以前の幼い子どもが、家の手伝いで弟妹の子守をしていたことはいうまでもない。

3　九鬼隆一（嘉永5［1852］年〜昭和6［1931］年）枢密顧問官、男爵。文部省に入り帝室博物館総長などを歴任。
4　田中不二麿（弘化2［1845］年〜明治42［1909］年）幕末明治初期の政治家。自由主義に基づく教育令を制定する。
5　渡邊嘉重（安政5［1858］年〜昭和12［1937］年）茨城県生まれ、教育者。明治38（1905）年には私立常総学院を創立する。

近代的育児指導と「おんぶ」

モースやバートは、「おんぶ」する子どもの幼さに驚きながらも「赤坊の叫び声は、日本では極めて稀な物音である」(モース、前掲書、102頁)、「私は今まで赤ん坊の泣くのを聞いたことがなく、子どもがうるさかったり、言うことをきかなかったりするのを見たことがない。」(バート、前掲書、222頁)と、日本で乳幼児が大切に育てられていることに感激している。彼らはけっして「おんぶ」そのものを否定的に見ているわけではない。だが、日本の近代的育児思想は、欧米に対する劣等感から、「おんぶ」を遅れたものと受け取っていたようだ。

横山浩司『子育ての社会史』(勁草書房、1986年)によれば、近代的な育児指導の中で、「おんぶはやむをえないときだけにせよというのがゆるやかなほうで、多くはやめたほうが良いとか、厳禁せよといった指導をしてきた」。その理由は、「鳩胸になるとか『せむし』になる、O脚になる」から、「呼吸が不規則になる、血液循環を妨げる、熱射病になる」といったものがあげられている、という(62頁)。

例えば、「外へ出るに附て日本ではおぶって出ますがおぶって出る事ハ大変わるい事であります。……日本人の鳩胸や「背ムシ」になるのは子供の時分からおぶっておるからであるといわれました、或は左様かも知れません、西洋では決して子供をおぶってあるきません、抱て出る事はありますがそれも抱き様があります、故に日本でもおぶうのはやめるがよろしい」(永井久一郎演述「論説東京婦人教育談話会」『女学雑誌』第69号、明治20年)、という論調などがある。

だが、子守だけでなく、母親も子どもを背負えば両手が空いて家事などをすることができるので、「おんぶ」はなかなかなくならなかった。それでも子守や働く母親がするおんぶは、長時間で、しかもおぶい紐を強く締めたものになりがちであり、それが赤ちゃんの健康や衛生によいとはいえなかった。おんぶはやめよといいながら、「正しいおんぶの仕方を」を指導せざるをえなかった、と横山は指摘する(前掲書、63頁)。

明治30年代の終わりに龍野婦人会(現・兵庫県たつの市)が、保育の一部をになう「子守」のために開設した学校の教育内容を公開した『子守読本』

（山本文友堂、明治40年）には、子どものおんぶの仕方の注意も記されている。

　　第三　子守のつとめ　（その一）
　　一、児を負ふ時の心得
　　すべて生後百日位迄は外出させぬかよろしい。殊に冬は朝、夕方は百日
　以上の児でも出さぬ方がよろしい。さて児を負ふときは、結付帯は、巾
　の広い柔かなのがよろしい。
　　結付帯は、児の臀部でひろげ脇の下などをかたくしめてはなりませぬ。
　負ふときに、股をひろく引きわけてはなりませぬ。
　　我が頭髪のみだれぬよー気をつけ、かつ頭に針などさしてはならぬ。
　　児を負ふて走つたり、飛んだり、腰をかがめるのはよくない。又泣くか
　らといつてむやみに振りうごかしてはなりませぬ。

衛生の啓蒙と「おんぶ」の指導

　近代の子育てを考えるうえで、近代（科学）的な「育児法」と「衛生」の啓蒙は大きな課題であった。1851年に伝染病の流行の国際的な対処のためにパリで開催された衛生会議は世界に広まり、日本では明治20（1887）年に衛生をテーマとした単独の展覧会「衛生参考品展覧会」が開催される。そして日本各地を巡回し、大正期には頻繁に衛生思想啓蒙のために催された（田中聡『衛生展覧会の欲望』青弓社、1994年、72頁。他に小野芳郎『〈清潔〉の近代――「衛生唱歌」から「抗菌グッズ」へ』講談社、1997年）。「衛生」という考え方も、実は近代の産物なのだ。

　大切に育てられているとはいえ、迷信や現代人の目から見ると首をかしげたくなる育児や衛生に関する感覚が、前近代には数多くあった。例えば、乳幼児を雨に濡れたまま平気で「おんぶ」している姿に、モースは驚きをかくせない。

　　雨が絶間なくビショビショ降り、おまけに寒かったが、これ等裸体の男
　　共は、気にかける様子さえも示さなかった。日本人が雨に無関心なのは、
　　不思議な位である。小さな赤坊を背中に負った子供達が、びしょ濡れに

なった儘、薄明の中に立っていたりする（モース、前掲書、97頁）。

そして日本では「衛生博覧会」などで、これまでの古い育児観の担い手として、老人や乳母、子守などが衛生の敵、不衛生なものとして警戒されたのだ。

大正9（1920）年東京教育博物館で開催された「児童衛生展覧会」には、陳列品種別の「六養護　小児と子守」の項目があり、子どもの抱き方・背負い方の善悪を示した人形が展示された。『幼児教育』（20巻11号）は、次のように伝えている（東京女高師保母星野楽子「児童衛生展覧会を観る」368〜372頁）。

二部の養護の部では美しい人形で子供の負ひ方抱き方の善悪を示し、「町家風の内儀が赤坊の首を胸に押しつけて固く抱いて居る」のにくらべ、「束髪の奥様が左手は軽く頭部のうしろを支へ右手は一寸背中に入れて赤児を平らに抱いて」いるのを並べている。

後ろのガラス箱には、「老婆がねんねこの中に赤児のくびを埋め、女中が背中に頭をおしつけて」おんぶしているのが悪い例である。これに対して、「中央の若い母が前から赤児の顔が明らかに見得る様嬰児の体」をややななめにおんぶしているのを良いとしている。

また同展の正面階段には児童の要求として18点のスローガンが掲げられており、その中には「子守学校の普及を計れ」「子守任せをやめよ」などがあった、という（同上）。ここでは誰がその善悪を担っているのかが視覚化され、「町家風の内儀」「老婆」「女中」が悪い見本で、近代的な教養を身につけたと想定される「束髪の奥様」「若い母親」が良い例の見本となっている（竹原明理「展示装置としての生人形——衛生展覧会での展示をめぐって——」『日本学報』第29号、28頁）。おそらくこの文脈で言えば、「はじめに」で紹介したイズミも、当然排除されるべき不衛生なものだったのであろう。

「おんぶ」から「抱っこ」へ

前述の『守貞謾稿』が紹介した「ネンネコ半天」は、「おんぶと共に廃れた育児服」であった、と『朝日新聞』（平成23［2011］年9月24日付）「サザ

エさんをさがして」はいう。確かに子どもを抱いたまま着られるコートはあっても、おぶい紐や子どもをネンネコで羽織りおぶっている親の姿はあまり見かけない。

　同紙によれば、昭和26（1951）年掲載のタラをおぶったサザエさんの姿からもわかるように、戦前から1960年代まで、『朝日新聞』紙上には、さまざまなネンネコ姿の写真やマンガが掲載されている。50年代後半から60年代前半には、スカートやズボンなど洋装にもそれを合わせた。下に何を着ていてもネンネコを羽織ればごまかせるから、近所にでかけるにも便利だからだ。しかし、高度経済成長期に入る60年代以降にネンネコは廃る、というのが服飾評論家市田ひろみの見解だ、という。

　養育者に「抱っこ」され、育てられることは、育児にのみ専念できる環境が必要となる。江戸時代や明治期、それを享受できるのは一部の余裕のある階層であった。欧米の情報や文化が庶民レベルまで浸透し、普及し始める、60年代に入り、そのような環境が一般大衆にまで広まったのである。「おんぶ」をしなければ必要のないネンネコの衰退は、それと軌を一にする。それはまた日本人の子育てのスタイルの変化を映しだしているのだ。

　「おんぶ」は、庶民の必要性から生まれた育児法であり、その起源は、平安時代にまでさかのぼる。それが明治以降わずか150年ほどの間に「おんぶ」から「抱っこ」へ、日本人の子育てのスタイルが変化をとげたのだ。「日本ほど赤坊のために尽す国」はないというモースの言葉を思い出しながら、近代化の中で、私たちが失ったものは何かを考えてみよう。

3章　近代日本と子どもの誕生

1　近代日本の子ども

1　近代国家と子ども

　明治政府は、近代化を進めるために、国家を担う国民として子どもを育成する必要が生まれる。そこで、すべての子どもを学校で教育することをめざし欧米的な教育制度を取り入れ、明治5（1872）年学制[1]を公布した。江戸時代の終わりには、都市部はもとより、農山村にまで広く普及したとされる庶民の子どもたちの私設の教育機関であった寺子屋の伝統も手伝い、全国に多くの小学校が設立され、学校教育は急速に広まる。

　学校は、江戸時代の身分制社会の中で士農工商それぞれに異なる階層で生活していた子どもたちを、一つの場所に集め、学年ごと（年齢別）に分けて一律に教育する（一斉教育）。近代教育は「生産関係・諸階級・共同体に具体的に属していた子供を抽象的に均質的なものとして引き」抜いてしまった、と柄谷行人は指摘する。しかも「子供を学校に取られることは」「農民・職人・商人たちにとって」「従来の生産様式を破壊される」にも等しかった[2]。

　農民にとって子どもたちは貴重な労働力であり、職人や商人も徒弟や丁稚がわりに子どもの手伝を期待した。しかも授業料ばかりか、学校設置費の負担もあり、小学校廃止をもとめる農民の反対運動もおこった、という。学

---

[1]　日本の近代教育制度に関する最初の基本法令。国民皆学を目標に小学校の義務教育制度の実現をめざした。明治8年（1875）年には、満6歳から14歳までの8年が学齢と定められる。同12（1879）年の教育令を経て、同19（1886）年の小学校令で4年間が義務教育となった。
[2]　『定本柄谷行人集1 日本近代文学の起源』（岩波書店、2004年）185～186頁。

校制度が定着し、義務教育の授業料が無償となり[3]、就学率が飛躍的に上昇する明治30年初め頃まで、多くの子どもが子どもとして扱われなかったことを、柄谷は柳田国男の『こども風土記』の一節を引用し、説明する[4]。

　　大人から子供へ[5]
　児童に遊戯を考案して与えるということは、昔の親たちはまるでしなかったようである。それが少しも彼らを寂しくせず、元気に精いっぱい遊んで大きくなっていたことは、不審に思う人がないともいわれぬが、前代のいわゆる児童文化には、今とよっぽど違った点があったのである。
　第一には小学校などの年齢別制度と比べて、年上の子供が世話を焼く場合が多かった。彼らはこれによって自分たちの成長を意識し得ゆえ、悦んでその任務に服したのみならず、一方小さい方でも早くその仲間に加わろうとして意気ごんでいた。この心理はもう衰えかけているが、これが古い日本の遊戯法を引き継ぎやすく、また忘れがたくした一つの力であって、お蔭でいろいろ珍しいものの伝わっていることをわれわれ大供も感謝するのである。
　第二には小児の自治、彼らが自分で思いつき考えだした遊び方、物の名や歌ことばや慣行の中には、何ともいえないほど面白いものがいろいろあって、それを味わっていると浮世を忘れさせる……
　第三には今日はあまり喜ばれぬ大人の真似、小児はその盛んな成長力から、ことのほか、これをすることに熱心であった。昔の大人は自分も単純で隠しごとが少なく、じっと周囲に立って視つめていると、自然に心持の小児にもわかるようなことばかりしていた。それを遠からず彼らにもやらせることだから、見せておこうという気もなかったとは言えない。共同の仕事にはもとは青年の役が多く、以前の青年はことに子供か

3　明治33（1900）年の小学校令から、義務教育については授業を徴収しないことになり、名実ともに義務教育制度が確立される。また、明治40（1906）年には、義務教育は4年から6年間に延長された。
4　前掲『日本近代文学の起源』167〜169頁。
5　『定本柳田国男集』第21巻（筑摩書房、1970年）23〜24頁。

ら近かった。ゆえに十二三歳にもなると、子供はもうそろそろ若者入りの支度をする。一方はまたできるだけ早く、そういう仕事は年下の者に渡そうとしたのである。……

　子どもは小さな大人であり、今のように特別扱いされていない。家名や家業の継承といった、彼らが生活する共同体の成員に育てるという意識はあっても、個人が社会の一員、つまり（近代国家の）国民に成長するまで、社会全体が子どもを守り（保護）、育てる（教育）という意識は見られない。このような時代では、大人と子どもの境界線は曖昧だが、どこまでが子どもで、どこからが大人かは、逆にはっきり区別されていてわかりやすかったのだ。
　例えば、成人式・元服式などの通過儀礼は、「文化によって異なるが髪形、服装、名前などを変え」、子どもから大人へと変身する儀式である。子どもは一定の儀式をすませれば、すぐに一人前の大人として認められた。成人式は、いわば子どもから大人になるために仮面をかけかえ、「別の自己となる」式典なのだ。だが「仮面の底に真の自己がある」のではない、ここでは内面的な「成熟」はまったく問われない。今どの発達段階にいて、どれだけ適応能力を獲得しているか、それを分割（分けて別々にする）して、大人との距離をはかられる子ども観とは異質だ、と柄谷はいう[6]。
　1章で見たように、近代社会では子どもが徐々に大人に向かって発達すると見なされているから、大人と子どもの間にある距離が測られ、豊かな社会の出現とともにモラトリアムの期間が長くなり、青年期が現れ、社会的自立に向けた成人期までの道のりが長くなるのだ。

2　新しい子ども観の登場

　20歳になると飲酒喫煙・結婚などの自由の範囲も広がるが、社会的責任も重くなる。本書では、このような人を「大人」と呼ぶことにしよう。選挙権を与えられ、納税の義務が課せられ、「少年法」で守られていないので、悪いことをすれば実名が公開されることさえある。しかし法律で一人前の日

6　前掲『日本近代文学の起源』175頁。

本国民として認められ、親や親戚、学校や会社の人びとから新成人として祝福される成人式を迎えても、「私は大人なのか子どもなのか」と自問自答する若者の悩みを耳にする。しかし、彼らが描く「大人像」の多くは、理想化された、自立した、立派な社会人である。人はいくつになっても周囲の人びとに助けられ、支えられて生きる存在なのに、「経済的にも精神的にも親や周囲に頼っている自分は、まだまだ子どもだ」、と若者はその理想と現実に悩む。彼らは自分自身で大人へのハードルを高くしている。

　繰り返すが前近代の子どもたちは、「家」の子どもとして生まれ、ある程度将来が決った小さな大人として育てられた。そこには、大人へと徐々に発達する子どもの姿はない。柄谷がいうように、元服式が終わると仮面をかけかえるように大人になる。同年代の仲間の間では、まだ幼いといわれているＡ君も、大人びたＢ君も、その日を境に、皆一緒にその時点から大人になるのだ。

　しかし、前述のように明治に入り欧米式の近代国家の建設をめざし、さまざまな制度が整備される中で、社会的に新しい子どもの必要性が高まる。その背景には（ア）封建的な身分制度がなくなったこと、（イ）近代的教育制度が整備され、出自に関係なく、個人の能力（学歴）によって立身出世の道が開かれたこと、（ウ）西洋医学の導入で乳幼児の死亡率が低下したこと、などが考えられるだろう。もはや子どもは「家」の子どもではなく、平等な個人によって構成される社会の一員となるために、社会や家庭で保護され、学校で教育される存在となった。そしてこのような新しい子ども観が、次第に私たちの心の中に浸透するのだ。それまでの過程を「教育玩具」という語を通してのぞいてみよう。

2　幼児教育と教育玩具

1　フレーベルと幼稚園

　玩具には①子どもを楽しませる、②子どもの健やかな成長を願う、③子どもの成長発達に役立つ、という３つの大きな役割があり、前近代には①②はあるが③の要素がないことは、前章で確認した通りだ。ところが今日幼児教

育では、「遊び」は「心身の調和のとれた発達の基礎を培う重要な学習」(『幼稚園教育要領』)と位置づけられている。③は近代に入り幼児教育、いわゆるフレーベル思想が日本に紹介される中で、私たちの心の中に形成された新しい教育観であり玩具観である。

まずドイツの教育学者で世界最初の幼稚園を創設したフレーベルについて、簡単に紹介しておこう[7]【図1】。彼は、ドイツのチューリンゲンに牧師の子として生まれ、イエナ大学で学び、ペスタロッチに師事し教育の道に入る。1826年に主著『人間の教育』を著し、1837年ブランケンブルク教育所を設立、ここで恩物（Gabe）を考案した。そして恩物を通して幼児に正しく指導できる保育者の養成を願い、1839年に幼児教育指導者講習科を開設、その講習生のために約40人の幼児を集めて実習を行う「遊びと作業の学園」(Spiel und Beschäftigunugsanstalt) を併設、1840年これを「幼稚園」(Kinder-garten) と名づけた。彼の死後、幼稚園は世界的に広まり、日本でも明治初期に導入されたことは周知の通りだ。

Kindergarten と Gabe は、東京女子師範学校（現・お茶の水女子大学）附属幼稚園初代監事（園長）関信三[8]によって、それぞれ「幼稚園」「恩物」と翻訳され、日本語として定着する。ドイツ語の Kinder は英語で Child（子ども）、Garten は Garden（庭園）であり、直訳すれば「子どもたちの園」という意味だ。当初「童子園」などという訳語もあったが、次第に「幼稚園」という語が定着する。ちなみに幼稚園と保育所の機能を一体化する施設として「認定子ども園」が2006年からスタートしているが、これは Kindergarten の

図1　フレーベル

(フレーベル『フレーベル全集第1巻　教育の弁明』小原国芳・荘司雅子監修、岡元藤則訳、玉川大学出版部、1977年)

---

[7] フレーベルについてはフレーベル（荒井武訳）『人間の教育』上下（岩波書店、1964年）、(荘司雅子監訳)『フレーベル全集』第4巻（玉川大学出版部、1981年）、荘司雅子『フレーベル研究』（玉川大学出版部、1981年）、宍戸健夫『保育の森――子育ての歴史を訪ねて』（あゆみ出版、1994年）等を参照。

[8] 関信三（天保14 [1843] 年～明治13 [1880] 年）東京女子師範学校の英語教師。欧州滞在の中にフレーベル教育を見聞したことから初代監事に抜擢される。

本来の意味に近い訳語かもしれない。また恩物は、英語でいうと Gift（贈り物）、つまり子どもの内に秘められた神性を発揮させるために神からの賜った玩具を意味している。

日本のフレーベル研究の第一人者であった荘司雅子は、フレーベルの幼児観を次のように解説する[9]。

彼は幼児をよく植物の種子にたとえる。その種子に秘められたものが、周りのものとの相互作用によって発芽し、美しい花になる。その発育を支える大きな力、つまり宇宙全体を支配している見えざる力こそ神である。キリスト教的にいえば、万物はすべて神の創造物であり、あらゆるものに神の精神が宿っているはずだ。特に神の似姿である人間には、他の生物以上に神性が宿っている。フレーベルにいわせれば、それが人間の活動や労働などに表れている。乳児が生まれると同時に始める活動は、すべて人間の内に秘められた神性の表れである。つまり人間の文化的・生産的な営みの萌芽は、乳幼児期の遊びの中に表れている、と解釈するのがフレーベルの立場だ。

従って、彼は幼児期における最高に意義のある活動という立場から遊びを位置づけ、幼児教育の重要性を主張する。そして、人間に生まれながらに備わっている創造的な欲求を育む教育を試みるのである。

2　恩物──幼児のための教育玩具

ではまだ文字が十分に理解できない幼児を、フレーベルはどのように教育するというのだろうか。それは遊びを通して教育すること、つまり正しい玩具を、正しい仕方で子どもに与えることで幼児の表現活動や創造活動を促進するのだという。その際必要となるのが恩物である。これは「フレーベルが幼児のために考案した世界最初の教育遊具」であった[10]。神のように絶えず創造し、生産すること、その種をもつ幼児の創造する力を発展させるための玩具（遊具）が恩物なのだ【図2】【図3】。

なぜならこれまでの玩具は完成されすぎているため、かえって子どもの創

9　荘司雅子「解説」前掲『フレーベル全集』第4巻、797～798頁。
10　同上、801頁。なお荘司は、遊具という語を使用している。

図2 第1恩物「六球法」

六色の毛糸の玉。赤は太陽、青は空、黄は地球を表し、紫は赤と青、緑は青と黄、橙は黄と赤が混合した色。色を見分けたり、ゆれる様子を観察したり、ボールとして遊ぶ（土浦市立博物館蔵）。

図3 第4恩物「第2積体法」

八個の立方体の積木。第3恩物の立方体と比較すると、幅は同じで、長さが2倍、厚さは半分。まとめると第3、第4恩物とも同じ大きさの立方体になる（土浦市立博物館蔵）。

造的活動を十分に刺激することはできないからだ。何よりも単純な基本的な形を彼は追い求める。だがそれは、その中に多様な要素が含まれ、限りない創造世界へと誘う要素をあわせもつ、万物の基本的な形なのだ。そのような玩具の考案と製作に、フレーベルは没頭したのである。

やがて彼は、宇宙や自然・人間に張りめぐらされた形（球・立方体・円柱など）を整理し、色や形にした。それが、ボール、積木、板並べ、折り紙、豆細工、縫い取りなどの姿になり、それらを「遊具」(Spielgabe) と「作業」(Beschäftigunug) に分類した。後年、フレーベルの恩物理論を、彼の後継者たちが体系化し、より実戦向きに幼稚園書を著し、それが翻訳される中で日本に「二十恩物」として紹介されたのだ[11]【図4】。

荘司雅子は、「おもちゃというものを教育的な見地から創りだして、それを解釈し、実践した人は、教育史のうえではフレーベルが初めて」[12]だ、と述べている。つまり幼稚園教育の基本理念を一言でいえば、「遊びを通した教育」といってもいいだろう。従って、「遊び」は「発達の基礎を培う重要

---

11 湯川嘉津美『日本幼稚園成立史の研究』（風間書房、2001年）171頁。
12 対談荘司雅子・和久洋三「フレーベルの教育思想・遊具をめぐって」『おもちゃの科学1 特集積木』（小峰書店、1985年）25頁。

な学習」という『幼稚園教育要領』の記述は、その意味において理解されるのだ。

3 遊びと教育

しかし、立ち止まってよく考えてみよう。「遊び」と「教育」とは、矛盾した言葉ではないのだろうか。ホイジンガ[13]がいうように、遊びは人間存在にとって根源的なものであり、それ以上さかのぼれない本質だ[14]。「なぜ人は遊ぶのか」、「楽しいから」という以外に、そこに意味も目的もないのではないか。それは江戸時代の人びとにとっても同じである。ところが、明治に入り幼児教育（フレーベル思想）やアメリカの児童研究（後述）などが紹介され、大人に向かって発達する存在という目で子どもが見直されると、これまで何の意味もないと思われていた遊びが、子どもにとって重要な意味をもち始める。それに日本人は気づかされる。そして、これまで知らなかった遊び、楽しみながら能力を高める「教育玩具」、つまり③の新しい玩具観に出会うのである。

図4　積木で遊ぶ

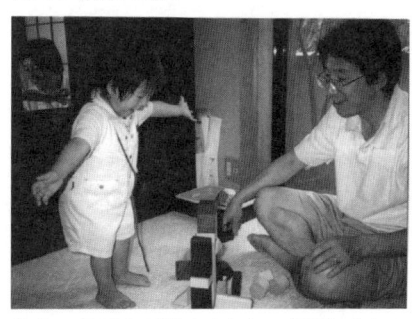

第３～６恩物が積木となり一般玩具として普及する。

やがて、明治の終わりから大正にかけて、教育をはじめとする近代的な諸制度が社会に定着すると、子どもの成長や発達に役立つか否かという基準で、優良玩具・低俗玩具という選別が行われる。

今日、教育や知育との結びつきを前面に打ちだした玩具は、取り立てて珍しいものではない。デパートの玩具売り場をのぞくと、知育玩具や教育玩具と銘打った商品が何種類も並べられている[15]。繰り返すが、玩具の語源である「もてあそびもの」という意味から考えれば、子どもの遊び道具としての玩具は、人類の起源と同じくらい古い歴史をもっているだろう。しかし日本で玩具を教育の手段としてとらえ、それによって子どもの能力を高め、成長

13　ホイジンガ（Johan Huizinga［1872～1945］）オランダの歴史学者。
14　ヨハン・ホイジンガ（里見元一郎訳）『ホモ・ルーデンス』（河出書房新社、1989年）。

を促そうとする考え方は、近代までほとんど見られないのだ。

　江戸時代、玩具は縁起物的な色彩が強く、どちらかといえば粗雑で幼稚なものと考えられていたことを思いだしてみよう。このように考えると、玩具に教育的な関心が向けられるまでのプロセスは、日本人が近代教育の対象として子どもを意識し始めるまでの過程と、どこかでつながるのではないだろうか。そしてそれを測る指針が、明治期に産れた「教育玩具」という造語なのである[16]。

　このような問題意識に基づいて、教育玩具が流行するまでの経緯とその社会背景を見ていこう。

3　教育対象としての子ども——教育玩具とその時代

1　教育玩具の紹介

　すでに述べたように、近代化を進めるために学制が公布され、欧米の教育制度や教育方法が導入された。そして欧米に派遣された明治政府の使節団は、学校教育の充実ばかりか、社会を支える家庭の大切さや家庭教育の必要性を痛感する。政府は、国家の基盤作りには教育制度を整えるだけでなく、幼児を含む家庭教育の充実も重要であることを認識するのだ。

　明治6（1873）年10月、文部省（現・文部科学省）は幼児教育用絵画や玩具の頒布に関する布達を行い、家庭における幼児教育を進展させようとした[17]【図5】。ある玩具業者の回想によれば、同年内務卿大久保利通[18]は、こ

15　『人形玩具辞典』（東京堂出版、1968年）「教育玩具」の項には、「玩具はすべて子どもの心身の成長に役立つものともいえるが、狭義的には、教育性を強調、それを目的に作られたもの、あるいは玩具そのものを教材化したものなどを指す」（斉藤良輔）として、例えばフレーベルの恩物式育児玩具、理科知識を応用した理工玩具、学習玩具などがあげられている。

16　是澤博昭『教育玩具の近代——教育対象としての子どもの誕生』（世織書房、2009年）。

17　文部省が製造した「衣食住之内家職幼絵解之図」「勉強する童男」と題した教訓図、着せ替え人形の絵などは、知識を与えることを主眼にしたものであった。

18　大久保利通（天保元［1830］年～明治11［1878］年）幕末維新期の政治家。薩摩藩士。維新政府の要職を占め、岩倉使節団副使となる。

れまでの日本の玩具には非教育的なものが多いとして、欧米から持ち帰った教育的な玩具を東京の主な玩具問屋などに示し、これらを見本として玩具を製造することを勧めた。しかし業者側は、玩具が子どもの発達に深い意味をもつということが理解できないばかりか、売上げの見込みが立たないという理由で、大久保が進める玩具を作ろうとする者はほとんどいなかった、という。

図5　文部省発行の教育錦絵

一方近藤真琴は、ウィーン万国博覧会（1873年）の「童子館（幼稚園）」というパビリオンに感銘を受け、帰国後それをまとめ明治8（1875）年『博覧会見聞録別記子育ての巻』を刊行する[19]。さらに『子育ての巻』で紹介した教具を自ら模造、紹介するが、社会は関心を示さなかった。工業教育の父といわれる手島精一[20]は、教育博物館での展示や内国勧業博覧会等を通じて、幼児教育の啓蒙に努めている。明治初期、政府の奨励や布達によって製作された玩具や近藤や手島らの先駆者が教育的な玩具の必要性を訴えても、まだ社会での関心は低く、一般家庭に浸透することはなかった。

このような状況の中で、政府はフレーベルのキンダーガルテンを取り入れ、明治9（1876）年日本で最初の幼稚園といわれる東京女子師範学校附属幼稚園（現・お茶の水女子大学附属幼稚園、以下：「附属幼稚園」と記す）が創設され、恩物を中心にした保育が行われる。そして、附属幼稚園にならって各地に幼稚園が次々と設立される[21]。その関係者は博覧会などに積極的に参加するとともに、幼稚園教育への関心を呼び起こすための努力が一部で始まる[22]。ま

19　近藤真琴（天保2［1831］年～明治19［1886］年）幕末、明治初期の洋学者、教育家。海事教育の先駆者で、多数の海軍将校を輩出した「攻玉社」の創立者。『子育ての巻き』は、海外の幼児教育の状況を、初めて日本に紹介した本である。
20　手島精一（嘉永2［1849］年～大正7［1918］年）教育家。東京工業学校校長、文部省実業教育局長などを歴任した。

た明治12（1879）年には、前述の関信三が、挿し絵入りで恩物を解説した『幼稚園法二十遊嬉』（青山堂）を著すなど、幼稚園関係者からも、これまでの「もてあそびもの」とは異なった、幼児期教育における玩具の有効性が啓蒙され始めるのである【図6】【図7】。

図6　幼稚鳩巣戯劇之図（複製）

明治10年頃の実写図といわれる（お茶の水女子大学附属図書館蔵）。

2　児童研究運動と教育玩具

明治前期、近藤や手島、幼稚園関係者などがそれぞれの立場から、玩具が幼児教育の中で重要な鍵を握るものと紹介に努めていたが、「教育玩具」という造語が現れ、子どもの成長や発達における玩具の教育的役割が一般に意識され始めるのは、明治20年代に入ってからのことである。

図7　二十遊嬉之図（複製）

恩物机に座り、20種類の恩物で遊ぶ幼稚園児（お茶の水女子大学附属図書館蔵）。

記録を見る限り、教育玩具を製造して商品として売りだした最初の民間人は、もと小学校の教員で日本橋の書籍商大貫政教[23]という人物であった。彼は内務省から教育玩具の製作を勧められ、独自に研究を重ね数十種の改良玩具を完成させ、明治22（1889）年からこれらを「教育玩具」と名づけて売り

21　明治17（1884）年学齢未満児の小学校への入学を禁止した文部省の通達により、翌年から各地で公立幼稚園が次々と設立され、同28（1895）年までの10年間で21園から161園と7倍以上の伸びを示している。近代日本の幼稚園については前掲湯川『日本幼稚園成立史の研究』を参照。

22　例えば、附属幼稚園は第二回勧業博覧会に恩物を含む幼稚園関係品を展示。大阪の愛珠幼稚園は京都博覧会で保育の実演を行い、第三回内国勧業博覧会などに幼児の作品や恩物を出品した。

23　10年ほど勤めた教職を退き、明治20（1887）年に本屋文栄堂を開業。

だしている。さらに明治23年の第3回内国勧業博覧会に出品し、有効三等賞を受賞する【図8】。しかし、大貫の教育玩具は、外国製品を模倣したものや手工玩具・地理玩具・物理玩具という教育課程をそのままあてはめたもの、「学校用模型魚類、鳥類、獣類」の標本など、教具とも遊具ともいえないもので、しかも玩具としての面白みもなく、まもなく店は倒産に追い込まれてしまう。

図8　「教育玩具広告」

(『内国勧業博覧会独案内』文栄堂、1890年)

図9　「小島兒訓堂の教育玩具広告」

(『東京雛玩具商報』創刊号)

明治27 (1894) 年から28年頃、その在庫整理にあたった小島百蔵が売れ残った教育玩具の処分に困りはて、「学校用模型魚類、鳥類、獣類」などの標本類のうち、魚類は釣り堀ゲームの魚に、鳥や獣(おそらくライオン・キリンなど)を射的ゲームの的などに応用する。さらにそれに「教育玩具」という商標をつけて売りだしたところ、大当たりしたという。以後、小島は教育玩具販売で財をなし、明治・大正・昭和初期にかけて玩具業界の重鎮として活躍する【図9】。

3　教育玩具ブーム

確かに明治27年『東京諸営業員録』には、玩具関連商店104軒が紹介されているが、その中に教育玩具販売を名乗っている店は、大貫の文栄堂1軒のみだ。だが明治36 (1903) 年創刊の東京玩物雛問屋組合の機関誌『東京雛玩具商報』では、広告31軒中8軒、主要問屋の多くが「教育玩具」販売を

謳っている。つまり明治30年前後に、教育玩具ブームともいえる現象がおこっている。

当時商品化されたと思われる教育玩具が、三重県尾鷲市の土井子供くらし館に所蔵されている。「教育衣装付人形」「歴史教育玩具川中島の合戦」、着せ替え人形や陣取りゲームなど、それらを見るかぎり昔からある普通の玩具に、強引に「教育〇〇」と名付けた、いわば羊頭狗肉的な玩具が大半である。（それは大貫の教育玩具を、射的の的に改良したという小島の回想とも符合している。）

ここで重要なことは、この頃には「教育」を謳うだけで商品に付加価値がついたという事実だ。明治20年代前半には児童向け雑誌の出版が相次ぐ[24]など、社会の児童教育熱は高まっていた。そして明治30年前後には、「教育玩具」の「教育」の二文字が、一部の購買層の心をくすぐり始めたのである。玩具に教育的価値を求める条件が一部の人たちの間で形成され、商品化されるまでに拡大していったのである。

教師出身の大貫の教育玩具は、その広告を見るかぎり玩具としての面白みにかけていた。そこで従来からある玩具に、「教育」というキャッチコピーだけを流用して、あたかも子どもの教育に役に立つかのように装い、売りだしたのが小島の教育玩具であった。彼は「教育」というイメージだけを商品化したのであった。

4 教育の商品化

教育的役割を担うもの、という新たな役割を課せられた玩具は、徐々にではあるが改良されていく。そこで大きな役割を果たしたのが、子どもを科学的な研究対象とするアメリカの児童研究運動の流れをくむ人たちであった。19世紀末から20世紀の初頭にかけて始まった、子どもの本性を科学の対象として客観的に解明し、その一般法則を発見しようとするアメリカの児童研究運動は、1880年にボストンの小学校で新入学児を対象としたスタンレー・

---

24 明治21（1888）年『少年園』、明治22（1889）年『小国民』、『日本之少年』『こども』、明治24（1891）年『幼年雑誌』など。

ホール[25]の調査研究から始まる。これが日本に紹介され、定着するのはホールに学んだ元良勇治郎[26]やその薫陶を受けた心理学者高島平三郎[27]などが中心となり、明治31（1898）年に日本児童学会が結成[28]された明治30年代であった。

　この頃になると、近代教育制度は全国各地に広まり始めていた。小学校への就学率も上昇し、一部の人びとの間では家庭教育や幼児教育への関心も高まる。例えば、『児童研究』（東京教育研究所発行、後に日本児童学会と改称）は、創刊号で質問紙法による遊びと玩具の関係について調査したのをはじめ、当時流通している玩具の紹介やその教育上の意義（第2巻5号）や有毒塗料等の調査に関連した対象玩具の教育的価値の解説などを行い、次第に玩具の安全性や教育性に関心をむける（第3巻2号）。

　そして先ず取りあげられたのが、衛生上の問題点だ。明治33（1900）年、大阪でブリキ製玩具の塗料が鉛分を含み有害であるとして警察の摘発を受ける[29]など、有害塗料を使った玩具に関する衛生上の問題が表面化する。これは玩具を教育・衛生上の観点から捉え直し、子どもの発達に役立つように改良しようという意識の高まりを伝えている。つまり「もてあそびもの」や「縁起物」としてのみ玩具を見ていた明治初期には見られなかったことが、問題点として浮上したのである。

　明治40年代には三越児童用品研究会と日本児童学会が協力して学術的な

25　ホール（Granville Stanley Hall［1844～1924］）アメリカの心理学者。
26　元良勇治郎（安政5［1858］年～明治45［1912］年）心理学者。東京帝国大学教授。日本で初めて心理学の担当教授となる。
27　高島平三郎（慶応元［1865］年～昭和21［1946］年）。心理学者。小学校卒業後、教員を勤めながら独学で児童研究を進める。雑誌『児童研究』や日本児童学会の設立に中心的な役割を果たす。長く東洋大学で教鞭をとり、後に第13代学長に就任。
28　ここには子どもの身体と精神を科学的に研究しようとする児童心理学者や教育者・小児科系の医師が多く関わっていた。
29　同年8月の『児童研究』では、数種類の玩具を調べ19種類中13種類が砒素、亜鉛、銅などの有害物質を含んでいたという結果を載せ注意を呼びかけている。明治34（1901）年の『婦人と子ども』にも、「金銀粉を散布せる安価の玩具黄赤青等の毒々しき濃染料を施せる品はなるべく幼児の手に触れしめざるを可とす」（『婦人と子ども』第1巻2号1901）と述べられ、玩具の衛生上の注意を促している。

見地からの玩具改良が始まり、明治42（1909）年には、高島により発達段階に適応した玩具分類表が発表される（第12巻11号）など、発達段階や年齢に応じた子育てや教育方法、発達を促進させる玩具の与え方などが議論され始める[30]。附属幼稚園側でも和田実[31]を中心に、子どもの遊ぶ姿を通して、発達段階に応じて玩具を機能別に整理し、頒布する後押しをするなど、幼稚園界でも玩具の教育性に関する議論が広がる。

やがて明治から大正期にかけて①幼稚園関係者、②三越児童用品研究会（日本児童学会）、③「教育玩具」販売業者の3者が合流し、デパートを中心に広く幼児教育の商品化が実現する。つまり近代的な教育制度が普及する過程と連動するように、「教育玩具」が浸透し、「玩具は子どもの知的発達を促進させる」という教育観を形成していくのである。

5　教育玩具流行の背景

教育玩具が流行した社会的な背景を考えてみよう。それは近代に入り、家族の形態や地域社会とのつながりの変化が、大きく関係するだろう。欧米の制度や文物が取り入れられると、生活面でもいろいろな影響が現れる。人びとは「ちょん髷」から「ざんぎり」頭に変わり、洋服を着て、牛や豚の肉を食べる習慣も広まる。そして、旧暦（太陰太陽暦）が太陽暦に改められ、旧習打破が叫ばれ、日本の伝統文化や生活様式がしりぞけられる傾向も強まる。

教育玩具が登場した明治27（1894）年から明治36（1903）年前後は、まさに日本の近代化が進展した時代といえるだろう。1880年頃から民間企業による紡績業や製糸業が発達し始めることはよく知られているが、日清戦争（明治27～28年）後、政府は清からの多額の賠償金を軍事費にあてて、八幡製鉄所などの重工業の発達を押し進める。そして道路や鉄道など産業基盤の社会資本、いわゆるインフラの整備を進め、明治28（1895）年頃には、帝大

30　前掲『教育玩具の近代』。
31　和田実（明治9 ［1876］年～昭和29 ［1954］年）明治38（1905）年女子師範学校嘱託となり、翌年より『婦人と子ども』誌（『幼児の教育』の前身）の編集にあたる。明治40（1907）年同校助教授。大正4（1915）年目白幼稚園を設立し、自らの幼児教育を実践。著書に『幼児教育法』など。

卒が「官僚の中枢部をしめる」ようになり、学歴社会が定着し始め[32]、明治33（1900）年の小学校令の改正から尋常小学校の授業料は原則として廃止される。

　この頃になると、国民の間に「最低限の読み・書き・算の能力の習得が文字どおりに民衆の教養と技能とを構成することが広く自覚されはじめ」、「民衆の側からの自動的な就学要求」の高まりがあり、また「就学率が70～80％を越えたあたり」からは、保護者および児童の間に学歴社会に取り残されまいとする心理状況が生まれて、「一挙かつ大規模な『ともづれ』のなだれ現象」により、就学率も飛躍的に向上し（佐藤秀夫）[33]、明治38（1905）年には小学校の就学率が95％まで上昇する。

　教育玩具が流行するのは、まさにその間の出来事であった。学歴社会が定着を始め、それにいち早く反応した人たちが、子どもへの教育の範囲を幼児期まで拡大したのだ[34]。つまり明治30年前後には、一般の人たちの間にも子どもの発達に玩具が何らかの影響を与えることは、おぼろげなイメージではあったが浸透し始めていたのである。

4　教育される子どもの拡大

1　玩具の近代化——明治後期から大正期

　明治37～38（1904～1905）年の日露戦争後に、日本の近代化はひとまず完成したとされる。重工業の面でも工業化が進み、交通機関も充実し、人や物資を短時間に大量に輸送することができるようになると、やがて工業生産額が農業生産額を上回る。

　産業構造の変化は、日本人が従事する職業の比率にも影響する。例えば、日露戦争直前に第一次産業である農林水産業の人口は有業人口のほぼ3分の

32　竹内洋『日本の近代12　学歴貴族の栄光と挫折』（中央公論社、1999年）14頁。
33　国立教育研究所編『日本近代教育百年史第4巻　学校教育2』（財団法人教育研究振興会、1974年）1009頁。
34　幼稚園に就園する幼児数は明治20年に4,239人、同30年に19,727人、同40年には35,235人となり明治20年の8.3倍となる。

2 を占めていたが、第 1 次世界大戦（大正 3 ［1914］年〜大正 7 ［1918］年）直後には約 2 分の 1 となり、第 2 次産業（工業など）や第 3 次産業（サービス業など）などへの就業率が高くなる。

大正時代、とくに第 1 次世界大戦後には本格的な都市化が進み、増大した人口の多くは大都市の第 2 次産業や第 3 次産業に吸収され、新中間層といわれる、サラリーマンが大量に現れる[35]。これは現代のサラリーマン家庭、夫婦と子どもを中心とする核家族の原型であり、次の世代のサラリーマンを社会に送りだす中心となるのである。

身分制度がなくなり、学問による立身出世が可能となった社会で、継承すべき家業も財産もない都市部の家族は、サラリーマンとして出世する夢を子どもに託すようになる。小学校や幼稚園が設置され、就学率が徐々に上がったとはいえ、幼児や児童の生活の中心は家庭にあった。明治後期から大正にかけて家庭教育の重要性が説かれ、夫婦を中心とする近代的な家で子どもの養育に携わる新しい婦人像を啓蒙する雑誌が発行され[36]、家庭教育が社会的に大きな関心となる。その結果、大正期にかけて「良妻賢母」[37]に代表される賢い母が子ども教育する、いわゆる教育熱心な「教育家族」が誕生する[38]。

そして就学前教育や家庭教育の手段として、子どもを「玩具で遊ばせながら学ばせる」という意識は次第に人びとに定着していく。教育玩具が流行す

---

35 明治初期約 3300 万人だった日本国内の人口は、大正末期には約 6000 万人にまで増加する。一般に新中間層とは、資本主義社会の発達ともに、「20 世紀の初頭に社会成員の中間的部分に新しく登場した階層」であり、「大企業の中・下級管理者、専門職従事者、事務員、販売員等で構成される」いわゆるホワイトカラー層、つまり賃金労働者であるブルーカラーではない、サラリーマン（棒給を得る雇用従業者）とされる。

36 明治 25（1892）年『家庭雑誌』（家庭雑誌社、〜明治 31 ［1898］年）、明治 36（1903）年『家庭雑誌』（由分社、〜明治 42 ［1909］年）、明治 39（1906）年『婦人世界』、明治 43（1910）年『婦女会』、大正 6（1917）年『主婦之友』、明治 31（1898）年『婦女新聞』など。

37 良妻賢母については小山静子『良妻賢母という規範』（勁草書房、1991 年）参照。

38 1910 年〜 1920 年代（明治 43 年〜大正 9 年）に教育熱心な「教育家族」が誕生したとされる（中内敏夫「『新学校』の社会史」『国家の教師・民衆の教師』新評論、1985 年、沢山美果子「教育家族の成立」『叢書産む・育てる・教える』第 1 巻、藤原書店、1990 年など）。

る背景には、明治末から大正期にかけて急速に増大した新中間層の教育熱の高まりと、彼らが玩具に抱く教育的役割への期待があったのである。子どもを楽しませ、健やかな成長を願う「玩弄物」に、子どもの成長発達に役立つという新しい要素が加わり、玩具は子どもの生活に深く根を下ろすことになった。いわゆる近代家族の成立とともに、教育玩具は発展し、子どもは教育投資をする存在としての価値を高めていく。

2　教育家族の普及・拡大——高度成長期

　大正期には多くの育児書が出版され、玩具改良の必要性がよりいっそう意識される。「玩具は子どもを教育するための道具」と見る極端な傾向まで現れ、年齢や性質に応じた玩具の与え方を追究する玩具教育論が著される。

　例えば、玩具研究における高島平三郎の後継者関寛之[39]は、「児童の全生活は遊戯であり、遊戯は玩具によって遂げられる」という立場から、「教育的価値」「年齢」「性格」の３つの観点から詳細な「玩具分類表」を完成させる。しかし、ここでいう玩具は「遊び道具」というよりも、「子どもの発達を促進させる教具」という印象が強い。

　この頃教育や生活を包括した文化という視点から、よりよく子どもの生活を考える「児童文化」という概念が成立する。これを実質的に支えたと思われる母親たちを中心に、関の「玩具分類表」は支持され、歓迎される。大正14（1925）年に東京市が東京玩具卸商業組合と共同開催した「玩具展覧会」の目的は、「教育的」「教育上」という言葉に彩られ、「教育的」であることが玩具の価値として最重要のように説かれている[40]。翌年には、文部省に「玩具絵本改善研究会」が設けられ、玩具の改善が国家レベルでも進められるよ

39　（明治23［1890］年～昭和37［1962］年）大正３（1914）年東洋大学専門部卒業。東洋大学教授。大正から昭和初期にかけて、玩具関係の展覧会の指導、執筆、社会活動などで活躍。著書に『玩具と子供の教育』など。

40　「玩具展覧会」（会場：銀座松坂屋）開催の目的が、「玩具製造の教育的改善、教育上優良玩具の奨励、教育上不良玩具の警告、家庭に対する玩具選定の眼識を高め、其他教育上玩具の注意並びに其の進歩を図る等」にあると記されている（『玩具の選び方と与え方』の序、1926年）。

うになった【図10】。

　もっともこのような西洋の考えや習慣が広まったのは、主に大都市や役所、学校などが中心であった。これは都市の一部の階層や地方の富裕層に現れた現象にすぎない。地方の農村ではあいかわらず旧暦による年中行事などが行われており、そこには前近代的な生活も続いていたのである。しかし、近代的な子ども観の原型は、教育玩具を支えた親たちの心の中に形成されており、戦後の高度成長期に大衆レベルにまで拡大する。

図10　玩具展覧会

(『玩具の選び方と与え方』)

　広田照幸は、近代日本人の躾について、①明治期の農村や都市下層の家庭、②大正昭和期の都市新中間層の家庭、③戦後の高度成長期の農村と都市の家庭、④低成長期に入った70年代半ばから現代までの家庭と学校という4つの範疇から、その時代に特徴的な階層の躾のありかたを分析している。戦後の高度経済成長期、サラリーマン層の比率が高まる中で、新中間層の教育熱心な家庭で育った知識人や評論家が中心となり、近代家族の多くに見られる躾に寛容な親たちを批判し、その低下を非難する言説が展開された、という[41]。

　確かに1960年代から始まる日本の高度経済成長期は、社会構造を大きく変えた時代であった。1960年に人口の30％以上を占めていた（自営）農林水産業の者の比率は、1970年には19.7％に激減し、専業農業戸数は1960年の208万戸から70年には84万戸になる。つまり60年代の10年間で60％減少し、入れ替わって都市のホワイトカラー層が増大する（6章表2参照）。

　このような社会構造の変動は家族の形を変え、日本社会の形をつくってきた農村共同体や大家族制を崩壊させた。1950年代後半から一世帯当りの平

41　広田照幸『日本人のしつけは衰退したか』（講談社現代新書、1994年）。

均的な家族の員数は、にわかに減少を始め、1960年4.53、65年4.01、70年3.55、71年には3.5人を切り3.48人と急速に減少する。近代化が急速に進んだアメリカでさえ、平均世帯数が4.9人から3.5人に減少するのは60年もかかっているが、日本はアメリカの60年分の変化が1960年代をはさむ16年間でおこっているのだ[42]。

これを見田宗介は「家郷の喪失」と呼ぶが、確かに大衆レベルで日本人の在り方が変ったのは、戦後の高度成長期からなのだろう。近代家族の拡大により「教育する家族」は増加する。そして現代は、十分な時間と資金と配慮を子どもにかけられる時代であると同時に、地域や学校の影響力が弱まったために、親や家庭が子どもの躾や人間形成まで担わされる「つらい時代」である、という広田の指摘は重要だ。その萌芽がすでに明治30年代に現れ、明治・大正期には一部の層で形成されていたのである。

3　現代の「教育」玩具

ここで本章の結論をまとめよう。「もてあそびもの」や「縁起物」と見なされていた玩具は、子ども成長発達に役立つという新しい要素が加わり、子どもの生活に深く根を下ろす。やがて玩具の学術的な見地からの改良が始まり、発達段階や年齢に応じた子育てや教育方法、発達を促進させる玩具の与え方などが議論され、デパートを中心に広く幼児教育の商品化が実現する。

明治後期、近代的な教育制度が普及する過程と連動するかのように、「教育玩具」が浸透し、「玩具は子どもの知的発達を促進させる」という教育観を形成していく。やがて大正期から昭和にかけて、保護された子ども期をよりよく過ごすために、教育や生活を包括した文化という視点から、より以上の生活が追求され、「児童文化」という概念が成立し、普及する。

つまり日本では、明治に入りかけがえのない大切な時期として「子ども期」が発見されたのである。それと同時に、大人は「教育する存在」としても子どもに新たな価値を見出す。「教育玩具」の変遷は、「教育」することによってよりよい人格や社会的地位などを獲得する存在、つまり教育投資をす

42　見田宗介『社会学入門』(岩波新書、2006年) 77〜79頁。

るに値する存在として、新たに子どもが発見されるまでの過程を、私たちに明らかにしている。それにしても「よりよい」とは何だろう。もう一度考えてみよう。

　近代的社会において子どもは、「保護」と「教育」の対象として子ども期を過ごすことをほぼ運命づけられている。近年、胎児や乳児の研究は目覚ましく、赤ちゃんが「白紙の状態で生まれるのではない」ことを明らかにした。教育的な玩具はビジネスと結びつき、その情報は育児雑誌やテレビなどを通して広く配信されている。その中には、「早い時期から適切な刺激を与えることが必要」だというような、子どもの成長発達に関わる親の役割意識を必要以上に刺激し、いたずらに不安を煽り立てるものもある。玩具を早期教育と結びつけた時、ややもすると教育や知育あるいは脳育というキーワードとともに、子どもの諸能力の向上や才能開発に役立つ面が強調されがちである。だが、それがいきすぎると子どもを楽しませるという玩具本来の役割が、見失われてしまうのではないだろうか。

　幼児の教育性をどのようにとらえるかによって、教育玩具に対する価値観は変化する。「遊び」と「教育」という矛盾した考えに拠って立つ幼児教育は、微妙なバランスの上に成り立つ領域なのだ。子どもの興味を刺激し、遊びを方向づける玩具。その教育性を、21世紀に生きる子どもたちの生活環境を視野に入れながら、改めて問い直してみることが必要なのである。

付論3
「教育玩具」から見えるもの

明治・大正のタイムカプセル──土井子供くらし館

　明治後期から大正期、玩具・衣服・装身具・文具・雑誌など、さまざまな子ども用品が商品化される。しかし生活用品として消費される子ども用品が保存されることは、きわめてめずらしく、しかも、発売された場所と時代、持ち主の階層などがわかる資料は、希少価値が高く、学術的にも貴重だ。

　平成2（1990）年に開館した土井子供くらし館は、当時の資料を約600種、3000点に及び所蔵するユニークな資料館である【図1】。土井家は三重県尾鷲市に寛永年間に移住し、現当主で15代目を数える旧家で、明治36（1903）年から大正期に、6男2女が誕生した。同館の所蔵品は、この間のものと考えられ、なかには未開封のものや三越百貨店の宣伝誌などに掲載された商品と、まったく同じものも含まれる[1]。

　本文で紹介した小島百蔵が改良を加えたという、釣り堀ゲームとよく似ている玩具や動物標本をはじめ、「教育玩具」の商標が記された「教育玩具学校遊」「教育活動玩具武士」「智恵の教育新築置飾」「歴史教育玩具川中島合戦」「教育衣裳付人形」「教育玩具カンガルー」【図2】など、いわゆる「教育玩具」も多数保存され、当時の子どもをめぐる状況が生き生きと伝わってくる。

　例えば「歴史教育玩具川中島合戦」は、武田信玄と上杉謙信の川中島の合戦をテーマとした陣取りゲームだ。箱の裏の解説には、「（この玩具は）歴

1　林業と漁業に支えられた紀伊半島に面した尾鷲市は、昭和35年の紀勢線の全線開通まで、首都圏との交通は海路で行われた。林業を営む土井家では、舟で木材を東京に納入した後、積荷が空になった帰りの船に、三越などで大量に子供用品を購入し持ち帰ったという。

図1　土井家の洋館（明治 22 年築）　　図2　教育玩具カンガルー

史教育上児童方尚武の気象を養ふための尤も注意を拂ひたる発明」であり、豪傑の戦いを疑似体験するのだから知らず知らずのうちに勇気がでてきて、「皆さんが他日大国民となり尚武の志を発揮する上にたしかに大いなる稗益あるは疑」いなし、などと書かれている【図3】。

「智恵の教育新築置飾」は紙製のドールハウス、三越製の「教育衣裳付人形」は単なる和製の着せ替え人形である。明治 40（1907）年 11 月の三越の宣伝誌『時好』には、これを写真つきで「……種々なる衣裳を備え置けば、令嬢方の之を着用せしむる慰みものにして教育上有益なり……」と紹介している【図4】。

教育の商品化

江戸時代中期に登場した「教育」[2]と、幕末に翻訳語として導入された「的」が結びついた「教育的」という語は、1900（明治 33）年代から使用例が急増する。そこには①機械的な翻訳語、②日本人が自分の文脈に即して使用する語、③「教育に役立つ/教育効果を持った」という価値があり規範的なニュアンスを含んだ語、という 3 種類が同居していた。そして③の規範性をおびた語は、1910（明治 44）年代になると増加し、1920（大正 9）年代をへて、1930（昭和 5）年代に入り圧倒的になると、広田照幸は述べている（『教育言

2　「教育」という語は、『孟子』盡心章句上「得天下英才、而教育之」に由来するといわれ、安永年間（1772 〜 81 年）の頃から世間に広く用いられるようになる（『教育学辞典』第 1 巻、岩波書店、1936 年）。

図3　歴史教育玩具川中島合戦　　図4　教育衣裳付人形

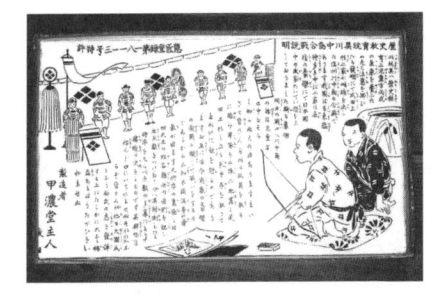

説の歴史社会学』名古屋大学出版会、2000年)。

「教育玩具」の「教育」も、広田の言う③の「あたかもある望ましい規範が共有されているような語」として、恣意的にそして無限定に拡大解釈される語であり、「子供の成長・発達に望ましい」という、いわばイメージだけが共有される語であろう。

本文でも指摘したが、ここで重要なことは、明治30年前後には、「教育」を謳うだけで玩具に付加価値がついたという事実だ。この頃には玩具に教育的価値をもとめる環境が形成され、それが教育の商品化につながっていた。それと同時に、これらの教育玩具を購入した人びとは、近代日本の幼稚園を誕生させた原動力でもあったのである。

付論4　日本の幼稚園の誕生と児童保護

私立幼稚園の増加

欧米の幼稚園がもつ幼児の「保護」と「教育」の二つの機能のうち、「保護」の側面を欠いた「教育」の施設として、日本の幼稚園は発展する[1]。だがこ

れは、日本の近代化の中で偶然に生まれた姿であった。

　当初文部省（現・文部科学省）は、働く貧しい人びとのための施設として幼稚園を普及させる方針であった。しかし、幼稚園は富裕層を中心に普及し、明治30年頃には、都市部で就学準備教育的な私立幼稚園が急増を始める[2]。

　小規模な私立「幼稚園の経営が、国からの補助金なしで成立す」ためには、その教育を支持する人びと、いわゆる新中間層が社会的に形成されていなければならない（浦辺・宍戸・村山編『保育の歴史』青木書店、1981年）。これらの人びとは、同時に家庭で「教育玩具」を購入する、子どもの教育に熱心な父親や母親でもあった。流行の兆しが見え始めた幼稚園を早急に規制する必要を感じた文部省は、これまでの方針を変え、明治32（1899）年「幼稚園保育及設備規程」をもうけて現状を追認する。中産以上の家庭の教育機関として位置づけられた幼稚園は（岡田正章『日本の保育制度』フレーベル館、1970年）、次第に児童保護的性格を切り離していく。

幼児教育の浸透

　広田照幸はあくまでも仮説と断りながら、「明治中期に幼稚園が普及しなかったのは、地域の行政や人びとが貧しかったからでもないし、保育内容になじみがないからという理由」だけでなく、「教育サービスを購入することで、学齢期以前の子どもの子育ての質を『教育的』に高める思想が欠落していたことが重要だったのではない」か、と述べている[3]。

　遊びを通して教育するというフレーベル思想を知らない日本人にとって、躾という言葉以外に、幼児教育の必要性は理解できなかったのであろう。だ

1　保育所は「児童福祉法」による児童福祉施設の一つ。「日日保護者の委託を受けて、保育の欠けるその乳児又は幼児を保育することを目的とする施設」（第39条）。なお幼稚園は、「学校教育法」第1条に定められた学校の一種で、日本の教育制度の最初の教育機関。

2　明治34年の11園をさかいに大正6年まで2桁の伸びを示している。

3　広田照幸「幼稚園導入・普及の社会的文脈についての一考察——「各地幼稚園調査表明治廿五年三月末現在調」の分析を中心に——」平成17年度～平成18年度科学研究費補助金研究成果報告書（基盤研究©）『近代日本の地域社会における幼稚園教育の社会的機能——茨城県土浦幼稚園を事例として——』2007年）14頁。

が明治30年前後から40年代にかけて、「教育玩具」の流行と連動するかのように、私立幼稚園が増加する。それは学校制度を支持する人びとの教育への要求が高まり、その関心が幼児に向けられ、幼児教育の必要性が浸透したことを、示唆している。

　近代の教育制度は、政府主導の富国強兵政策のもと強引に進められたが、上からの圧力だけで浸透したのではない。新しい学歴社会を受け入れる、国民の側の教育要求の高まりが一面では連動していたのだ。「教育玩具」の流行は、まさにその間の事情を見事に写しだしている。

　この頃から、幼児を含む子どもに教育が必要であり、それによって身につけた学歴が、就職・結婚・世間体など将来生活していくうえで有利な条件になることが、社会通念となり始める。それが就学準備教育的な私立幼稚園の設立を促し、文部省の思惑をこえて、近代日本の「幼稚園」を誕生させたのである（『教育玩具の近代——教育対象としての子どもの誕生』世織書房）。

幼保一元化問題の源

　その一方で（5章で紹介するように）、当時親に捨てられた乞食小僧が街を徘徊していたこと、そしてようやく個人（民間）の力で貧しい子どもたちを受け入れる二葉幼稚園が設立された（明治33年）ことを忘れてはならない。社会から手を差し伸べられない、不幸な子どもたちも多かった。一部の階層では子どもが大切に育てられ、教育対象として学校でも、家庭でも保護された。だが、同時に保護も教育もされない数多くの「子ども」が誕生していたのだ。

　封建社会の中で何事もなく生活していた人びとが、明治の新しい制度が導入される中で生活基盤を失い、地方から都会に流入する。その人びとが劣悪な住宅密集地、いわゆるスラム街を形成し、長時間労働や低賃金などの劣悪な条件のもとで働かされる女子や子どもの問題など、近代社会のさまざまな矛盾が表面化し始めた時代でもあった。

　繰り返すが、貧民層のための保育施設が登場するのは都市化が始まり、工場労働者が増え始める1900年代、この時代に児童保護施設の必要性も生まれる。しかしその頃には、すでに幼稚園は余裕のある階層の教育施設として

独自の展開を遂げており、もはや保育所的機能を切り離さざるをえない状態になっていた。そして、貧困者の子弟を対象とした施設は、内務省の託児所（現在の保育所）という形で発達する。

　今日の幼保一元化問題[4]の源は、明治30年代、つまり「教育玩具」の流行とともに、すでに始まっていたのだ。なぜこのような問題が起こったのか、その歴史的背景を皆で考えてみよう。

4　現在文部科学省と厚生労働省、それぞれ所管の異なる幼稚園と保育所の機能を一体化しようとするもの。

4章 子どもとは

保護と教育の対象

1 子どもの現状と権利

1 大切にされる子ども時代──少子化と教育

　地域社会や家庭の教育力の低下が叫ばれて久しいが、子どもをめぐる環境はめまぐるしく変化している。かつて子育ては母親や祖母、近隣の人びとなどの助言が大切にされた。しかし、今では医師や心理学者、保育者などのいわゆる専門家の科学的な意見が尊重される。かつて自宅で行われていた出産も病院ですることが多くなり、妊娠のシステムも科学的に解明された結果、子どもは「授かる」ものから「つくる」ものへと変化した。そして教育も、家や地域社会よりも学校が担う部分が多くなり、役割が高くなった。

　現代社会は子どもを少なく産み、投資をして幼いうち（学齢前）から教育を施し、大切に育てるという傾向があるようだ。全国の5歳児の約6割が幼稚園に就園し、3歳児の就園率も昭和63（1988）年16.9％、平成10（1998）年30.1％、平成20（2008）年38.8％と増加傾向にある（『文部科学省白書』平成20［2008］年度）。保育所なども含めると、ほとんどの子どもが公立、私立の教育・保育機関を利用している[1]。また有名幼稚園や小学校への受験、

---

[1] 就学前の子どもを預かる施設には幼稚園と保育所（いわゆる保育園）がある。前者は文部科学省管轄の教育機関、後者は保育に欠ける乳幼児の保育を目的とする厚生労働省管轄の児童福祉施設、平成18年から教育・保育を一体的に提供する「認定こども園」制度が開始された。なお平成20年10月現在、5歳児の総人口は1115千人の内幼稚園に645千人、保育所に454千人と数字上は98％以上が在園していることになる（幼稚園については「学校基本調査」〈5月1日現在〉、保育所については「社会福祉施設調査」〈10月1日〉による。統計局ホームページ「日本の統計49 幼稚園・保育所の在園者数と在所児数」。〈http://www.stat.go.jp/data/nihon/g4922.htm〉）。

表1 平成20年度の幼稚園数と年齢別就園児数

区分		国立	公立	私立	合計
幼稚園数		49	5,301	8,276	13,626
在園児数（人）	3歳児	1,265	42,699	383,171	427,135
	4歳児	2,572	120,828	478,705	602,105
	5歳児	2,537	155,023	487,363	644,923
	計	6,374	318,550	1,349,239	1,674,163

注：ちなみに教員数は国立で335人、公立で24,741人、私立で86,147人、合計111,223人である。
（文部科学省「学校基本調査」〈平成20年5月1日現在〉『文部科学省白書』）

図1 年齢別就園率の推移

（文部科学省「学校基本調査」〈平成20年5月1日現在〉『文部科学省白書』）

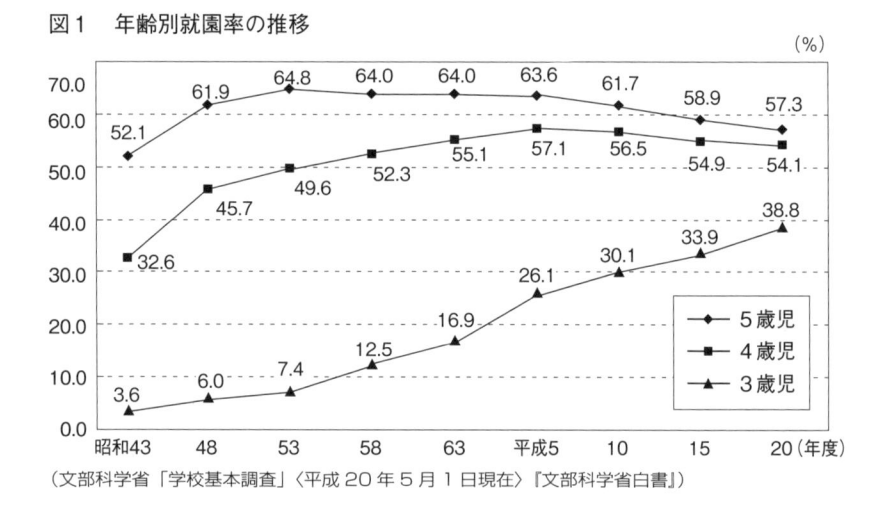

　いわゆる「お受験」も盛んで、子どもの数が減少しているにもかかわらず、私立小学校の数は増加するなど、就学前教育は低年齢化している【表1】【図1】。
　例えば、ベネッセ教育開発センター『第3回子育て生活基本調査（幼児版）』（2008年調査）によれば、塾や習い事、通信教育など、いわゆる「園外教育」機関[2]を利用する幼児は、首都圏で62.0％（幼稚園67.5％、保育園48.3％）、「2個以上」の教育機関を31.3％が利用している【表2】。学齢前別に園外教育の利用率を見ると、首都圏では年少段階から45.5％が利用するなど早期化が広がっている。習い事の内訳は「定期的に教材が届く通信教育」

表2　首都圏における幼稚園・保育園別就園児の園外教育（習い事）状況
(%)

		首都圏全体 3,069名	就園状況別 幼稚園 2,170名	就園状況別 保育園 899名	性別 男子 1,607名	性別 女子 1,454名
してない		38.1	32.4	51.8	40.3	35.7
している	1個	30.7	32.1	27.3	30.4	30.8
	2個以上	31.3	35.4	21.0	29.2	33.5
	2個	18.8	20.9	13.6	18.2	19.4
	3個	8.9	10.3	5.5	7.8	10.1
	4個	2.6	3.0	1.7	2.1	3.1
	5個以上	1.0	1.2	0.2	1.1	0.9

注1：「現在、お子様は習い事、スポーツクラブ、通信教育などを利用していますか」の質問に「いいえ」と回答した人と、習い事の内容（複数回答）でどれも選択していない人を「していない」とした。
注2：現在、習い事をしていないと回答した母親を含めたすべての母親の回答を母数としている。
（ベネッセ教育開発センター『第3回子育て生活基本調査（幼児版）』2008年調査）

(25.2％)、「スイミングスクール」(21.0％)、「スポーツクラブ・体操教室」(17.9％)、「英会話などの語学教室や個人レッスン」(9.5％) などの順で、第1位と第4位が学習系、第2位と第3位がスポーツ系で、4つ以外の利用率はいずれも6％未満である【表3】。調査を分析した樋田大二郎は、「半数近い母親が今はまだ小学校にも通っていない子どもに将来の大学進学を期待」し、「母親の意識／無意識の中では、園外教育は将来の教育と関係づけられ、有名大学志向が園外教育機関利用率の上昇をもたらしている」、と指摘している。

　すでに妊娠した時点から教育がスタートしている親もいるらしく、胎教や

2　園外教育機関とは、幼稚園・保育園以外での習い事、スポーツクラブ、通信教育をさす。同調査は、首都圏（東京都、埼玉県、千葉県、神奈川県）、地方市部、地方郡部の幼稚園児・保育園児をもつ保護者6,131名（配布数8,238通、回収率74.4％）によるもの。但し分析は首都圏の母親（3,069名）を中心に行い、地方市部母親（1,743名）地方郡部母親（1,072名）のデータは、地域間比較を行う際に使用している。従って表2、表3の数値は首都圏に限られたものである。同「調査概要」及び「第4章子どもへの進学期待と習い事」第1節園外教育参照。〈http://benesse.jp/berd/center/open/report/kosodate/2008_youji/hon/index.html〉

表3　首都圏における幼稚園・保育園別就園児の園外教育（習い事）別割合

(%)

園外教育内容 \ 調査年	1997年 2,478名	2003年 3,477名	2008年 3,069名
●〈スポーツ系〉			
スイミングスクール	23.6	22.4	21.0
スポーツクラブ・体操教室	13.5	11.9	17.9
地域のスポーツチーム	1.5	3.1	3.5
合計	38.6	37.4	42.4
●〈芸術系〉			
楽器	10.6	7.4	5.8
幼児向けの音楽教室	7.8	4.7	5.2
お絵かきや造形教室	4.3	2.6	2.1
合計	22.7	14.7	13.1
●〈学習系〉			
小学校受験のための塾や家庭教師	1.5	0.5	1.1
英会話などの語学教室や個人レッスン	6.1	13.0	9.5
計算・書きとりなどのプリント教材教室	3.8	3.7	3.7
定期的に教材が届く通信教育	28.9	23.1	25.2
一度に購入する教材・教育セット	4.5	4.1	2.7
合計	44.8	44.4	42.2
バレエ・リトミック	5.3	5.0	5.1
習字	1.7	1.4	1.1
そろばん	0.2	0.1	0.1
児童館など公共施設での自治体主催の教室・サークル	1.7	2.1	1.5
受験が目的ではない幼児教室やプレイルーム	4.0	2.5	3.0
その他	3.8	1.1	2.2

注1：複数回答。
注2：現在、習い事をしていないと回答した母親を含めたすべての母親の回答を母数としている。
（ベネッセ教育開発センター『第3回子育て生活基本調査（幼児版）』2008年調査）

産院選び、子育ての体験記などを参考に、それぞれの目標に向かって思いをめぐらし、出産後の教育プランをたてる。今や日本は、（すべてではないが）首都圏や大都市を中心に幼児期から計画的に教育が始まっている社会なのだ。

　子どもの将来の幸せを願い、よりよい養育（教育）環境を整えるために心を痛める親の姿には、賛否両論があるだろう。だがこれは近代に入り、乳幼児の死亡率が下がったこと、職業選択の自由が保障され、教育にお金を投資

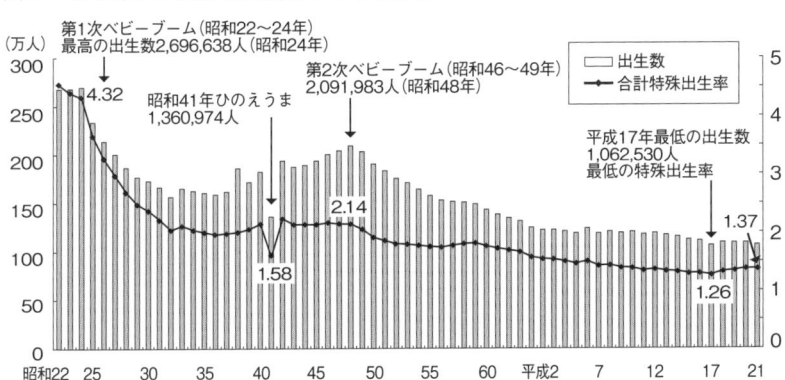

図2　出生数及び合計特殊出生率の年次推移

第1次ベビーブーム（昭和22～24年）
最高の出生数2,696,638人（昭和24年）
4.32
昭和41年ひのえうま
1,360,974人
第2次ベビーブーム（昭和46～49年）
2,091,983人（昭和48年）
2.14
平成17年最低の出生数
1,062,530人
最低の特殊出生率
1.37
1.58
1.26

出生数
合計特殊出生率

注：昭和47年以前の数値には沖縄県は含まれない。
（内閣府『平成23年度版子ども・若者年白書』）

することに見合うだけの学歴社会が誕生したこと、そして出生数をコントロールして一家庭当りの子どもの数をある程度抑えたことなどによって初めて可能となったのである。

　日本の出生数と合計特殊出生率[3]は、昭和24（1949）年の第1次ベビーブーム期から数・率ともに減少、低下し、その後緩やかな増加傾向となるが、昭和46（1971）年から49（1974）年の第2次ベビーブームを境に再び減少、低下する。例えば、合計特殊出生率は、昭和24年4.32、昭和48（1973）年2.14、平成17（2005）年1.26にまで低下し[4]、人口を維持する基準とされる2.08を下回り、少子化に歯止めがかからない【図2】。一方で乳幼児死亡率（出生千人当りの生後1年未満の死亡率）は、第2次世界大戦後急速に改善する。平成21（2009）年の乳児死亡率は2.4にまで低下し、世界有数の低率国となっている【図3】。

3　15歳から49歳までの女性の年齢別出生率を合計したもの。仮にその年の年齢別の出生率で子どもを産むと予想した時、一人の女性が一生の間に産む子ども数が相当する。

4　合計特殊出生率は、平成21年1.37と平成18年からはわずかながら上昇している。出生率低下の直接的な原因は、晩婚化、未婚率の上昇、高い教育費、せまい家屋、子育てと仕事の両立の困難なことなどがあげられる。

図3　乳児死亡数・死亡率の推移

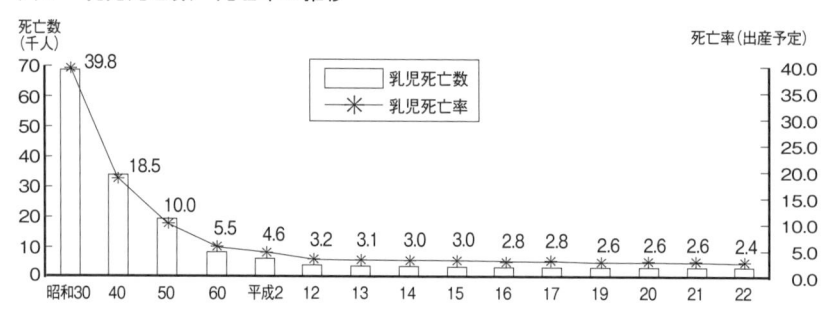

注：昭和47年以前の数値には沖縄県は含まれない。
（内閣府『平成23年度版子ども・若者年白書』）

2　長くなった大人への道 ①――厳しい就業の現実

　その反面、いわゆるニート[5]、ひきこもり、フリーターという若者をめぐる新たな問題が浮上している。

　総務省統計局「労働力調査」によると、15〜34歳で、男性は卒業者、女性は卒業者のうち未婚者で①雇用者のうち勤め先の呼称が「パート」または「アルバイト」、②完全失業者のうち探している仕事の形態が「パート・アルバイト」の者、③非労働力人口のうち希望する仕事の形態が「パート・アルバイト」で家事・通学等してない者の合計は、平成15（2003）年217万をピークに減少していたが、平成21年に増加に転じ、平成22年は183万人と2年連続に増加した。年齢別にみると15〜24歳が86万人、25〜34歳97万であり、青年期後期のほうが多い【図4】。

　ニートに近い概念である若年無業者（15〜34歳の非労働力人口のうち、家事も通学もしていない者）の数は、平成22年60万人（内訳は15〜19歳が9万人、20〜24歳が15万人、25〜34歳が17万人）、ちなみにいわゆる青年期を過ぎた35〜39歳は21万人で、近年ゆるやかに上昇している[6]。若者を取り巻く安定した就業環境は厳しい。

5　NEET（not in education, employment or training）職業に就かず、教育・職業訓練も受けていない若者、無業者をさす。イギリスで生まれた語で、2004年頃から日本でも問題化している（『広辞苑第六版』）。
6　内閣府『平成23年度版子ども・若者年白書』32頁。

図4 フリーターの人数の推移

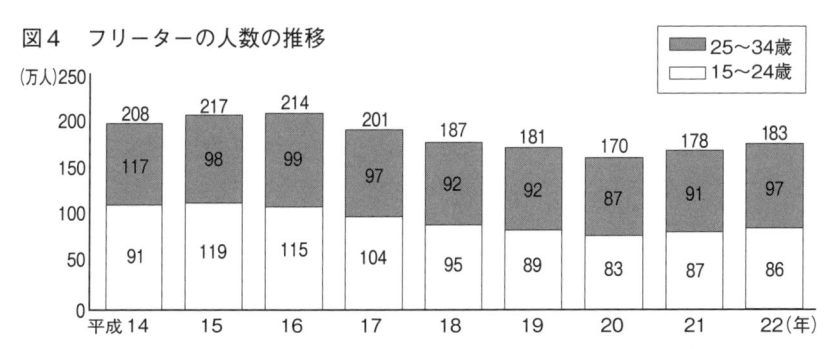

(万人)

■ 25〜34歳
□ 15〜24歳

年	合計	25〜34歳	15〜24歳
平成14	208	117	91
15	217	98	119
16	214	99	115
17	201	97	104
18	187	92	95
19	181	92	89
20	170	87	83
21	178	91	87
22	183	97	86

注：フリーターを15〜34歳で、男性は卒業者、女性は卒業者で未婚の者とし、①雇用者のうち勤め先における呼称が「パート」又は「アルバイト」である者、②完全失業者のうち探している仕事の形態が「パート・アルバイト」の者、③非労働力人口のうち希望する仕事の形態が「パート・アルバイト」で、家事も通学も就業内定もしていない「その他」の者としている。
(総務省統計局「労働力調査（詳細集計）」)

　平成22（2010）年4月、子どもや若者一人ひとりが大切にされ、支えられながらその可能性を最大限に発揮できるような社会の実現に向けて、「子ども・若者育成支援法」が施行された。その第1条は「日本国憲法及び児童の権利に関する条約の理念にのっとり」「子ども・若者が社会生活を円滑に営むことができるようにするための支援」、その他への取り組みを定めている。若者とは、思春期（中学生からおおむね18歳まで）、青年期（おおむね18歳からおおむね30歳未満まで）の者とされるが、施策によっては40歳未満までのポスト青年期の者も対象にする、という[7]。これをうけて昭和31（1956）年から刊行された『青少年白書』は、平成22年度から同法に基づく法定白書として『子ども・若者白書』と改題されたのをみても、もはや青少年という枠組みだけでは、経済的自立に向けた若い人びとへの支援の対象の範囲をでてしまうようだ。

3　長くなった大人への道 ②――ひきこもる若者

　また平成22（2010）年2月に内閣府が、「若者の意識に関する調査（ひき

---

[7]　同法に基づく子ども若者育成支援推進大綱として作成された「子ども・若者ビジョン（平成23年）の用語（注）」による（同上、243頁）。

こもりに関する実態調査）」を15歳から39歳までの子ども・若者5000人を対象に実施しその数値をもとに、その年齢間の「広義のひきこもり」を推計している。そして「広義のひきこもり」を「狭義」と「準」の二つに分けて、ふだん家や自室から出ない「狭義のひきこもり」は推計23.6万人、また用事がある時だけ外出する「準ひきこもり」は推計46万人としている【表4】。

「ひきこもり」になったきっかけは（複数回）は、「職場になじめなかった」(23.7％)、「就職活動がうまくいかなかった」(20.3％) を合わせると44％で、「不登校（小学校・中学校・高校）」(11.9％)や「大学になじめなかった」(6.8％) は合計しても18.7％にすぎない。学校への不適応などが主な原因でひきこもるというイメージをもちやすいが、仕事や就職に関することがきっかけでひきこもった者が多い、という意外な結果であった[8]【図5】。

心理学では、一般に青年期は児童期と成人期の中間であり、所属集団が明確ではなく、心理的には不安定な状態であるとされる。青年期は20世紀に入り社会の変化に対応して考えられた概念であり、前近代的な社会ではあまり見られない。またその時期も期間も社会や時代によってかなりの幅があるが、豊かな社会になるほど社会的義務の遂行が猶予される期間（モラトリアム）が長くなるとされる。

場合によって40歳までが「子ども・若者」の範疇に入り、社会的支援の対象になり、これまで保護された「学校」という空間から社会に出るときにうまく対応ができずひきこもる若者が多いという現状を見ても、社会的自立に向けた成人期までの期間が、より長くなっているといえるだろう。

4　世界共通の子ども観

一方世界には、必要な医療を受けられず命をおとす乳幼児、学校にも通えず働かされる、いわゆる児童労働を強いられる少年少女、親や社会に見放され路上で生活をするストリートチルドレン[9]、そして飢えに苦しむ子どもなど、

8　内閣府『平成23年度版子ども・若者年白書』32〜34頁。
9　steet children　家がなく、街頭で物売りや物乞いをして、その日暮らしの生活をしている子どもたち。モンゴルではマンホールチルドレンと呼ばれ、文字通りマンホールで生活をしている子ども達のことが話題になった。

表4 ひきこもり群の実情

狭義のひきこもり

	有効回収率に占める割合(%)	全国の推計数(万人)
①ふだんは家にいるが、近所のコンビニなどには出かける	0.40	15.3
②自室からは出るが、家からは出ない	0.09	3.5
③自室からほとんど出ない	0.12	4.7

狭義のひきこもり計 23.6万人

準ひきこもり

④ふだんは家にいるが、自分の趣味に関する用事のときだけ外出する	1.19	46.0万人

計 1.79　広義のひきこもり 69.6万人

注1：調査時期は平成22（2010）年2月18日から28日、対象者は全国に居住する15歳から19歳の男女5000人（有効回収数3287人）の内、ひきこもりに該当する回答をした59人（有効回収率の1.79％）。

注2：調査時、ひきこもり状態が6カ月以上続いている者を「広義のひきこもり」とし、図の①～③に該当する者を「狭義のひきこもり」、④に該当する者を「準ひきこもり」と定義し、ひきこもりの契機となった病気（統合失調症、身体的病気）、妊娠・出産、育児・家事と回答した者は除いている。

注3：全国推計数は調査結果の割合を算出し、以下の計算に拠っている。2009年の総務省「人口推計」による15～39歳人口は3880万人。従って、各推計数は〔3880万人×有効回収率に占める割合（％）〕。但し、四捨五入の関係で数値には幅がある。

注4：「狭義のひきこもり」の推計値は厚生労働省の新ガイドラインにおける25.5万世帯と近い数値になる。

（内閣府「若者の意識に関する調査（ひきこもりに関する実態調査）」『平成23年度版子ども・若者白書』）

図5　ひきこもり群になったきっかけ

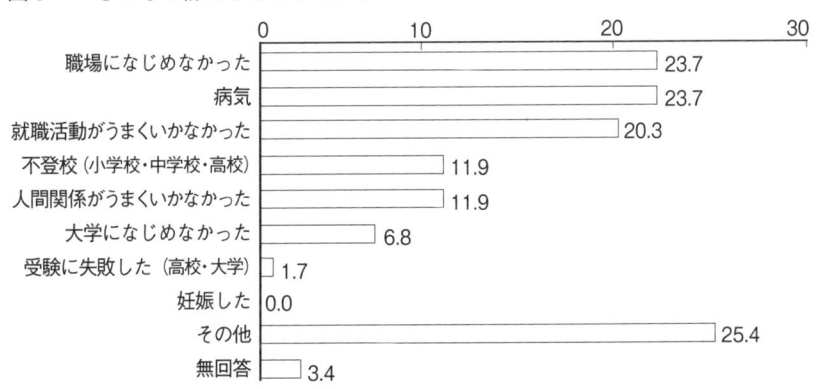

項目	％
職場になじめなかった	23.7
病気	23.7
就職活動がうまくいかなかった	20.3
不登校（小学校・中学校・高校）	11.9
人間関係がうまくいかなかった	11.9
大学になじめなかった	6.8
受験に失敗した（高校・大学）	1.7
妊娠した	0.0
その他	25.4
無回答	3.4

（内閣府「若者の意識に関する調査（ひきこもりに関する実態調査）」『平成23年度版子ども・若者白書』）

発展途上国を中心に不幸な子どもたちが数多く存在する。教育の機会を奪われ、心身の健全な発達をゆがめられた子どもたちの現状を知り、その解決のために私たちは何ができるのか、真剣に議論しなければならないだろう。

国連の「児童の権利に関する条約」[10]は、人権のうち、特に児童の権利（子どもの生きる権利、育つ権利、守られる権利、参加する権利）を特別に定めている。同条約は、児童の権利宣言30年にあたる1989年に国際連合総会で採択され、18歳未満の者を「子ども」と定義し、前文と本文54条で構成される。締結国は、子どもの最善の利益を考慮しながら、その権利実現のために、あらゆる立法・行政その他の措置をとること（第3条・第4条）が義務づけられている。

例えば第6条には、生命・生存・発達の権利が定められている。

1．締約国は、すべての児童が生命に対する固有の権利を有することを認める。
2．締約国は、児童の生存及び発達を可能な最大限の範囲において確保する。

そして意見の表明権（12条）、親に養育される権利（18条）、児童虐待からの保護（19条）、障害のある子どもの自立（23条）、教育をうける権利（28条）、休み遊ぶ権利（31条）とともに、児童労働の禁止が第32条に謳われている。

1．締約国は、児童が経済的な搾取から保護され及び危険となり若しくは児童の教育の妨げとなり又は児童の健康若しくは身体的、精神的、道徳的若しくは社会的な発達に有害となるおそれのある労働への従事

10　日本政府の公定訳だが、「子どもの権利条約」と表記されることも多い。児童は大人から見た表現で子ども自身が尊重されていないという考え方による。日本は1994年に同条約を批准、発効した。日本ユニセフ協会ホームページ（http://www.unicef.or.jp/about_unicef/about_rig_list.html）参照。なおユニセフは、「子どもの権利条約」の条約の内容及び実施に関する助言や検討などの専門的な役割をしている国際機関（第45条）。

から保護される権利を認める。

さらに第36条では、「児童の福祉を害する他のすべての形態の搾取から児童を保護する」ことを定めるなど、この条約は、法形式で子どもの権利を保障するものだ。

子どもは生まれながらにして「人として尊ばれ」「社会の一員として重ぜられ」「よい環境の中で育てられる」（「児童憲章」昭和26（1951）年5月5日制定）べきだ。「日本国憲法」が定める基本的人権の尊重[11]は、幼く、弱い子どもたちにこそ手厚く保証されなければならない。すべての人間は人として平等であり、子どもも大人と同じ基本的権利をもつ。しかし大人が一人前の社会人としてさまざまな権利や義務をもつのに対して、子どもは大人とは異なる固有の権利をもつ。未熟な子どもは、社会に保護され、発達に応じて、それにふさわしい教育をうける特別な存在なのだ。

これは「児童の権利に関する条約」の締約国（地域）が、193カ国（2011年現在）[12]に及ぶことからもわかるように、世界共通の子ども観でもある。

2 近代の子ども観

第1章で述べたように、今日私たちが当りまえのように受け入れている子ども観（社会の子どもの見方［まなざし］）が確立されるまでには、長い時間を必要とした。近代以降、子ども期に特別な配慮や関心が払われるようになり、子どもは教育と愛情の対象として認識された。つまり子どもが子どもとして社会に認められるのは、実は近代に入ってからのことだ。

---

11 「第11条 国民は、すべての基本的人権の享有を妨げられない。この憲法が国民に保障する基本的人権は、侵すことのできない永久の権利として、現在及び将来の国民に与へられる。」
12 未締約国は2カ国（米国とソマリア）。つまり条約に署名したが批准していない国。この2カ国は条約の趣旨と内容に基本的に賛同したが、この条約に法的に拘束されることはなく、実行の義務はないとされる。また締約国は条約に批准、加入、あるいは継承している国のことで、条約の実行と進捗状況報告の義務がある。

例えば、もし10歳（小学校4年頃）の子どもが雛人形師の父の言いつけで、家業を継ぐために学校に登校せず、工房の下働きを強制されたとする。もし君がその子の担任教師なら、どのように対応するだろう。

　父親はいう。「手が柔らかいうちに技術を全身にたたき込む方がいい。家業を立派に継ぐためには学校の勉強は役に立たない。読み書き算の基本はもう小学校で教わったので、後は工房の仕事を手伝う中で職人としての技術を身につけ、取引に必要な書類の書き方などを覚えればよい」と。

　確かに父親のいうことは、一面真理をついている。だが、子どもには子どもなりの夢があるのであって、自分の将来は自分で決める権利があるはずだ。そもそも親と子どもは別々の独立した人格であり、親に子どもの将来を決める権利はない。ある程度の学校教育を受けていなければ、つまり学歴がなければ、将来つきたい職業も限られてくるだろう。父親は明らかに子どもの権利を見誤っているではないか。しかもこれは児童（年少）労働とも見なすことができる[13]。親は法律で定められた子どもを健やかに育成させ、教育を受けさせる義務を果たさず、いわゆる虐待をしているのだ。この子は保護に欠けた子どもであり、役所は彼を保護し、親の手から守るべきだ、と私たちの多くは考える。

　しかし、近代的な学校制度が確立する以前の日本、すなわち子どもの将来がある程度決められていた江戸時代の身分制社会では、このようなことは問題にさえならないだろう。なぜなら子どもを一人前の職人に育て、家業を継がせることこそが、親の務めであったからだ。しかも、村の子どもでも、町の子どもでも、その多くは学校（寺子屋）へ行くことよりも家の仕事が優先された。例えば、安永2（1773）年頃、手島堵庵[14]は、7歳以上の子どもたちを集め家庭生活の行儀や心得を次のように説いている。

13　「日本国憲法」第27条③児童はこれを酷使してはならない。「労働基準法」の年少労働の保護規定は18歳未満の就業者に適用され、満15歳に満たない児童は労働者として使用してはならないと定められている。なお同法では、児童労働ではなく年少労働という語を用いている。

14　手島堵庵（享保3［1718］年〜天明6［1786］年）江戸時代中期の心学者。

こどもの時の孝行と申す事は、何も外の事にて御座なく候。先ず朝起きるより晩に寝るまで、とと様・かか様の仰せある事を、「あいあい」と御申しなされ、口答えせず、とと様・かか様の御さしずの通りになされ……親ごさまの御気にさかわらず、顔つきを悪うせず、かりそめにも泣かず、朝から晩まできげんよく御遊びなされ、また手習い、読みものに御出でなされ候時分には、とと様・かか様の御世話にならぬように、「てら（寺子屋）へゆけ」「読みものせよ」と仰せられ候わば早速御出でなされ、「今日はまた用事がある。休め」と仰せられ候わば御休みなされ、とにもかくにも一言もそむかず、とと様・かか様の仰せの通りになされ……[15]。

　寺子屋に行けといわれれば行き、今日は用があるので家を手伝えと父がいえば休む。両親のいいつけは、何事も「はい」と返事をして、さからわないで従えというのだ。前近代社会では、生きるために必要な能力の多くは、職人なら親方のもとで、百姓なら村の共同体の中で育まれた。男子なら子どもは父親の後を立派に継ぐことができるように成長すること、誤解をおそれずにいえば、父をこえるのではなく父のようになることが目標であった。大人と一緒に働く中で子どもが技能を身につけた時代では、家業を手伝うことや親方のもとで修業することは、同時に子どもを一人前に育てるという教育的意味を含んでいたのだ。
　そして身の回りのことを一人でできる年齢になれば、子どもは家（親）の仕事を継ぐために、大人の世界に放りだされた。大人にまじり仕事をすれば遊びもする。服装も大人と同じで、酒やギャンブルの話、ときには猥談さえ彼らの前で大人たちは話すだろう。子どもは特別扱いされることもなかったのだ。アリエスがいうように、近代以前の社会には「子ども期」という概念は生まれていない。そこには身体はまだ完全に成熟していない大人見習い、いわゆる「小さな大人」が、大人の世界の片隅にいるだけであった。誰も幼

15　手島堵庵『前訓』口教一、安永2（1773）年（『子育ての書』第2巻、平凡社東洋文庫）238〜239頁。

く、未熟な彼らを保護し、教育しようとはしなかったのである[16]。

3　教育の必要性——児童労働と学校

1　産業革命と児童労働

ではなぜ子どもを酷使してはならなく、社会が保護しなければならないのか、そして悲惨な児童労働（Child labour）から守るべきだという法律ができたのだろうか。それはかつて子どもを一人前に育てるという教育的機能をもっていた労働の質が、近代に入り大きく変化したからだ。

女性や年少者の保護基準を定めた法律の総称である「工場法」は、工場労働者の労働条件を定めた一連の法律として、高校の教科書などにも記述されている。同法は、繊維産業における幼い子どもたちの就業時間の制限を目的として、1802年にイギリスで制定された「徒弟法」に始まる。1833年の「一般工場法」では、シャフツベリー卿[17]らの努力で、18歳未満の夜間就業の禁止、13歳未満の9時間労働など、主に児童・青少年の労働条件の保護とともに工場監督制の採用、罰則などの規定を含み立法化された。以後各国にも普及し、日本では明治44（1911）年に公布、大正5（1916）年に施行された[18]。

この背景をイギリスを例に見てみよう。18世紀後半におこった産業革命により世界の工場となったイギリスは、いちはやく安価な商品を大量に生産し、世界の市場形成に主導的な役割を果たした。手作業に近かった生産手段は機械へと変わり、これまでの家内工業や手工業は没落する。大規模な工場

16　人間形成の社会的な過程を教育と定義すれば、その範囲は無限定に広がる。しかしここでいう教育は「個人のあるいは特定の機関が一定の理想あるいは価値を志向して、未熟な子どもや青年を指導して社会の維持と発展のためとする意識的な活動」（『岩波教育小辞典』）という限定した意味である。

17　シャフツベリー（Anthony Ashley Cooper 7th　Earl of Shaftesbury [1801～1885]）イギリスの政治家、博愛主義者として著名。貧民学校の設立などにも尽力。

18　労働者の最低年齢は12歳、15歳未満の者及び女子の労働時間は12時間などと定められたが、適用範囲は15人以上の工場にかぎられ、製糸業などに14時間労働、紡績業に期限付きながらも深夜業を認めるなど、不徹底なものであった。

制機械工業が産業の中心となり、没落した手工業者は工場労働者となる。そして大工場を経営する資本家が、政治や経済、社会の大勢を支配するようになった。

図6　炭鉱で働かされる子ども（18世紀イギリス）

また第2次囲い込みといわれる大地主による経営規模の拡大が計られ、貨幣経済の浸透とともに、特に小規模農民などは農村や地方を離れ、働き口を求めて工場のある都市に流入する。急増する都市人口の食生活を支えるためにも、市場向けの生産をめざす大規模な農業経営がますます発達するなどの相乗効果を生み、都市部の労働者はさらに増加する。他方、利潤を求める資本家は安い労働力として年少者や婦人に目をつけ、低賃金と劣悪で非衛生な労働環境で子どもたちに工場や鉱山での長時間労働や危険な労働を強制した歴史があったのである【図6】。

実際そこには、熟練を必要としない製造過程の一翼を担う、いわば機械を動かす部品の一部のように酷使され、使い捨てられる、健康を害した幼い子どもたちがいた。工場の汚れた空気の中で、幼い頃から長時間働き続ける子どもたちは、肺病などにかかり短命になるばかりか、成長を阻害され平均身長もどんどん小さくなっていった。これでは次代を担う国民が育たなくなってしまう。この現状を政府も無視できなくなったのだ。

続いて産業革命を行った欧米列強諸国や日本が、20世紀初頭にはアジア・アフリカ・ラテンアメリカ諸国を植民地化し、彼らの価値観を押しつけたことはよく知られている。

産業革命という産業構造の変化、いわゆる資本主義社会の誕生は、これまでの社会経済の仕組みを大きく変えてしまった。伝統的な生活様式はおろか、人間の生活感情や価値観までも変化させ、いわば世界を均質化したのだ。

確かに、前述したように前近代にも働く子どもたちはいた。だが働くことが、親や親方の後を継ぐための技能を身につけることにつながっていた。一方近代の資本主義経済の中で働かされる子どもの多くは、働くことにより健康を害し、身体の発達がさまたげられるばかりか、心さえもすり減らされて

しまう。このような実態が明らかになるにつれ社会でも無視できなくなり、児童の労働を保護する規定がつくられるようになったのである。

2　児童労働の現状

いわゆる先進国では姿を消した児童労働は、現在でもまだ、深刻な問題として発展途上国を中心に続いている。ここでILO（国際労働機関）による児童労働の定義を確認しておこう。児童労働とは「原則15歳未満の子どもが、大人のように働く労働」（「就業が認められるための最低年齢に関する条約」ILO第138号、1973年）、もしくは18歳未満の子どもが行う最悪の形態の労働、つまり「人身取引、債務奴隷、強制的な子ども兵士、その他の強制労働・買春・ポルノ、麻薬の製造・密売などの不正な活動、子どもの健康・安全・道徳を害し、心身の健全な成長を妨げる危険で有害な労働」（「最悪の形態の児童労働条約」ILO第182号、1999年）とされる。

ILOは「グローバルレポート」を発表し、4年に一度、児童労働者数の推計を発表している。2002年のレポートによれば、世界の子ども（5歳～17歳）が児童労働に従事している総数は2億4,600万人、その内15歳未満が1億8,600万人である。農村部では農業、都市部では小売業やサービス業（特に家内労働）に多く見られ、5歳から14歳までの働く子どもたちの6割がアジア太平洋地域に住み、サハラ以南のアフリカ地域では4人に1人が児童労働をさせられている。

地域別ではアジア・太平洋がもっとも多く1億2,730万人（60％）、続いてサハラ以南アフリカ4,800万人（23％）、ラテンアメリカ・カリブ海諸国1,740万人（8％）。子どもの総数に関する割合では、サハラ以南アフリカ29％、ラテンアメリカ・カリブ海諸国16％、中東北アフリカ15％、アジア・太平洋10％である。産業別では、70.4％の子どもたちが、農業・狩猟・林業・漁業の分野で働き、8.3％が製造業、8.3％が卸売業・小売業・レストラン・ホテル業、6.5％が家事サービス労働などの地域・社会・個人サービス業、3.8％が輸送・通信業、1.9％が建設業、そして0.8％が鉱業・採石業で働いている[19]。

その原因は経済的な理由がほとんどだ。親が失業中、あるいは安い賃金な

ので家計を支えるために子どもを働かせる。その背景には安い労働力を求める地球規模で広がった経済の力があり、それが子どもたちに労働を強いるのである。

　宗主国に工業の原材料や農産物などを供給する生産が多くを占める、いわゆるモノカルチャー[20]構造が、植民地時代、発展途上国の多くに形成された。今でも先進国の中には、途上国に原材料を依存していることが多い。また安価な労働力や市場を求めて先進国の企業が途上国に進出し、労働コストを削減するため激しい競争が行われる世界経済の中で、先進国の人びとや大企業は、下請け、孫請けなどの企業や農園などを通して、児童を搾取することが構造化されていくのである。大人より従順（文句をいわない）で安い労働力である子どもたちは、使いやすく、また多くの利益を生みだす者として使用者に歓迎される。そしてそれが結果的に、彼らの親たちの失業を招くという悪循環にもなっている。

3　子どもを守り育てる学校

　児童労働の弊害は、今も昔も変わっていない。そしてその危険性は改めて指摘するまでもないだろう。例えば、プランテーション（単一作物の大規模農園）には、カカオ豆・コヒー、砂糖、ゴム、バナナ、衣装の原料となる綿花の収穫作業に多くの子どもが従事しているが、農薬を使用した農園での作業は、体力がなく、抵抗力も弱い子どもたちにとって、大人よりも過酷だ。鉱山、採石場などの危険な場所での労働や安全性をあまり配慮していない機械を使う工場での長時間労働は、健康面ばかりか、けがの危険性も高い。また重い荷物の運搬や不自然な姿勢を強制される作業は、発育にも悪影響を及ぼしやすい。繰り返すが児童労働は学校で勉強する機会を奪うどころか、心身の成長を妨げるおそれもあるのである【表5】。

19　「ILO駐日事務所ホームページ」http://www.ilo.org/public/japanese/region/asro/tokyo/ipec/facts/numbers/01.htm。
20　monoculture 一国の産業構造が特定の農産物や鉱物資源の生産（輸出向け）に経済が大きく依存すること。ガーナのココア、キューバの砂糖、スリランカの紅茶とゴムなどが典型的な例。

表5　子どもにとって危険な職業の事例

職業／産業	主な作業	危険	考えられる問題
鉱　業	地下での採掘、重い荷物の運搬	危険性のある埃・ガス・煙、極度の高湿・高温、不自由な体勢（膝をついたり、横たわった状態での作業）、落盤	呼吸器疾患（珪肺、肺疾患、石綿症、肺気腫）、筋骨格障害、落盤・落下によるケガ及び死亡
レンガ作り	粘土の加工（採取、破砕、研磨、ふるい、溶解）	ケイ酸塩・鉛・一酸化炭素、過重労働、火傷、防護不備の装置	筋骨格障害、ケガ
農　業	機械・農薬・家畜を用いた作業、作物の収穫・運搬	防護不備の機械、有害物質（殺虫剤・除草剤）、過重労働、極度の温度条件	急性・慢性化学汚染、ケガ、病気
カーペット織り	織機を用いたカーペットの手縫い	真菌胞子に汚染された毛綿埃の吸入、しゃがんだ姿勢、悪条件の照明・換気、有害化学物質	呼吸器疾患、筋骨格障害、早期の視覚障害、化学汚染、諸症状の悪化
建設工事	採掘作業、荷物運搬、削岩、岩やセメントのシャベル作業、金属加工	落下物、尖った先端上の作業、落下、埃・熱・騒音、過重労働	騒音・振動・有害物質による健康機能障害、落下などのケガや事故による能力低下
製革業	なめし、皮革の保護	腐食性薬品、皮革のバクテリア汚染	炭粉沈着症、皮膚炎、真菌感染症
漁　業	さんご礁に網を取り付ける潜水作業（深さ約60メートル）	高気圧、肉食性・毒性魚、非衛生的な鬱血状態	減圧症（鼓膜破裂）、ケガ・死、消化器疾患、伝染病
ガラス工場	溶融ガラスの取り出し、ロームの運搬	放射熱・熱応力、有毒ガス、ケイ石紛、高熱ガラス片の取り扱い	偶発性外傷、視覚障害、呼吸器疾患、重度火傷・切り傷

　これは子どもの人権の侵害であり、しかも十分な教育を受けられないまま大人になると貧困の連鎖にもつながる[21]。ある一定の教育を受けていないと職業選択にも影響する。十分な職業訓練を受けられず、学歴もないために本来もっている資質や能力を伸ばすこともできず、彼らは大人になっても、低賃金で、劣悪な条件の仕事に就く以外に選択肢がなくなることが多い。つまり学校は、子どもを教育することにより社会的に自立した人間を育てるとともに、保護するという役割を担っているのだ。

　ではなぜ発展途上国には学校にいけない子どもたちが多いか、その理由を

21　ILO 駐日事務所ホームページ〈http://www.ilo.org/public/japanese/region/asro/tokyo/ipec/ilo/index.htm〉参照。特定非営利活動法人 ACE〈http://acejapan.org/modules/tinyd2/〉もあわせて参照。

マッチ・花火作り	高温化学物質の溶解、マッチ棒作り、花火の火薬詰め込み	有害化学物質、火事・爆発	化学中毒の相乗効果、呼吸器疾患、火傷、爆発によるケガ及び死亡
ゴミあさり	不衛生な仕事、病院や化学工場の廃棄物などゴミから使用可能な物を拾い出す	ガラスや金属による切り傷、有害物質、腐敗物による悪臭、ハエの蔓延、残飯あさり	破傷風感染による死亡、化学汚染、感染症、食中毒、火傷(メタンガス・爆発)
スレート	重い荷物の運搬、鉛筆、石板作り	過重労働、ケイ石粉	筋骨格障害、肺疾患、早期の能力低下

世界の児童労働の実情

児童労働をしている子ども	2億4600万人
うち15歳未満	1億8600万人(10歳未満は7300万人)
危険で有害な労働をしている子ども	1億7100万人
うち15歳未満	1億1100万人
無条件に最悪の労働をしている子ども	840万人
強制労働・債務奴隷	570万人
強制的な子ども兵	30万人
買春・ポルノ	180万人
不正な活動	60万人

注:世界中の子どもの6人に1人、約2億4600万人の子どもたち(5〜17歳)が「児童労働」をしています。
(ILO駐日事務所ホームページ〈http://www.ilo.org/public/japanese/region/asro/tokyo/ipec/facts/worst_forms/5hazardo/01.htm〉)

ここで簡単にまとめてみよう。

　まず親が子どもを学校に行かせるだけの経済的に余裕がない、あるいは学校に行かせる必要性、つまり、教育の価値を認めていない場合がある。また宗教や性差(女性には教育は必要ない)などの問題で差別され就学できないこともあるし、そもそも学校がない、あっても十分な教育環境が整備されていない、などの理由も考えられる。これらの地域では、法律で児童労働を規制するばかりではなく、教育の必要性を啓蒙し、学校を作り、教師・教材・教室などを充実させる必要があるだろう。義務教育の実態は、国や地域によってまったくちがうのである。

　そして、「子どもは労働から守られ、学校に保護され、教育を受けるのはあたりまえだ」と思っている私たちの常識や感覚でさえも、実は歴史の中でつくられたものだ。これらのことはある意味で近代が生みだした常識、いわ

ゆる子ども観といえるだろう。ではなぜ近代に入り子どもに保護と教育が必要になったのか、少し掘り下げて考えてみよう。

4　保護と教育

1　なぜ子どもに教育は必要なのか

　今日一般の人びとが政治・経済・文化などのあらゆる領域に進出し、大きな社会勢力を占めるようになった。このような社会を大衆社会というが、これを成立させた大きな要因の一つが産業革命とともに市民革命であった。イギリスの名誉革命、アメリカの独立革命、フランス革命などによって、身分制度を基本とする封建制度が崩壊したことはよく知られている。

　近代国家の誕生で、基本的人権の保障や権力の分立が政治の原理として確立されたことが人間観に大きな影響を与えている。つまり人間は生まれながらにして自由で平等であり、生まれによる差別は禁止され、身分制度は否定されたのだ。これまで特定の職業の継承や身分ある者だけを受け入れてきた学校は、人間・市民・国民の育成ということに教育目的を変え、男女の区別なく国民全体に就学を義務づける。そして学校で身につけた学歴によって能力がはかられ、社会や国家に必要な人材を選抜するという機能をもつようになる[22]。いわゆる学歴社会が到来したのである[23]。

　例えば日本の場合、公立中学から高校に進学するとき、本人の希望よりも偏差値や内申点により、進学する高校が決められてくる。15歳の春に多くの子どもたちが学歴社会の現実の一端にふれるのである。だがそれは同時に、親の世代から職業や身分を受け継ぐことが決まっている生き方から、表向きは生まれた家や身分に関係なく、それとは別の独立した生き方（家業を継ぐか否かにかかわらず）を自分で選択できる、また、しなければならない、自

22　堀尾輝久・奥平康輝ほか編『講座学校1 学校とは何か』（柏書房、1995年）20頁。
23　これは生まれや財産に関係なく国民すべてに、立身出世（階層上昇）の可能性を保障する平等社会である反面、能力差（学歴）によって「社会的選別と差別」を受けることを容認する社会でもある（堀尾輝久『教育入門』岩波書店、1989年、49頁。なお『現代日本の教育思想』青木書店、1979年をあわせて参照。）

由社会の誕生でもあった。そこで生きるための選択の幅を広げるパスポートのような役割を果たすのが、実は学歴や資格を与える学校なのだ。

　しかも、近代社会で生活するためには、誰もがある程度の読み、書き能力（literacy リテラシー）と計算する力を身につけることが必要となってしまった。人間が幼児期を過ぎて自分で身の回りの世話ができるようになる7歳頃から、「小さな大人」として扱われた中世社会では、今から考えると文字による知識伝達や読み書き能力、差恥心が欠如していたが、それは子ども期という概念が成立していなかったことが大きな理由だ、とポストマン[24]はいう[25]。子どもは子どもとして特別扱いされることなく、奉公や見習い修行にでて大人と同じように働き、遊び、暮らしていた。確かに文字による知識伝達が必要でないのであれば、子どもは身体は小さく能力は劣るが、大人とのちがいがそれほどあるとは思われない。

　だが印刷技術の発達は、中世的な価値観を一変させた。まとまった情報を大量に印刷することができると、急速に活字は社会全体に広まる。さまざまな情報が本（印刷物）という形で文字を通して伝えられ、これまで口で伝えていた情報は、文字で伝達されるようになる。つまり話す能力さえあれば十分事足りる社会から、一般の人びとといえども活字なしには普通に生活することに支障をきたす社会に変わったのだ。

　現代社会では法律や契約書、教科書など必要な社会の規則や知識の多くは、活字である。そしてそれを理解するには、ある程度の教養が不可欠だ。そこで一定の期間、子どもを学校で教育することが必要になる。しかも、学歴社会の誕生とともに能力選別の役割を学校が担うと、将来の子どもの社会的地位を安定させるために、教育熱心な親も多くなる。子どもを教育して立派な大人に育てるという考え方は、こうして生まれたのである。

24　ポストマン（Neil Postman［1931～2003］）アメリカの社会教育学者。
25　ニール・ポストマン（小柴一訳）『子どもはもういない――教育と文化への警告』（新樹社、1991年）33頁。

2　二つのキーワード

　このように読み書き、計算能力は、「子ども」と「大人」の間にある境界線の一種の指標になったと考えられる。つまり活字を処理し、そこから学んだ社会規範に従った行動ができるようになることを「大人」の特徴とすることで、初めて「教育対象としての子ども」が誕生する。このような活字文化が社会全体に広まったことこそ、「子ども期」と「大人」が明確に区別される要因の一つなのだ。

　また大人と子どもとの大きなちがいは、子どもが知るべきではない情報を大人が知っているという点でもある。社会には多種多様な情報があふれ、中には間違ったものや過激で残酷なものもある。大人は子どもを教育し、良識ある大人の仲間入りをさせることを目的としているので、それを害する可能性のある情報は子どもに与えないようにすることができる。そしてそれらの情報は、子どもが知識を得るための能力を「教育」によって身につける途中で、段階的に入るものになった。このように所有している情報量の差もまた、「子ども」と「大人」の境界線を色濃くしたといえる。

　現代社会では子どもは6歳から小学校に入学し、中学校・高等学校と同年齢集団の中で守られ、発達段階に応じた教育を受ける。社会人として適応するための能力の多くが学校で育まれるものとされる。子どもが学校で教育を受けることは社会に巣立っていくため必要であり、それは子どもの権利であり、親の義務なのだ。ここに保護され、教育される子どもが誕生した。

　「保護」と「教育」、近代の子どもを語るうえでこの2つの重要なキーワードを、確認しておきたい。

付論5　サンタモニカ事件に見る日米の子ども観、そして子どもの権利

子どもは親の所有物？

　心中とは、「相愛の男女がいっしょに自殺すること。情死。」「転じて、一般に二人以上のものがともに死を遂げること。」（『広辞苑』）をいう。江戸時代近松門左衛門「曾根崎心中」をはじめとする人形浄瑠璃で、いわゆる心中ものがもてはやされ、実際に心中事件が頻発し、幕府が心中禁止令までだしたほどであった。これが後に「親子心中」「母子心中」などの形で現れる。そしてこの母子心中には、日本的な母子関係について考える糸口がある（佐藤達哉「母子心中から日本的母子関係を考える」『現代のエスプリ342 子育て不安・子育て支援』1996年1月）。

　今から75年以上も前の昭和10（1935）年「小児生存権の歴史」（『定本柳田国男集』第15巻所収）の中で、柳田国男は流行する母子心中について、次のように述べている（番号は筆者）。

> 現在では生活苦の女が子を連れて自殺するのを世間で①「あの女が自殺する位なら連れて行くのは尤だ」などと云って一種のモーラル・ジャスティフィケーションを持ってゐる。若しそれが②「自分が死にたくても子供迄連れて死ぬ奴があるか」と云ふ時代であれば、今日みたいに親子心中が盛に起るまいと思はれる。

　日本の民俗文化では、生まれた子どもを育てるか否かは親の選択に左右されることが多く、そこには子どもは親の所有物に近いという考え方が根底にあった。柳田は親子心中の原因は一種の流行かもしれないがもう一つの「原因は社会が小児の生存権を与へなさ過ぎる」ためだ、という。

母子心中——近代の流行

「一家心中」は「日本『固有』の現象のよう」に感じられるが、実は、「自然村秩序と大家族制の解体への過程において日本の近代が生みだした伝統」である、と見田宗介は指摘する（「新しい望郷の歌」『まなざしの地獄』河出書房新社、2008 年、80 〜 81 頁。もちろん一般大衆にひろまったという意味だろう。）

「以前にも子供があるために死ぬにも死なれぬと言って、苦労をしていた女などは多かったようだが、そういう不幸な者の孤児でも、村で成長し、また再び家を興すことがあった。」村の中には親の身内や旧知が必ず住んでいたし、残された子どもを村の中で育てていこうとする気風があった。「それが今日では自分が死にたいために、まず最愛の者を殺さねばならぬような、聴くも無惨なる必要を生じた」（柳田国男『明治大正史・世相史編』『定本柳田国男集』第 24 巻所収）のだ。

それは近代になり「人の移動や職業選択や家の分解は家庭の孤立を促進し、子供を育てていく義務は直接親たちの肩にかかった」からだ。親子心中は古くからの人と人との絆が「近代化の過程のなかで、見失われた地点を追うように分布している」。確かにそれは古くからあったが、飛躍的に増大するのは近代、特に大正・昭和期であり、その主な原因は生活苦などであった（見田、79 〜 80 頁）。

子どもの人権

特に第 2 次世界大戦後、国民主権・基本的人権の尊重・平和主義の三原則のもと、民主主義が広く定着し、子どもの人権の尊重は当り前のこととして受け入れられた。柳田のいう①のように子どもを道連れに親が自殺することへの同情は、前近代的な人権意識が低い時代の産物である。それは子を親の所有物と見る考え方（子ども観）だ。親と子は別々の人格であり、たとえ親といえども、子どもの生きる権利を侵すことはできない。②のように、親の都合で子どもを道連れに自殺することに対して、多くの人が非難する時代になった。これは誰もが納得する事実であり、そして世界共通の子ども観でもある。

だが「子どもの人権」という言葉も、必ずしも世界の隅々にまで共通した理解があるわけではない。ある時はその国の伝統的な子ども観が反映され、微妙にそれぞれの異なる感情となって表れ、深刻な対立を引き起こす場合もある。それをアメリカのカリフォルニア州で起きた日本人母子心中事件、いわゆる「サンタモニカ事件」はよく物語っている。

母子心中は殺人なのか

昭和60（1985）年1月ロサンゼルス郊外のサンタモニカ海岸で、当時32歳の日本人妻（滞米歴14年）が4歳の男児と生後6か月の女児を道連れに入水自殺を図り、子どもだけが死亡し、母親は通行人に助けられた。原因は明らかではないが、育児への疲れとともに友人とレストランを共同経営をする日本人夫（40）の愛人問題などもあったようだ。

これが日本なら「さしてめずらしくもない『親子心中』として、マスコミは数行で片づけ、世間は当事者に同情を示し、そして司法当局も寛大な措置を取るだろう」と私たち日本人は考える（加藤祐二「ロス母子心中事件　日米の谷間に落ちた女性の悲劇」『文芸春秋』1985年8月号。以下概要は同記事による。なお前掲佐藤を合わせて参照）。

ところがアメリカ国内の反応は異なっていたのだ。生き残った母親は「子殺しの極悪人」としてマスコミに取り上げられ、拘置所の中で「ケダモノ」よばわりされ、同房者や犯罪者、容疑者などから「幼児殺しに比べたら自分の罪なんてたかがしれている」と徹底的に罵られる。そして検察側は「子供二人を野蛮かつ卑劣な方法（入水）で苦しませ、虐待したあげく、死にいたらしめた」という理由で、彼女を二人の子どもに対する第一級殺人罪及び幼児虐待罪で起訴した。しかもそれは「特殊な状況下」における「複数殺人」だというのである。ちなみに「特殊な状況下」とは、複数殺人、嘱託殺人、強姦殺人、警官殺人、列車転覆殺人、幼児虐待殺人などが規定されているが、これは死刑さえ適用できる罪状であった。

繰り返すが、子どもの生きる権利、基本的人権は、親といえども侵すことはできない。だが母子心中で生き残った（死にきれなかった）母親は、わが子を虐待したのだろうか。母親が子どもを殺したという事実は変わらないが、

それは生きることに絶望した母親が、愛情のあまり、子どもを道連れにしようとしたのではないか。誤解をおそれずいえば、これは殺人罪・幼児虐待罪、しかも死刑に値するような犯罪なのだろうか。

アメリカ人と日本人の反応

現地の日本人や日系人社会の同情は広がり、母親への「公正な裁判を求める会」という支援団体が組織され、日本の親子心中の文化的背景を説明することで、寛大な判断を引きだそうとした。4千人以上の署名が集まり、担当検事に減刑嘆願書を提出する。そこには「日本の現行法では、親子心中は過失致死罪としてその情状を酌量し、執行猶予として専門家の指導の下で精神的回復を第一義としています」という説明があった。

これに対して、アメリカ人の検事補は、この事件に関するテレビのインタビューで、次のように話している。

> この国では殺人の動機が憎悪であろうと、愛情であろうとその間に一線を引くことはありません。……アメリカでは建国以来、子供の人権を保護する基本姿勢を貫き、近年、これはさらに高まる傾向にあります。家族、あるいは両親でさえも侵すことのできない人権を子供は生まれながらにして持っています。この点が、幼児は親に帰属するという概念を持つ日本の事情とは異なるかもしれません。私には日本の文化はよく分かりませんが……。ただ二人の子供は親の意思に同意して入水したのではないのです。まして、子供が自発的に死を選択した訳でもありません。実際は子供達の意志を無視した母親が、子供に入水という行為を強制したのです。子供たちは将来幸せに生きる芽を母親によって摘み取られたんです。この行為はこの国では決して許されるべきものではありません（加藤、209頁）。

そして日本の親子心中という文化的背景について説明するインタビュアーに対して、検事補は「あなた方の言おうとすることはわかります。でも私個人としてひっかかるのは、日本では親が自殺する際、子供を道連れにする

権利があるように言われていますが、それは違法行為ではないのですか？」（同上）と問い返している*。

 ＊後に事件は、検察、弁護側の司法取引の結果、第 1 級殺人の起訴を取り下げ、悪意と計画性がない殺人罪とした。この「司法取引は、日本風な親による子殺しを容認したものではなく、一時的な精神不安定下の行為と判定した」結果（『朝日新聞』1985 年 10 月 19 日）であり、後に、禁固 1 年保護観察 5 年の判決が下された。検事はその 論告で「悲劇的な誤りを犯したが、刑務所で刑罰を与える よりも、家庭にもどって心の平静を取り戻させた方がよい」と述べた。

子ども観の背景にあるもの

 皆さんは、この問いにどう答えるだろうか。確かにここには、日米間の子ども観の微妙なずれが表れている。もちろん日本とアメリカの子ども観のどちらが優れて、進んでいる、という優劣の問題ではない。

 このレポートの著者である加藤は、アメリカは移民で成り立つ国であり、「第一世代の移民だけでは "アメリカ人" と言い難く、その彼らから生まれた "子供たち" こそ真のアメリカ人であり、この "子供たち" をいかなる人間に仕立てるか」が重要だ。従って「"子供" は親の所有物ではなく、国家（アメリカ）という共同体の共有物に近いものと考えられ」（加藤、218 頁）るのだと推測している。

 しかし、その背景には、社会や集団も個人の集合と考え、それらの利益を優先させ個人の意義を認める、キリスト教文化圏の中で育まれた近代個人主義の土壌があるだろう。子どもも一個人として独立した人格をもつという「子どもの権利」という観念は、欧米からの輸入概念でもある。

何が変わり、変わらないのか

 もちろん子どもの人権は保障されるべきであり、母子心中は許されるべきではない。しかし、そこに至るまでの母親の心痛や子どもへの想い、そのやむにやまれぬ心の中を、私たち日本人はアメリカ人より理解できるのではないだろうか。幼い子どもは社会と親どちらにより近いのか、日本では子どもと母親との一体感は強く、子どもは（母）親の所有物に近いと、感じる人が多いのかもしれない。

その微妙なズレ、距離感こそが、私たちが長年育んできた「子ども観」である。それは保護と教育という一律のキーワードだけでは語ることのできない、私たちの心の深層部分に形成された無意識の感情であり、価値観であろう。そしてこのようなズレを支えるものを、第1章で「文化」という言葉で説明したことを思い出してみよう。
　伝統的な子ども観や家族観が、近代化の中で異質なものと融合することで、母子心中という現象を引きおこしていることがわかる。何が変わり、何が変わらないのか、伝統や外来の思想、それぞれの成り立ちを見つめなおしながら、「子どもとは何か」という目を養っていきたい。

5章 子ども像の変容

1 児童福祉と子ども

1 18歳は大人か子どもか

「子ども」とは何だろう。現代の日本の社会では、具体的に何歳までが「子ども」として考えられているのか。このような素朴な疑問に立ち返ってみよう。例えば結婚して子どもをもつ成人でも、両親からみれば、いつまでも子どもであることに変わりがない。しかし、研究対象として「子ども」を扱うときは、何らかの明確な定義が必要となる。子どもの定義は国や地域、属する階層や時代の慣習などでも少しく異なる。しかし、その社会が考える子どもは、法令による規定に最も端的に表れているだろう。

『平成23（2011）年度版子ども・若者白書』は、「各種法令等による子ども・若者の年齢区分」をまとめているが、子ども（少年・児童・未成年者・年少者等）の規定は一律とはいえず、各法令によって対応が異なっている。その性格によって、子どもの定義は異なるようだ。「少年法」・「母子及び父子並びに寡婦福祉法」は、それぞれ少年・児童を20歳未満の者とする。刑法の刑事責任年齢は満14歳だが、少年法（第51条第1項）により死刑は18歳未満の年齢で犯行を行ったものには適用されない。逆にいえば、少年といえども18歳以上なら死刑が適用されることになる。一方「児童福祉法」の児童は満18歳に満たない者、「労働基準法」は年少者を18歳未満、児童を15歳に達した日以後の最初の3月31日が終了するまでの者と規定している。「道路交通法」では、幼児は6歳未満、児童は6歳以上13歳未満、普通二輪などは16歳未満、普通免許は18歳未満、大型免許は20歳未満の者には与えないとする【表1】。

表1　各種法令による子ども・若者の年齢区分

法律の名称	呼称等		年齢区分
少年法	少年		20歳未満の者
刑法	刑事責任年齢		満14歳
児童福祉法	児童		18歳未満の者
	乳児		1歳未満の者
	幼児		1歳から小学校就学の始期に達するまでの者
	少年		小学校就学の始期から18歳に達するまでにある者
平成22年度等における子ども手当の支給に関する法律	子ども		15歳に達する日以後の最初の3月31日までの間にある者
母子及び父子並びに寡婦福祉法	児童		20歳未満の者
学校教育法	学齢児童		満6歳に達した日の翌日以後における最初の学年の初めから、満12歳に達した日の属する学年の終わりまでの者
	学齢生徒		小学校又は特別支援学校の小学部の過程を終了した日の翌日以降における最初の学年の初めから、満15歳日達した日の属する学年の終わりまでの者
民法	未成年者		18歳未満の者
	婚姻適齢		満18歳
労働基準法	年少者		18歳未満の者
	児童		15歳に達した日以後の最初の3月31日が終了するまでの者
勤労青少年福祉法	勤労青少年		（法律上は規定なし）但し第9次勤労青少年福祉対策基本方針（平成23年4月厚生労働省）において、「おおむね35歳未満」としている
道路交通法	児童		6歳以上13歳未満
	幼児		6歳未満
	大型免許を与えない者		21歳未満の者
	中型免許を与えない者		20歳未満の者

　また憲法で認められている選挙権は、平成27（2015）年の公職選挙法の改正により、従来の20歳から18歳以上の者が選挙に参加することが認められたが、酒や煙草は20歳以上である（「未成年者喫煙禁止法」・「未成年者飲酒禁止法」）。ちなみに「子ども・若者育成支援法」（平成21年）に基づく子ども若

道路交通法	普通免許、大型特殊免許、大型二輪免許及び牽引免許を与えない者	18歳未満の者
	普通二輪免許、小型特殊免許及び原付免許を与えない者	16歳未満の者
独立行政法人国立青少年教育振興機構法	青少年	法律上は規定なし「子どもゆめ基金」については、おおむね18歳以下の者
子どもの読書活動の推進に関する法律	子ども	おおむね18歳以下の者
未成年者喫煙禁止法	未成年者	20歳未満の者
未成年者飲酒禁止法	未成年者	20歳未満の者
風俗営業等の規制及び業務の適正化に関する法律	年少者	18歳未満の者
児童買春、児童ポルノに係わる行為等の処罰及び児童の保護等に関する法律	児童	18歳未満の者
インターネット異性紹介事業を利用して児童を誘引する行為の規制などに関する法律	児童	18歳未満の者
青少年が安全に安心してインターネットを利用できる環境の整備等に関する法律	青少年	18歳未満の者

(参考)

児童の権利に関する条約	児童	18歳未満の者

(内閣府『平成23年度版子ども・若者白書』を一部変更)

者育成支援推進大綱として作成された「子ども・若者ビジョン」(平成22年)の「用語(注)」によれば、子どもは乳幼児期(義務教育年齢に達するまでの者)、学童期(小学校の者)及び思春期(中学生からおおむね18歳までの者)とされる。ただし思春期は、子どもから若者への移行期として、施策により子

ども・若者それぞれに該当する場合がある、という認識を示している。

　法令を見るかぎり、日本では18歳になると親の同意がなくても結婚することができ、その他本人にさまざまな権利や義務を生じさせる法律行為（具体的には、社会権[1]・参政権・請求権[2]などの権利と国民として義務、すなわち普通教育を受けさせる義務［第26条］、納税の義務［第30条］、勤労の義務［第27条］など）を本人の意思だけですることができる。

　これは平成30（2018）年6月13日、民法の成年年齢を20歳から18歳に引き下げることなどを内容とした民法の一部を改正する法律が成立したからだ。民法の定める成年年齢は、単独で契約を締結することができるとともに、親権に服することがなくなる年齢という、二つの意味を持つ。明治29（1896）年に制定された民法で20歳と定められてきた成年年齢の見直しは、18歳以上の若者が自らの判断で人生を選択することができる環境を整備することを目的としている（法務省HP「民法の一部を改正する法律（成年年齢関係）について」〈http://www.moj.go.jp/MINJI/minji07_00218.html〉）。さらに女性の婚姻開始年齢は、今回の改正で18歳に引き上げられ、男女の婚姻開始年齢を統一した。このほか年齢要件を定める他の法令についても、政府は必要に応じて18歳に引き下げるなどの改正することにしている（「民法の一部を改正する法律（成年年齢関係）」2022年4月1日施行）。

　ここでひとまず結論をまとめると、日本の法律では、おおむね18歳未満を子どもとみなすことは社会的に共通しているが、喫煙・飲酒が許される年齢は20歳であり18歳から20歳までの2年間は大人への移行期である、と考えているのだろう。

　ただし現状では、若者が社会に自立するまでの期間がそれよりの長くなっているのも常識化している。それは「子ども・若者育成支援法」の適応範囲を、場合によっては40歳までとしていることからもわかる。それはともか

1　すべての国民が最低限度の生活を保障され、人間らしく豊かに生きる権利。生存権（第25条）、教育を受ける権利（第26条）、勤労の権利（第27条）など。

2　政治に参加することによって、基本的人権の保障を具体的に求めたり、基本的人権がおかされた場合に、それを守ったりする権利。選挙権（第15条、第44条、第93条）、請願権（第16条）、裁判を受ける権利（第32条）など。

く、本書で扱う「子ども」の範囲は、18歳未満（あるいは20歳未満）を一応の基準としたい。

2　児童福祉法——健やかな育成

それではもう少し詳しく法律を見てみよう。子どもには教育を受ける権利があり、親は受けさせる義務がある、そしてなぜ子どもに教育が必要なのかは先にふれた。ここではそれらに関連する法律上の文言を簡単に紹介してから、保護という観点から、「児童福祉法」「少年法」などを中心に子どもを考えてみよう。

「日本国憲法」第26条には、「すべて国民は、……その能力に応じて、ひとしく教育を受ける権利」があり、その保護者は「子女に普通教育を受けさせる義務を負ふ」、そして「義務教育は、これを無償とする」と、その原則を定めている。さらに教育を受ける権利は、「人種、信条、性別、社会的身分、経済的地位又は門地によって教育上差別されない」、そして「能力があるにもかかわらず、経済的理由によって修学が困難な者」には奨学の措置を講じることを、「教育基本法」第4条で定めている。

一方「児童福祉法」（昭和22年）は、児童の福祉を保障する基本原則を定めた法律である。乳幼児の保健の改善、母体の保護、未熟児の養育、身体障害児の育成医療や児童福祉施設の設置についての国・都道府県の義務を定める、児童保護の基本となる法律の一つだ。その第4条では、児童を乳児・幼児・少年に分け、次のように規定している。

一　乳児　満一歳に満たない者
二　幼児　満一歳から小学校就学の始期に達するまでの者
三　少年　小学校就学の始期から満一八歳に達するまでの者

満18歳以下の者を児童と規定したうえで、彼らは「心身ともに健やかに生まれ、且つ、育成されるよう努め」なければならず、さらにその「生活を保障され、愛護され」るとする（第1条）。それは児童の保護者だけではなく、「国及び地方公共団体（都道府県市町村・特別区など）」をはじめ社会全体が同

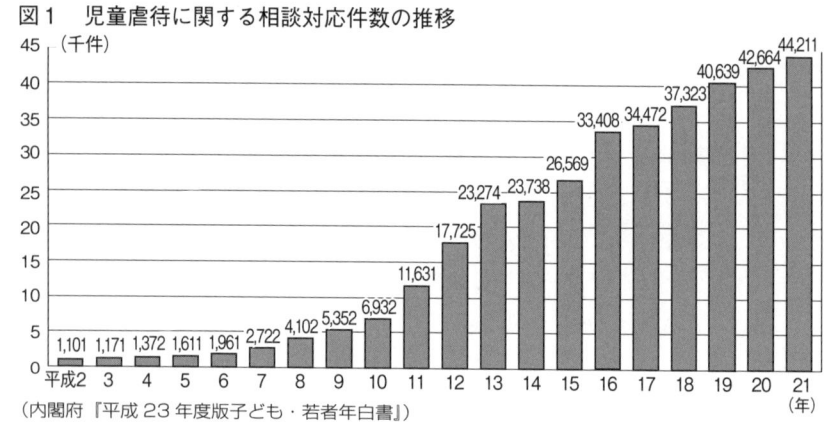

図1　児童虐待に関する相談対応件数の推移

年（平成）	件数
2	1,101
3	1,171
4	1,372
5	1,611
6	1,961
7	2,722
8	4,102
9	5,352
10	6,932
11	11,631
12	17,725
13	23,274
14	23,738
15	26,569
16	33,408
17	34,472
18	37,323
19	40,639
20	42,664
21	44,211

（内閣府『平成23年度版子ども・若者年白書』）

じ責任を負う（第2条）、つまりすべての児童が心身ともに健やかに育成することに国は責任をもつのである。

例えば、保護が必要な児童のために、児童福祉施設（乳児院[3]・母子生活支援施設[4]・保育所・児童養護施設[5]・児童自立支援施設[6]など）を国や地方公共団体が「児童福祉法」に基づき直接運営する。または民間が運営する場合でも、補助金を交付するとともに、設備や人員の配置、定数など設置基準を定め運用面でも明確な基準を示している。それはその施設の質を保障することで、国や地方公共団体は児童保護事業の代替ないし補助機関としての役割を求めているのである。家庭・学校・地域社会を含めて社会全体が、子どもを保護し、教育する責任があることを、「児童福祉法」をはじめとする法律で宣言しているのである。

---

[3] 家庭で保育を受けられない乳児を入院させて養育する施設。

[4] 配偶者のない女性とその子とが入所して保護を受ける。母親の就労や育児への援助、子どもの保育・学習指導が行われる。平成10（1998）年に母子寮から名称を変更した。

[5] 保護者のない児童や虐待されている児童などを入所させて養護し、自立を支援する施設。平成9（1997）年、養護施設から名称変更。

[6] 不良行為をなし、またはなすおそれのある児童、及び家庭環境等の理由から生活指導の必要な児童を入所または通所させ、必要な指導を行い、自立を支援する。平成9（1997）年、教護院から名称変更。

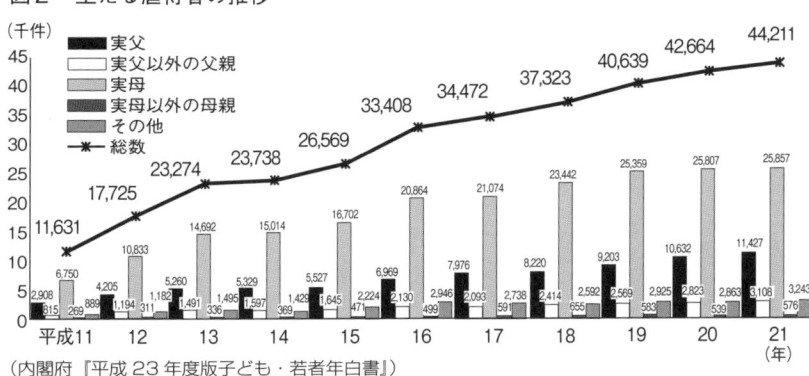

図2 主たる虐待者の推移

(内閣府『平成23年度版子ども・若者年白書』)

3 児童虐待

ここで近年早急な解決が求められている児童虐待（親など養育者による子どもへの虐待）の現状をまとめたうえで、明治期の虐待（捨てられた子どもたち）と比較検討することで、児童保護の意味を考えてみよう。

全国の児童相談所や警察に寄せられる児童虐待の相談件数は年々増加し、児童相談所の相談対応の件数は、平成2年度1,101件、平成12年度17,725件、平成17度年34,472件、平成21年度44,211件と急増している【図1】。

「児童虐待の防止等に関する法律」（「児童虐待防止法」）の定義によれば、虐待は（1）身体的虐待、（2）性的虐待、（3）ネグレクト（保護者としての監護を著しく怠る行為）、（4）言葉や態度による心理的虐待に分けられる。虐待内容（平成21年度）は、身体的虐待（39.3％）、ネグレクト（34.3％）、言葉や態度による心理的虐待（23.3％）、性的虐待（3.1％）の順で多いが、いずれか一つではなく、いくつかのタイプが組み合わされている場合が多い。虐待を受けた児童の年齢は、0歳～就学以前の乳幼児が全体の半数近くを占め、主たる虐待者は実母（58.5％）、次いで実父（25.8％）である[7]【図2】。

平成16（2004）年の法改正で、ネグレクトには、保護者以外の同居人が子どもを虐待しているのを保護者が放置すること、そして心理的虐待には、夫婦間暴力（DV）や激しい夫婦喧嘩をして子どもに著しい心理的外傷を与え

---

7 内閣府『平成23年度版子ども・若者白書』45～46頁。

るものなども、児童虐待に該当するとされた。また、たとえ親が子どもの虐待を否定している場合でも、児童福祉司等の調査の結果、子どもを家庭から引き離す必要があると判断した時は、児童相談所は一時的に保護することもできるようになった。このように保護に欠けた子どもを「心身ともに健やかに育成する」法律や制度が日本では整えられているのだ。

4　虐待の事例

（1）の身体的虐待は「児童の身体に外傷が生じ、又は生じるおそれのある暴行を加えること」(「児童虐待防止法」第2条1号)と規定されているが、『子ども虐待対応の手引き』(平成21年3月31日改正版)から、その具体的な事例をあげてみよう。例えば、外傷は、打撲傷・あざ(内出血)・骨折・頭部外傷・たばこ、その他の火傷など。また生命に危険のある暴行とは、首を絞める・殴る・蹴る・投げ落とす・熱湯をかける・布団蒸しにする、逆さ吊りにする・食事を与えない・冬戸外にしめだすなど、緊急の事態を要するものがあげられている。

（3）ネグレクトは、①子どもの健康や安全への配慮を怠る(例えば家に閉じ込める［学校に行かせない］、重大な病気になっても病院へ連れて行かない、乳幼児を家に残したまま度々外出するなど)、②子どもにとって必要な情緒的欲求に応えていない、③食事や服装、住居などが極端にかけ離れており、健康状態を損なうほど無関心(例えば適切な食事を与えない、下着など長期間ひどく不潔なままにする、極端に不潔な環境の中で生活をさせるなど)、④子どもを遺棄するなどだ。実際に、親が乳幼児を自動車に残しパチンコをしている間に熱中症で子どもが死亡する事件や子どもだけを家に残して遊びにでかけて火災で焼死する事件などが新聞やテレビで報道されたが、これもネグレクトにあたる。

また（4）心理的虐待は、ことばによる脅かし・脅迫・無視、拒絶的な態度を示す、心や自尊心を傷つけることを繰り返しいう、他の兄弟との著しい差別的な扱いなどが想定される。

2　もう一つの児童虐待

1　捨子の運命

　以上見てきたように、児童虐待は、確かに深刻な事態だ。だが実は虐待そのものは、今に始まったことではない。江戸時代中後期は、間引き（口べらしのため生まれたばかりの子を殺すこと）や堕胎防止用の教訓書が幾度となく発行されたように、子どもたちの悲惨なありさまを想像させるものがある[8]。
　例えば、松尾芭蕉[9]の『野ざらし紀行』には、次のような一節がある。

　　富士川のほとりを行に、三つ計なる捨子の、哀気に泣有。この川の早瀬
　　にかけてうき世の波をしのぐにたえず。露計の命待まと、捨置けむ、小
　　萩がもとの秋の風、こよひやちるらん、あすやしほれんと、袂より喰物
　　なげてとをるに、
　　猿を聞人捨子に秋の風いかに
　　いかにぞや、汝ちゝに悪まれたる歟、母にうとまれたるか。ちゝは汝を
　　悪にあらじ、母は汝をうとむにあらじ。唯これ天にして、汝が性のつた
　　なきなけ[10]。

　芭蕉は捨子を助けることなく袂から食べ物を投げてやり、お前が捨てられたのは天から与えられた運命だったのだ、と冷たくいい放つ。それでも「猿を聞人捨子に秋の風いかに」と詠むように、彼のやるせなさが伝わってくる。捨子を保護する施設も制度もない時代、篤志家の情けにすがる以外、旅人芭蕉にはどうしようもなかったのだ。
　芭蕉が江戸を立ったのは、今から320年以上も前の貞享元（1684）年のこと。しかし、近代に入っても、社会福祉事業が十分に定着していない明治期

8　捨子・間引きについては 太田素子『子宝と子返し』（藤原書店、2007年）、沢山美果子『江戸の捨子たち』（吉川弘文館、2008年）が参考になる。また、沖縄・与那国島には妊婦を岩の割れ目を飛ばせ人べらしをした、クブラバリの悲話が語り継がれている。
9　松尾芭蕉（正保元［1644］年～元禄7［1694］年）江戸前期の俳人。『奥の細道』など。
10　『芭蕉紀行文集』（岩波文庫、1971年）12頁。

には、親に捨てられ、社会から顧みられず、食物や金銭を恵んでもらい生活する、いわゆる物乞い（乞食）をする多くの子どもたちがいた。ここには現代とは異なる、もう一つの児童虐待があったのである。

2　明治期の乞食小僧

　先にもふれたが、日本の近代化が完成する前、封建制度が崩壊し、それまでの生活基盤を失った下層民が都市に流入することで生まれた児童問題には、貧しさからおこる凄惨な現状があった。親に捨てられ、社会からも救いの手がたたれた幼い子どもたちが、命をつなぐための手段が物乞いであった。彼らを保護しなければならないという社会の意識は低く、児童福祉施設も十分に整備されていなかった。

　明治29（1896）年『時事新報』に連載された「東京の貧民」には、親に放置された子どもたちが生きていくために乞食（物乞い）集団を形成する様子が記されている。子どもたちは、それぞれの持ち場（縄張り）を徘徊し、人びとに憐れみを請う。また路頭に迷っている幼い子どもを見つけると、報酬目当てで親方のもとに連れて行き、乞食の仲間に引きずり込むのだ。親方は子どもたちを管理し、中には上納金を納めさせる者まであった。また子どもたちは成長して憐みを乞うには不都合な年齢や容姿になると、掏りや泥棒などの犯罪者集団となるのだ。学校（教育）へ行くことはおろか、徒弟修業などの職業訓練の機会さえ与えられなかった子どもたちには、おそらくこうするより他に生きる術はなく、当り前のように犯罪に手を染めていくのである。

　東京市養育院[11]の幹事であった安達憲忠[12]による、同院へ保護された子どもたちへの聞き書きを紹介しよう。ある8歳の少女は、宿屋暮らしで足袋職人の父をもち母親の三味線で「かっぽれ」[13]を踊る、いわゆる大道芸で生活していた。しかし、両親ともに亡くなると、宿屋に一人残された少女を見知

11　日本初の公的な社会福祉施設として明治5（1972）年、東京府養育院として設立。明治17（1884）年から23（1890）年まで私営となり、明治23年「東京市養育院」、昭和18（1943）年「東京都養育院」となり、現在高齢者施設推進室となる。

12　安達憲忠（安政4［1857］年～昭和5［1930］年）明治大正期の社会事業家。

13　江戸末期、住吉踊の改称で、願人坊主が江戸市中で踊りはやらせた大道芸。

らぬ叔父さんと叔母さんが引き取り、「かっぽれ」の踊り手として働かせる。ところが彼らは、少女が病気になり踊れなくなると捨ててしまい、行き倒れたところを養育院に保護された[14]。

　また11歳の少年は、義理の父親と静岡から上京し、一緒に土木工事をしていたところ、義父がいなくなってしまった。そして少年はそれまで寝泊りしていた親方の家から追いだされてしまう。行く先を失い、仕方なく一年前から新橋の馬車小屋に寝て乞食をしていた、という。

　少年は下駄を盗んだ仲間と一緒にいたところを、警察に捕まり保護されたが、仲間内で小さい者は乞食をし、大きな者は泥棒をする、と安達に話している。

　　安達「皆乞食ばかりするか」
　　少年「大きな者は泥棒ばかりするけどわたいらは乞食をする」
　　安達「何というのが泥棒をする」
　　少年「沢山あらあ、一番上手なのがズンとねい書生というの……ズンドは二十書生も二十位、新喜というのは懲役に行った背チビも懲役に行った……黒チビは死んだ」
　　安達「黒チビも泥棒か」
　　少年「ああ皆泥棒……」
　　安達「お前も少しは泥棒をしたか」
　　少年「わたいたちはまだ少さいから取らない」
　　安達「学校へ上がったことはないか」
　　少年「上がらない」[15]

　仲間が懲役、つまり警察につかまり刑務所に行くのはめずらしいことではなかった。しかも彼は生活をともにしている仲間の本名を一人として知らな

14　中川清編『明治東京下層生活誌』（岩波文庫、1994年）101〜102頁。なお当時の下層社会を構成した人びとの職業や生活については横山源之助『日本の下層社会』（岩波文庫、1985年）が詳しい。
15　前掲『明治東京下層生活誌』103〜106頁。

い。それは仲間も同じことだ。常公、十蔵、桶屋、デコチビなど、皆あだ名で呼び合っている。戸籍や本名など普通の社会生活に必要とされるものなど、どうでもいい、いわゆる裏の社会の住人が乞食小僧であった。両親に死に別れた8歳の少女を勝手に引き取り働かせ、病気になると捨ててしまう宿屋の見知らぬ住人。11歳の少年を大人と同じ現場で働かせ、しかも保護者が失踪するとその子どもを追いだしてしまう雇い主など、現代の常識では考えられない大人たちの対応だ。

3　保護されない子どもたち

親に捨てられ、あるいは死に別れた子どもたちを公的機関で保護するという制度も施策もまだ定着していない明治初期、幼い子どもたちは社会の片隅でお金や食べ物を恵んでもらい、やがて泥棒など犯罪者となる。彼らは「保護に欠けた子ども」ではなく、「保護されない子ども」たちであった。

彼らが乞食になった理由は、両親との死別をはじめ、継母の折檻から家を追われた者、貧しさのために父母に捨てられた者など、現在なら児童保護施設に保護されるべき子どもたちだ。しかし、たとえ東京市養育院などの福祉施設に保護されても、彼らは乞食のきままな境遇に慣れてしまい、「かえって規律ある養育院を厭うのみならず、今は年長者が泥棒をなすを羨」み、はやく自分も立派な泥棒になることを願う、というありさまであった[16]。

明治18（1885）年から養育院では捨て子や迷子の養育が始まるが、その多くはキリスト教や仏教などの理念のもとに設立される児童救済施設など、宗教団体や一部の篤志家などによる慈善事業であった。20世紀に入ると欧米の児童保護思想などが紹介される中で、不良少年や犯罪少年を更生に導くために懲らしめて心を改めさせる、いわゆる懲治主義より、社会で自立できるように教育の機会をあたえ職業訓練を施すことを重視すべきだという考え方が主流になる。その先駆者である留岡幸助[17]は、明治32（1899）年少年感化院家庭学校を設立している。

16　前掲『明治東京下層生活誌』106頁。
17　留岡幸助（元治元［1864］年～昭和9［1934］年）社会実業家。渡米して刑務制度を研究、帰国後、非行少年の感化事業など社会教化活動に従事する。

そして明治33（1900）年には「こじき遊蕩者、犯罪ノ虞アル不良少年」などの子どもを保護教育する施設（感化院）に収容し、環境を改善して不良の性癖を矯正する感化教育を施すことを目的とした「感化法」も成立する。しかし、明治40（1907）年までに実際に創設された感化院は5施設、定員117名にすぎなかった。それが増加し始めたのは、「刑法」の改正で刑事責任能力が14歳になったことに

図3　明治35年当時の二葉幼稚園園児と園舎

当時の保育者の報告によると、子どもたちは写真に写る友人の顔はわかっても、自分の顔はわからなかったという（『二葉保育園八十五年史』）。

ともない、明治41（1980）年に「感化法」の一部が改正された後のことだ。基本的に同法は「犯罪少年や不良少年の保護のための立法ではなく、彼らによる社会秩序の破壊を防止する」ための法律であり[18]、近代国家としての体裁を整えるために形だけが優先した制度であったのである。

4　児童保護の浸透

児童の権利思想が広まり、内務省に社会課が置かれ、社会事業として「保護に欠けた児童」への救済策が本格化するのは、大正以降のことだ。例えば、明治33年、華族女学校（現・学習院大学）附属幼稚園に勤務していた野口幽香、森島美根という二人の民間人によって貧困者の子弟を対象とした幼児教育施設、二葉幼稚園[19]が開設される。しかし同じ頃、中産以上の家庭の教育機関として位置づけられた幼稚園[20]が児童保護という側面を欠いた幼児教育施設として一人歩きを始める。そのような幼稚園が普及する大正5（1916）年、

18　古川孝順『子どもの権利』（有斐閣、1982年）223～227頁。
19　二葉幼稚園については『二葉保育園八十五年史』（二葉保育園、1985年）、及び上笙一朗・山崎朋子『光ほのかなれども――二葉保育園と徳永恕五』（朝日新聞社、1980年）参照。
20　岡田正章『日本の保育制度』（フレーベル館、1970年）19頁。

二葉幼稚園は二葉保育園と改称し、より慈善事業の性格を強めている。それは幼稚園とは別種の児童保護施設として、文部省（現・文部科学省）所管の教育事業から内務省所管の救済事業への転換であった[21]【図3】。

　ここで慈善事業と社会事業の違いを説明しておこう。貧困者の救済のために行われる慈善事業に対して、後者は「社会公衆の生活改善・保護教化を目ざし、予防ないし積極的な福祉計画を含む組織的活動」とされる（『広辞苑第六版』）。つまり社会事業は、社会的・国家的な計画と監督のもとに行われるより広い概念だ。このような意味において社会的に子どもを保護しなければならないという考えは、大正中期以降急速に浸透し、児童関係施設は増加する。例えば、日本の児童保護の発展に貢献した生江孝之[22]は、大正12（1923）年の論文「児童保護の根本観念」の中で、欧米の児童保護の思想や事業の概要を紹介し、児童の「生存の権利」と「より能く生活する権利」を論じている[23]。

　昭和初期の恐慌や凶作によって児童虐待、欠食児童、親子心中、東北農村子女の人身売買、不良少年の増大など、児童問題が深刻化し、その解決が課題となる。そして昭和8（1933）年、酒席での接待や物乞いなどから児童を保護する「児童虐待防止法」をはじめ、昭和4（1929）年には「救護法」、昭和8年には「少年教護法」、昭和12（1937）年には「母子保護法」など、児童を保護するための法律が整備される[24]。そして厚生省の設置にみられるように、児童の保護対象は、「特殊な児童」から「児童一般」へと拡大されるのだ。

　もちろんこのような不幸な子どもを生みだす家族の貧困という問題があるかぎり、根本的な解決にはならないだろう。それでも大正期から昭和初期に、子どもは保護されるべきだという「子ども観」が社会に浸透し、定着したことの意味は大きい。ようやく児童保護という問題が当り前のこととして論じられる環境が、この時期に日本で形成されたからだ。その前提に立ったうえで、私たちは子どもが心身ともに健やかに育成するための方策を、社会全体

21　前掲『二葉保育園八十五年史』38頁。
22　生江孝之（慶応3[1867]年〜昭和32[1957]年）事業家、宗教家。社会事業の父と称された。青山学院神学部卒、大正7（1918）年より日本女子大学教授。
23　生江孝之「児童保護の根本観念」『社会事業』第6巻第11号。
24　前掲『子どもの権利』248〜256頁。

で議論することができる、ということを確認しよう。
　次に少年の犯罪への対処という視点から、児童保護の問題を考えてみよう。

3　「少年法」と子ども

1　「少年法」の理念と保護主義

　「少年法」は非行をした20歳未満の者に対して、家庭裁判所がどのような手続きでどんな処分をするのかを定めた法律だ。それは実際犯罪を犯しただけではなく、これから犯すおそれのある場合も含まれている。同法でいう少年（法律的には女性も含める）は「二十歳に満たない者」をいう。民法で成年年齢が20歳から18歳に引き下げられたが、令和3（2021）年の改正では、18、19歳も「特定少年」として引き続き「少年法」が適用される。同法の目的は「少年の健全な育成を期し、非行のある少年に対して性格の矯正及び環境の調整に関する保護処分を行うとともに、少年の刑事事件について特別の措置を講じる」ことだ（「少年法」第1条）。

　犯罪を犯した少年（非行少年）に刑罰を与えるか、保護するかという議論はこれまで繰り返し行われてきた。「少年法」では非行少年をまだ一人前ではない未熟な存在と考え、少年の行った行為の責任を罰するよりも、その「行為の責任を自覚させる働きかけ」をしながら、非行性を克服させること、つまり保護的な処分を与えることを優先し、健全育成を図ることが、最終的には「社会全体の利益」になるという立場にたっている。

　少年犯罪は、家庭・学校・地域社会を含む社会全体の責任でもあり、単に彼らだけの責任ではない。彼らは劣悪な社会環境にさらされた被害者、いわば「保護に欠けた子ども」なのだ。たとえ問題をおこしたとしても、刑罰の対象とすべきではない。国は親に代わって少年の健全な人格の育成に努めるべきだという考え方（保護主義）だ[25]。このような考え方（子ども観）は、日本では第2次世界大戦後に現行の「少年法」が施行され、本格的に取り入れられた。

25　澤登俊雄『少年法──基本理念から改正問題まで』（中公新書、1999年）10頁。なお少年法については澤登俊雄『少年法入門〔第5版〕』（有斐閣、2011年）をあわせて参照。

2　健全育成

ここで「少年法」が目的とする、非行少年の「健全育成」という耳慣れない言葉を説明しよう。健全育成と保護とは同じ内容の言葉であり、そこには3つの要素が含まれている。①少年が将来犯罪を繰り返さないようにする、②その抱えている問題を解決して平均的ないし人並な状態に至らせる、③秘められた可能性を引きだし個性豊かな人間として成長するように配慮する。①に②が、さらにそのうえに③が積みあげられるが、③は国や地方公共団体の力量の範囲を超えていて、原則として家庭の任務だとされる[26]。

確かに国連の「児童の権利に関する条約」第6条でも、「成長発達の保障」が謳われているように、それは非行少年にも同じようにあてはまるだろう。彼らが立ち直り、自分の力で非行性を克服するにはどのような処分が適切か、私たち大人は彼らにあたえる援助の方法を考える必要があるだろう。なぜなら少年は自分のした行為の意味、そしてそれがどのような結果につながるのか、まだ大人と同じように十分予測するだけの力がない未熟な存在だからだ。彼らは社会の環境に染まりやすく、過ちを犯すこともあるが、同時に、まだ完成されていないのだから、矯正することも大人より容易なのだ。

従って犯した罪の結果だけで判断するのではなく、どういう気持ちでやったのか、行動の原因や背景は何か、よく考え、反省して立ち直るために保護し、教育する工夫が大切なのだ。

3　小さな大人観

だがその一方で、たとえ少年であっても重大事件については厳重に処罰しなければ社会秩序は維持できない、という考え方（小さな大人観）がある[27]。犯罪少年は果たして社会の被害者なのだろうか。保護主義を唱える人びとは、彼らが加害者（犯罪者）であるという事実をどう考えているのか。例えば、

26　荒木信怡「少年法執行機関による働きかけとその限界についての一考察」『ジュリスト　総合特集：青少年――生活と行動』（有斐閣、1982年）参照。
27　前掲『少年法』及び土井隆義『人間失格？――「罪」を犯した少年と社会をつなぐ』（日本図書センター、2010年）参照。

非行少年に命を奪われた被害者とその家族の立場を想像したことがあるのだろうか。いくら未成年で、成長発達の途中とはいえ、ある程度の自己決定能力を備えているではないか。一つの人格として権利主体であるのなら、社会に対しても一定の責任を負うのは当然である。

　犯行当時14歳の少年が、小学生を殺害した神戸連続児童殺傷事件など、社会に与えた衝撃はあまりに大きかった（付論6参照）。衝撃的な事件がおこるたびに、少年法は何度も改正議論が繰り返され、2001年には半世紀ぶりに改正された。その最大の焦点は、非行少年に対する厳罰化と被害者に対する配慮的な施策の導入にあり、刑事処分の適用年齢がこれまでの16歳から14歳へ引き下げられるなど、厳罰化の流れを象徴するものであった。

　少年の犯罪に厳罰を求める世論が高まってきたのは、少年を未熟な存在と見る見方から、たとえ少年であっても一人前の存在と見なす傾向が強まったことが影響するのだろう。「少年法」が施行された昭和20年代は、日本は貧しく厳しい状況にあり、戦争で親を失った戦災孤児をはじめ、社会的にも経済的にも「恵まれない子ども」が多くいた。昭和43 (1968) 年におこった19歳の永山則夫による連続ピストル射殺事件のように、少年非行の原因は貧しさなどの恵まれない家庭環境、あるいは特定の階層や地域などの生育環境の中で、社会的に形成されたという印象が強かった（第4節参照）。

　だが、今日の豊かな社会では、表面上ごく普通に見える少年による突発的な非行が目立つようになり、誰もが納得し、理解しやすい原因を提示することが難しくなってきた。犯罪を犯す少年の性格は後天的に形成されたのではなく、特定の少年たちが生まれもった資質ではないかという疑いさえ抱くようになる。つまり、これまでの常識では子どもの犯罪の原因が理解できなくなったのである。

4　モンスターとしての子ども

　そうなると少年院などによる矯正効果への信頼感も薄れるだろう、犯罪にいたる心の闇が見えないのだから。そのために人びとの恐怖心は募り、「かつて庇護すべき不器用な少年は、恐怖すべき邪悪なモンスターへと変貌」し、「彼らに対する同情はもはや成立しがたくなっ」たのだ[28]。その理由を、人

びとの価値観の多様化に求める土井隆義の指摘を、私なりに要約しよう。

 人びとは人間関係に強い平等感覚をもち、人生の節目において重視されるものは、「何を獲得するか」ではなく「何を選ぶか」に移ってきた。例えば終身雇用制が崩壊し、職場が変わった途端に、これまでの知識や技能がまったく通用しなくなった事例を目にする。積みあげてきた知識や能力が普遍的なものではなく、自らの選択した先で通用する相対的なものにすぎなくなったら、その選択行為を左右するのは自らの感性である。人生のあらゆる局面でそれが重視されるようになると、生まれ備わった資質や感性によって人生が規定されるだろう。だとすれば老いも若きも、その本質において違いはないことになる。つまり大人と子どものあいだに人間としての差異はないと感じられ、基本的には対等なはずだと認識されるのだ[29]。

これはある社会学者の意見として紹介しておこう。ある意味で的確で説得力のある指摘だが、なぜ大人と子どもの間に差異がなくなったのか、この解の答えにはなっていないように思われる。それは私たちがこれまでもっていた子ども観が大きく変化し、子どもが理解不能になったことが最大の要因ではないだろうか。ポストマン流にいえば、「子どもがいなくなった」ということだ。つまり「文字文化から映像文化へと、メディアの中心が変化するとき」、近代が創りあげた「子ども」が消滅してしまったのだ。

5　消滅した子ども

 前述したように、印刷技術の発達が近代的子ども観の成立に大きく影響を与えたが、現代の子どもを取り巻く状況はそれ以上に様変わりしている、とポストマンは指摘する。その一因がテレビなど新しいメディアの誕生に求められる。
 テレビの特徴は情報を映像化して提供するところにあるが、それが近代化

28　前掲『人間失格？』236頁。
29　同上、168〜9頁。

によって生まれた、「子ども」と「大人」の境界に影響を及ぼしたのである。その理由は、テレビなどの映像は情報をえるための教育が原則必要ではないからだ。書物の内容を理解するためには活字を読む能力が必要だ。さらにその情報を理解するためには、ことばをはじめ想像力や経験、教養などを積む必要もある。その点で、映像はほとんどの情報を目に見える形で発信するがゆえに、受け手に上記のような能力を要求しない。映像は相手を選ぶことなく、見る者に同じ情報を与え続けるのである。

そこには基本的に、大人と子どもの区別はない。読み書き能力の差もなく、年齢に関係なく等しく同じ情報量を提供することができる。これが近代がつくりあげた大人と子どもの境界を曖昧にしてしまった。これまで努力して手に入れた情報が、視覚を通して容易にえられることになったのである。実際にインターネットや携帯電話などの通信・情報機器の飛躍的な発達により、大人と子どもの所有する情報量の格差は埋まりつつある。最新の通信メディアの扱いは子どものほうが長けているため、子どもと大人の境界はより曖昧になるばかりか、はやりのゲームなどは年齢に関係なく、子どもも大人と同じように楽しめるものになった。

一般に、新しい機器にいち早く対応するのは青少年をはじめとする若者である。彼らの方が人生経験豊富な年輩者よりも、最新で多くの情報量を保有している。情報という点では、わからないことを周囲の人に聞くよりも、パソコンで検索した方が早く、しかも正確なのだ。このように、これまでと同じように時間をかけて大人が子どもを教育する、その必要性の枠組みそのものが危うくなっているのである。

その意味において、ポストマンがいうように子どもは消滅したのだろう。産業革命による工業化社会の登場により、身体的な未熟さと無知と未経験のために社会的適応力が低く、保護され、将来にむけて教育される存在としての特別な期間、いわゆる「子ども期」が用意された。近代の子どもたちは、いわば大人から教わる弱い存在であった。「知るための技術を持つ者―未習得の者」、つまり「教える者―教えられる者」という子どもと大人の関係が、音を立てて崩壊してしまった。ポストマンがいうように、文字優位の状況の中で形成された関係は、メディア状況の激変により、もはやその構図が変

わってしまったのである[30]。

　私たちの目の前から従来の子どもがいなくなり、それが理解不可能な存在になってしまったことは不思議ではない。子どもを社会で通用する人間（国民）として教育するという考え方は、前述のように前近代の日本にはなかった。それは、欧米列強諸国と肩を並べる近代国家への仲間入りをめざすために国民を養成する必要が生じ、子どもと大人をはっきりと区別することから誕生した「常識」なのだ（3章参照）。いわば活字文化が子ども期を生みだしたのである。

　かつてオーラル（口承）な文化から活字文化に移行した時、新しい子どもが誕生したように、さらに活字文化から映像の文化へと移り変わることにより、新しい子どもが誕生する。しかし、それはもはや子どもとは呼べない存在なのかもしれない。近代がつくりあげた枠組み（子ども観）が限界にきていることを、社会を映しだす鏡といわれる少年犯罪は示唆しているともいえるのである。

　最後に実際死刑が確定した二つの少年事件について、その事実経過をもとに子どもと大人の境界を考えてみたい。

4　永山事件と光市母子殺人事件──19歳は大人か子どもか

1　永山事件の概要

　保護主義か、小さな大人観か、少年犯罪をめぐる対応は難しい。一体何歳までの子どもに責任能力があり、どこまで社会的責任を負わせることができるのか。個々の事件の背景を詳しく見れば見るほど、犯罪の陰には一概にはいえない複雑な事情が入り組んでいる。ここでは犯行当時19歳だった少年が死刑判決を受けた永山事件について考えてみたい。

　永山則夫は、昭和24（1949）年6月北海道網走市に、8人兄弟の7番目の子（四男）として生まれる。父親はもともと腕のよいリンゴの剪定師だったが、稼ぎの大半をギャンブルにつぎ込むなど家庭を顧みることなく、一

---

[30]　前掲『子どもはもういない』及び本田和子『子ども一〇〇年のエポック──「児童の世紀」から「子どもの権利条約」まで』（フレーベル館、2000年）188〜191頁。

家は貧乏のどん底にあった。母親はこのような暮らしに耐えきれず、則夫が5歳の時に、末の娘と長男がもうけた庶子、そして子守役の次女の三人だけを連れて、故郷の青森県板柳町に戻る。父親もまもなく家をでてしまい、網走には三女、二男、三男と、則夫の4人が取り残される。翌年、近所の人が福祉事務所へ通報したことをきっかけに、母親に引き取られる。それまでの一冬、残された子どもたちは、寒い網走の家で飢え寸前の日々を過ごした、という。

図4 『無知の涙』表紙

その後、永山は行商の母を新聞配達などで支える一方、中学は欠席しがちで3年間を通して半分も出席していない。昭和40（1965）年中学を卒業、集団就職で上京するが、9月末には退職。その後職を転々としながら、密航で日本からの脱出や定時制高校への進学など、さまざまなことを試みているが、いずれも失敗する。

昭和43（1968）年10月から11月にかけて、横須賀市の米軍宿舎から盗んだ拳銃で、東京（27歳、ガードマン）、京都（69歳、警備員）、函館（31歳、タクシー運転手）、名古屋（22歳、タクシー運転手）で4人を射殺、いわゆる「連続ピストル射殺事件」を起し、翌年4月東京で逮捕された（当時19歳10か月）。罪状は、殺人、強盗殺人、同未遂、窃盗などであった。

2 心境の変化——死から生へ

拘置所の中で永山は、哲学や経済学、心理学の専門書を読みあさり、詩作や散文などを獄中ノートにつづる。それをもとに昭和46（1971）年手記『無知の涙——金の卵たる中卒者諸君に捧ぐ』（合同出版）を刊行。自分の犯行を認め、被害者遺族への謝罪を表明しながら、それでもなお自分の罪は貧乏が最大の原因であった、貧困が無知を生み、それが犯罪につながる、と「資本主義社会の犯罪性を追究」する（同書「読者のみなさんへ——編集前記」）【図4】。

自分の死刑を覚悟しながら、自らの生い立ちをふまえて、戦後日本の高度

経済成長期の社会の矛盾を告発する同書は、大きな反響と共感を呼んだ。以後さまざまな手記を発表するとともに、昭和58（1983）年には小説「木橋」で第19回新日本文学賞を受賞。自らの行動を客観的に振り返り、それを創作にまで昇華している。

昭和54（1979）年に東京地方裁判所で死刑判決。昭和55（1980）年互いの境遇に共感し、文通を繰り返していた在米日本人女性と獄中結婚。出版の印税は函館の被害者の遺児の養育費をはじめ、被害者家族に贈り、直接謝罪する役割は獄中の永山にかわり妻が担うなど、二人三脚の償いが始まる。昭和56（1981）年、東京高等裁判所で無期懲役に減刑。この頃になると社会批判を繰り返す当初の自暴自棄的な心情から、死にたくないという気持ちが生まれ、妻とともに生きて罪を償いたいという心境の変化が表れる。ところが、昭和58（1983）年2審判決は「量刑不当」と最高裁判所で差し戻され、差し戻し審で死刑、平成2（1990）年4月最高裁判所で死刑判決が言い渡され【図5】、平成9（1997）年8月刑は執行された。享年48歳であった。

図5　永山則夫連続射殺事件最高裁判決
（AFP＝時事）

3　永山則夫の罪と罰

永山事件については、見田宗介『まなざしの地獄』（河出書房新社、2008年）に、当時の社会状況をふまえた鋭い分析がある。またETV特集「死刑囚永山則夫──獄中28年間の対話」（2009年10月11日放送）は、獄中の永山と妻との関係をよく伝えている。詳しくは、それらを参照されたい。

ここで問題としたいのは、永山則夫が幼い頃、両親の失踪により、極寒の地網走で子どもたちだけで一冬を過ごし、奇跡的に助かったこと、そして、そこになぜ福祉の手が入らなかったのか、ということだ。5歳の彼には「健康で文化的な最低限度の生活を営む権利」（「日本国憲法」第25条）も「児童が心身ともに健やかに生まれ、育成され」「生活を保障され、愛護され」る権利（「児童福祉法」第1条）も、親や社会によって踏みにじられたのだ。そ

のような生育環境にある幼児に、救いの手を差しのべなかった社会に責任はないのだろうか。

　もし劣悪な家庭環境や貧困が、彼が犯した凶悪犯罪に何らかの影響を与えているのであれば、それはすべて永山の責任といいきれるだろうか。逮捕以来10数年の歳月の中で、自分の死をもって社会の矛盾を告発するという批判的態度から、愛する人と生きることによって罪を償いたい、という心境の変化をとげた永山。彼は「保護に欠けた子ども」時代を過ごしたのであり、加害者であるとともに、ある意味で社会の被害者ではないのか。生きることに希望を見出した彼に、社会はもう一度チャンスを与えることはできなかったのか、ということである。

　だがその一方で、彼の生い立ちには同情するが、たとえどのような事情があっても、罪のない4人の人が理由もなく殺された、という事実は重い。殺害された人たちにも人生があり、将来があり、夢があり、それぞれ家族があった。永山の犯した罪は許されるべきではない、という小さな大人観が頭をよぎる。

　最高裁判所が東京高裁の出した無期懲役の判決を棄却した際にだされた基準、いわゆる永山基準は、以後死刑判決の判断の参考にされるなど、大きな影響を与えた。

4　永山基準と光市母子殺害事件

　永山基準とは、死刑を選択するかどうかの判断の基準として、最高裁があげた9つの項目（①犯行の罪質、②動機、③様態＝特に殺害方法の執拗さや残虐さ、④結果の重大性＝特に殺害された被害者の数、⑤遺族の被害感情、⑥社会的影響、⑦犯人の年齢、⑧前科、⑨犯行の情状）である。これらを総合的に考えて「やむを得ない場合に死刑が許される」とされてきた。

　これ以降被害者の数が重視され、少年事件で2人を殺して無期懲役が確定した例は2件あるが、死刑が確定したのはいずれも殺害人数が4人だった。人間として成熟していない、適切な教育を受ければ更生できるという理念のもとに、裁判所は少年への死刑の適用には慎重な姿勢を示してきたのではなかったのか（『朝日新聞』2012年2月21日【表2】）。

表2　永山事件以降で少年への死刑適用が争われた裁判

事件（発生年）	概　　要	殺害人数	犯行時の年齢	確定刑
永山事件 （1968年）	盗んだ銃を使い、タクシー運転手らを相次いで射殺し、金を奪う	4	19歳	死刑
名古屋アベック殺人（1988年）	公園でデート中のカップルを集団で襲撃し、金を奪って絞殺	2	19歳	無期懲役
一家4人殺人 （1992年）	千葉県市川市で、面識のない会社役員宅に侵入し、一家4人を殺害	4	19歳	死刑
連続リンチ殺人 （1994年）	3少年が大阪、愛知、岐阜の3府県で、若者4人に集団暴行し殺害	4	18～19歳	3人とも死刑
大分・夫婦殺傷 （2001～02年）	元留学生が金欲しさに夫婦を殺害。前年に大阪市でも女性を刺殺	2	19歳	無期懲役
宮城・男女3人殺傷（2010年）	元交際相手の少女の実家に押し入り、その家族らを殺傷	2	18歳	死刑（控訴中で未確定）

注：「確定刑」は死刑が求刑された被告のみ
（『朝日新聞』2012年2月21日）

　ところが平成11（1999）年におきた被害者2人の「光市母子殺害事件」では、平成24（2012）年2月に犯行当時18歳1か月の少年の死刑が確定した。この事件は平成11年4月14日、排水検査を装い侵入した犯人が23歳の母親の首を絞めて殺害し、強姦。さらに犯行の発覚を恐れ、生後11か月の乳児を床にたたきつけ、首を絞めて殺した、という痛ましい内容だ。

　被害者の夫本村洋氏は、事件後、犯罪被害者の権利や地位の向上を訴えてきた。「なぜ……苦しんでいる被害者に対し救済の目が行かず、加害者のほうばかりに救済の目が行くのか」「なぜ犯罪の責任を社会情勢や生育環境に転嫁し、加害者はその社会の犠牲であるかのように扱い、その責任を曖昧にするのか」（『罪と罰』イースト・プレス、2009年、48頁）、今もその疑問は変わらない、という。

　犯行時18歳1か月は、最高裁で統計が残る66年以降最も若年の死刑確定者になる。判決確定後の記者会見で本村氏は、「遺族としては大変、満足しています。ただ決して、うれしさや喜びの感情はありません」「勝者なんていない。犯罪が起こった時点で、みんな敗者なんだと思う」（『朝日新聞』2012年2月21日）と述べた。

　判決は被害者の思いや社会の不安に答えたと評価する声がある一方で、裁判官の中には、犯行時の年齢に比べ、精神的成熟度が相当低いので審理をや

りなおすべきだ、という反対意見があった。死刑が認められるのは満18歳。その30日後に、少年は事件をおこした。30日が生と死を別けたという事実は重い。例外的に死刑を許容してきた最高裁が、「特に斟酌すべき事情がない限り、死刑を選択するほかない」（平成18［2006］年差し戻し前上告判決）と指摘し、その適用基準をゆるめた、つまり少年事件への「厳罰化」の方向へ歩みだしたことを改めて印象づけたのである。

　死刑の是非は長らく議論され続けているが、この二つの事件から私たちは何を学ばなければならないのか。18歳、そして19歳は大人なのか、子どもなのか、事件の残した課題は大きい。

付論6
何歳まで罪が問えるのか
——神戸連続児童殺傷事件・佐世保小6女児殺害事件——

グリム童話「子どもたちが屠殺ごっこをした話」
　もし幼児（就学未満児）が殺人を犯したとする。その場合は、罪を問えるだろうか。グリム童話には、「子どもたちが屠殺ごっこをした話」という一節がある。

　……女の子と男の子、まあそういったような齢のいかない子どもたちが遊んでいました。やがて、子どもたちは役わりをきめて、一人の男の子に、おまえは牛や豚をつぶす人だよと言い、もう一人の男の子には、おまえはお料理番だよと言い、またもう一人の男の子には、おまえは豚だよと言いました。それから、女の子にも役をこしらえて、一人は女のお

料理番になり、もう一人はお料理番の下ばたらきの女になることにしました。この下ばたらきの女は、腸づめをこしらえる用意として、豚の血を小さい容器に受ける役目なのです。

役割がすっかりきまると、豚をつぶす人は、豚になるはずの男の子へつかみかかって、ねじたおし、小刀でその子の咽喉を切りひらき、それから、お料理番の下ばたらきの女は、じぶんの小さないれもので、その血をうけました。

そこへ、市の議員がはからずとおりかかって、このむごたらしいようすが目にはいったので、すぐさまその豚をつぶす人をひったてて、市長さんの家へつれて行きました。市長さんは、さっそく議員をのこらず集めました。

議員さんがたは、この事件をいっしょけんめいに相談しましたが、さて、男の子をどう処置していいか、見当がつきません。これが、ほんの子どもごころでやったことであるのは、わかりきっていたからです。ところが、議員さんのなかに賢い老人が一人あって、それなら、裁判長が、片手にみごとな赤いりんごを、片手にライン地方で通用する一グルデン銀貨をつかんで、子どもを呼びよせて、両手を子どものほうへ一度につきだしてみせるがよい。もし、子どもが、りんごを取れば、無罪にしてやるし、銀貨のほうを取ったら、死刑にするがよいと、うまいちえをだしました。

そのとおりにすることになりました。すると、子どもは、笑いながら林檎をつかみました。それで、子どもは、なんにも罰をうけないですみました（『完訳グリム童話集』1、金田鬼一訳、岩波文庫、1979年）。

第5章で述べたように、幼い子どもには、自分のした行為の意味やそれがどのような結果につながるのか、十分に予測できない未熟な存在である。だからこそ罰するのではなく矯正するのである。ではそれが中学生ならどうだろう。

中学生と小学生の犯罪

　神戸の連続児童殺傷事件、いわゆる「酒薔薇事件」を思いだしてみよう。犯行当時中学3年生、14歳の少年であった。

　平成9（1997）年11月から翌年5月にかけて、神戸市須磨区内で、いずれも小学生を被害者とする3件の暴行・傷害事件と2件の殺人事件が発生した。特に最後の殺人は中学校の校門に殺害した児童の切断した首を置き、口に挑戦状を挟み込むなど異常な事件であった。捜査の結果、同区内の男子生徒の犯行とわかり、事件は神戸家庭裁判所に送致された。少年は少年鑑別所に収容され、そこで3か月にわたる精神鑑定が行われた結果、異常性格が認められたが、刑事責任能力はあるとして、医療少年院送致の決定が言い渡された。当時16歳以下（現在は14歳）の少年に刑事責任を問うことはできなかったからだ。

　少年は、医療少年院で医学的治療及び矯正教育を受けた後、現在は退院し普通の社会生活をおくっている。少年を守るために審判非公開の原則※で、犯行の詳細がわからないことから、マスコミの中には少年の氏名のほか、顔写真まで公表したり、少年に対する取り調べの内容が記述されている検事調書の一部や、精神鑑定書の内容まで公表するものもあった。これは少年法の精神から完全に逸脱しており、その是非をめぐって大きな論争が展開された。

　　※2008年の少年法改正では、殺人などの重大事件で加害者が12歳以上の場合、犯罪被害者や遺族の申し出がある場合、少年の審判の傍聴を許可することができる制度が創設された。

　では小学生なら殺人は許されるのか。平成16年（2004）6月1日午後、長崎県佐世保市の小学校で、6年生の女子児童が同級生（12歳）の女児にカッターナイフで切りつけられ、殺害された。死因は、首をカッターナイフで切られたことによる多量出血だった。加害女児は被害者を学習ルームに呼び出したあと、そこでカーテンを閉めて床に座らせ、手で目を隠し首を切りつけた。切りつけたあと、約15分間児童が現場にとどまり、死亡を確認したと思われる。小学生による殺人事件で、舞台が学校であることから大きな衝撃と波紋を広げる。

　何歳まで法律で守られるべきなのか。何歳から罪を問うべきなのか。もち

ろん子どもの心身の発達はそれぞれ異なっているが、一律の年齢で法律上は規定するしかないだろう。その際、本人の更生もさることながら、当然最愛の子どもを失った被害者家族の立場も考慮しなければならない。

家族の嘆き――佐世保事件被害者の父の手紙

佐世保事件の被害児童の父親（当時45）が、亡き子どもに宛てた手紙を紹介しよう。新聞記者である父親は、事件から1週間後のその日、記者会見が予定されていたが、心労が激しく、出席をとりやめ新聞に次のような手紙を公開した。

> さっちゃん。今どこに いるんだ。母さんには、もう会えたかい。どこで遊んでいるんだい。さっちゃん。さとみ。思い出さなきゃ、泣かなきゃ、とすると、喉仏が飛び出しそうになる。お腹の中で熱いボールがゴロゴロ回る。気がついたら歯をかみしめている。言葉がうまくしゃべれなくなる。何も考えられなくなる。
>
> もう嫌だ。母さんが死んだ後も、父さんはおかしくなったけれど。それ以上おかしくなるのか。
>
> あの日。さっちゃんを学校に送りだした時の言葉が最後だったね。洗濯物を洗濯機から取り出していた父さんの横を、風のように走っていった、さっちゃん。顔は見てないけど、確か、左手に給食当番が着る服を入れた白い袋を持っていたのは覚えている。「体操服は要らないのか」「イラナーイ」「忘れ物ないなー」「ナーイ」うちの、いつもの、朝のやりとりだったね。
>
> 5人で、いろんな所に遊びに行ったね。東京ディズニーランドでのことは今でも忘れない。シンデレラ城に入ってすぐ、泣き出したから父さんと2人で先に外に出たよな。父さんは最後まで行きたかったのに。なんてね。でも、本当にさっちゃんは、すぐに友達ができたよな。これはもう、父さんにはできないこと。母さん譲りの才能だった。だから、だから、父さんは勝手に安心していた。いや、安心したかった。転校後のさっちゃんを見て。母さんがいなくなった寂しさで、何かの拍子に落ち

込む父さんは、弱音を吐いてばかりだった。「ポジティブじゃなきゃ駄目よ、父さん」「くよくよしたって仕方ないじゃない」
何度言われたことか。
　それと、家事をしないことに爆発した。ひどい父さんだな。許してくれ。家の中には、さっちゃん愛用のマグカップ、ご飯とおつゆ茶碗、箸、他にもたくさん、ある。でも、さっちゃんはいない。
　ふと我に返ると、時間が過ぎている。俺は今、一体何をしているんだ、としばらく考え込む。いつもなら今日の晩飯何にしようか、と考えているはずなのに、何もしていない。ニコニコしながら「今日の晩御飯なあに」と聞いてくるさっちゃんは、いない。
　なぜ「いない」のか。それが「分からない」。新聞やテレビのニュースに父さんやさっちゃんの名前が出ている。それが、なぜ出ているのか、のみ込めない。
　頭が回らないっていうことは、こういうことなのか。さっちゃんがいないことを受け止められないってことは、こういうことなのか。これを書いている時は冷静なつもりだけれど、書き終えたら元に戻るんだろうなと思う。
　さっちゃん。ごめんな。もう家の事はしなくていいから。遊んでいいよ、遊んで。お菓子もアイスも、いっぱい食べていいから。
2004年6月7日　　御手洗恭二

（『朝日新聞』2004年6月8日）

　もちろんここに答えなどはない。子どもを保護するとは何か。いや子どもとは何かを問う大きな問題がここにはある。あらゆる視点から話し合うことで、皆さんなりの答えを探してみよう。

6章　テレビ時代の子ども文化

1　高度経済成長と遊び空間の変容

1　高度経済成長下の子ども

　高度経済成長期（1955〜1973年）は、国民の生活水準が向上した時代である。テレビをはじめとする耐久消費財（長期間の使用に耐えられる消費財。テレビ・冷蔵庫・自動車など。）が一般家庭にまで普及し、日本人の生活スタイルを変化させた。この変化は、遊びをはじめとする子どもの生活環境にも大きな影響を及ぼした。

　昭和20（1945）年の敗戦から10年、朝鮮戦争の特需もあり日本経済は目覚ましく復興する。昭和31（1956）年の『経済白書』が「もはや戦後ではない」と告げたように、「神武景気」（1954〜1957年）、「岩戸景気」（1958〜1961年）、「オリンピック景気」（1962〜1964年）、「いざなぎ景気」（1965〜1970年）まで、小規模な不況を挟みながらも好景気が続く。

　昭和34（1959）年度の『経済白書』は、「消費革命」という言葉で日本が大量消費時代に入ったことを告げている。翌年には池田勇人内閣の「国民所得倍増計画」により、国民総生産額を10年以内に倍増させることが目標に掲げられた。1960年代には日本の実質国民総生産が年平均10％強で拡大し、昭和43（1968）年には、ついに国民総生産が資本主義国の中でアメリカに次ぐ第2位となり、国民の生活は飛躍的に向上する。

　例えば、人口5万人以上の都市の調査では昭和30（1955）年に約10％にすぎなかった電気洗濯機が、昭和45（1970）年には92.1％にまで普及し、電気冷蔵庫92.6％、白黒テレビ90.0％、電気掃除機75.4％、カラーテレビ30.4％、乗用車22.6％、とめざましく浸透する。当時、庶民の憧れの品であった

表1　従業上の地位別女子就業者数及び割合の推移

〔単位：万、（ ）内%〕

区　分	就業者総数	内訳 自営業主	内訳 家族従業者	内訳 雇用者
昭和35(1960)年	1,807　(100.0)	285　(15.8)	784　(43.4)	738　(40.8)
昭和40(1965)年	1,878　(100.0)	273　(14.5)	692　(36.8)	913　(48.6)
昭和45(1970)年	2,003　(100.0)	285　(14.2)	619　(30.9)	1,096　(54.7)
昭和50(1975)年	1,953　(100.0)	280　(14.3)	501　(25.7)	1,167　(59.8)
昭和55(1980)年	2,142　(100.0)	293　(13.7)	491　(22.9)	1,354　(63.2)
昭和60(1985)年	2,304　(100.0)	288　(12.5)	461　(20.0)	1,548　(67.2)
平成2(1990)年	2,536　(100.0)	271　(10.7)	424　(16.7)	1,834　(72.3)
平成7(1995)年	2,614　(100.0)	234　(9.0)	327　(12.5)	2,048　(78.3)
平成12(2000)年	2,629　(100.0)	204　(7.8)	278　(10.6)	2,140　(81.4)
平成17(2005)年	2,633　(100.0)	166　(6.3)	226　(8.6)	2,229　(84.7)
平成21(2009)年	2,638　(100.0)	150　(5.7)	166　(6.3)	2,311　(87.6)

注1：就業者は従業者と休業者を合わせたもの。
注2：雇用者は会社、団体、官公庁又は自営業主や個人家庭に雇われて給料、賃金を得ている者及び会社、団体の役員。
注3：各年の数値は月平均の値である。総数には不詳を含む。
（総務省統計局「労働力調査年報」日本総合教育研究所編『日本子ども資料年鑑第5巻』KTC中央出版、1996年、及び日本子ども家庭総合研究所編『日本子ども資料年鑑2011』同、2011年）。

　三種の高価な電気製品、いわゆる「三種の神器（テレビ・洗濯機・電気冷蔵庫）」が一般家庭へ普及[1]することで、物質的な豊かさを享受できる生活水準に達したのである。そして一方で戦後の日本国憲法によって実現した男女平等の原理[2]が女性に意識変革をもたらすとともに、他方で家庭用電気器具（家電）の普及により、女性が家事労働にかける時間と労力が軽減し、生活時間にゆとりが生まれ、特に1965年頃から女性の社会進出が増え始めた【表1】。

　豊かさとともに社会全体の所得格差は縮小し、国民は「一億総中流」の意識をもつようになった。また、1955年頃まで4割を占めていた農業人口は激減する。【表2】の通り、第1次産業就業者の比率は1950年に48.6%であ

1　経済企画庁「消費者動向予測調査」による「耐久消費財の普及状況」（人口5万人以上の都市調査）伊藤正直・新田太郎監修『昭和の時代』小学館、2005年、38頁。
2　男女の性別による法的社会的な差別の否定（憲法第24条〔家族生活における個人の尊厳と両性の平等〕）。

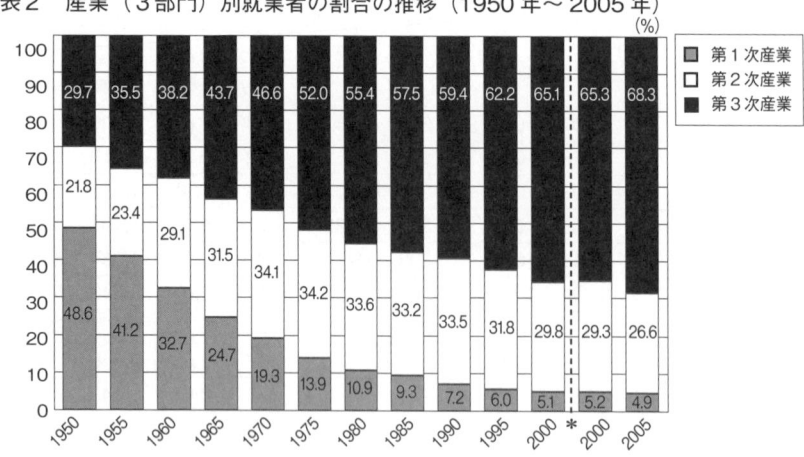

表2　産業（3部門）別就業者の割合の推移（1950年～2005年）

年	第1次産業	第2次産業	第3次産業
1950	48.6	21.8	29.7
1955	41.2	23.4	35.5
1960	32.7	29.1	38.2
1965	24.7	31.5	43.7
1970	19.3	34.1	46.6
1975	13.9	34.2	52.0
1980	10.9	33.6	55.4
1985	9.3	33.2	57.5
1990	7.2	33.5	59.4
1995	6.0	31.8	62.2
2000	5.1	29.8	65.1
2000*	5.2	29.3	65.3
2005	4.9	26.6	68.3

注1：第1次産業は農業、林業、漁業、第2次産業は鉱業、建設業、製造業、第3次産業は電気・ガス・熱供給・水道業、運輸・通信業、卸売・小売業、飲食店、金融・保険業、不動産業、サービス業、公務（他に分類されないもの）。
注2：＊印以降は2005年産業分類に組み替えて集計した。
（総務省統計局ホームページ国勢調査e-ガイド〈http://www.stat.go.jp/data/kokusei/2010/kouhou/useful/u18.htm〉）

ったが、大阪万博が開かれた1970年には19.3％と大幅に減っている。一方、第2次産業就業者の比率は、同期間に21.8％から34.1％へと増加した。1975年になると第3次産業就業者の比率が52.0％と全体の半数を超えるようになった。

　第1次ベビーブーム期（1947～1949年）には年間の出生数が約270万人、期間合計特殊出生率4.3以上の値を示していたが、昭和25（1950）年以降急激に減少し、昭和28（1953）年には出生数約187万人、合計特殊出生率は2.69となる。第2次ベビーブーム期（1971～1974年）を含めほぼ2.1台で推移しながら、昭和50（1975）年には1.91まで下がった。この傾向とともに夫婦と子ども二人が標準世帯となるなど核家族化が進み学歴志向が高まり、受験競争が過熱し、子どもの将来のために勉強や受験を最優先に考える「教育ママ」が出現した。つまり、明治後期から大正期に都市部の新中間層を中心におこった現象が大衆化したのである。

　国分一太郎[3]は、高度経済成長によって子ども時代が変化したと指摘して

いる。

　　いまの子どもたちは、動植物と同じ仲間である「ヤバンな時期」を、ついに失ってしまった。子ども時代の特権である「ひまな時代」を持つことを許されなくなってしまった。ちょっとふりかえれば、子どもにとってそれが不幸であるぐらいなことは、大人にはよくわかるはずなのに、おとなどもが「ヤバンな時代」と「ひまな時代」を子どもたちからうばいとってしまった[4]。

　農耕型の社会では、子どもは「共同生活者」として普段から労働と生活の実際にふれ、通過儀礼や共同体の行事を通して一人前に育っていった（2章）。しかし工業地域に産業が集まり都市や郊外へ人が移り住み、核家族化が進行すると、親族や近隣との密接なつながりが希薄になる。都市化にともなう職住分離によって、子どもは「親とともに共同して営む〈暮らし〉から徐々に排除」され、学校などの「子どもだけの制度化された空間に次第に取り」こまれ[5]、「未熟な」子どもとして保護と教育の対象となる（3章）。
　戦後の高度成長期になると、生活向上のための主婦就労が増えたことと、核家族化の進行とが互いに影響し合って、「カギッ子」[6]が増加する。これは昭和38（1963）年頃からマスコミで使われるようになった言葉で、共働きで両親の帰宅が遅く、子どもが学校から帰ったときに家に人がいないため、玄関の鍵をもち歩く子どもをさす俗称であった。家族が帰宅するまで子どもだけで過ごすことは、大人の目が届かず問題があると考えられていた[7]。

3　国分一太郎（明治44[1911]年〜昭和60[1985]年）　山形県に生まれる。教育実践家。山形県師範学校卒業後、教職生活を経て新日本文学会幹事を務めた。
4　国分一太郎『しなやかさというたからもの』（昌文館、1973年）195頁。
5　高橋勝・下山田裕彦編著『子どもの〈暮らし〉の社会史　子どもの戦後50年』（川島書店、1995年）4〜5頁。
6　1971年の『厚生白書』では「留守家庭児童」という用語が用いられている。1969年の厚生省調査「全国家庭児童調査」によれば小学生109万人、中学生374万人がカギッ子と推定された。
7　木田邦治「カギッ子」石川弘義他編『大衆文化辞典』（弘文堂、1994年）。

大量消費とマスコミ文化の時代に育った第２次世界大戦後生まれの子どもは、「新しい価値観を身につけた子どもとして成長」[8]していったという。戦前・戦中生まれの大人とは異なる感覚を持つマスコミ時代の子どもたちを、小学校教師であった阿部進は、「映像に強く、金銭感覚を身につけてがめつく、自己主張のできる自主性を持ち、変わり身が早く、資本主義を生き抜く条件を備え」た「現代っ子」であると表現した[9]。

表3　道路交通事故（昭和10年～平成22年）

年　次(年)	事故件数	死者数(人)	負傷者数(人)
昭和10(1935)年	66,415	3,549	49,227
昭和15(1940)年	30,777	3,241	26,412
昭和20(1945)年	8,706	3,365	9,094
昭和25(1950)年	33,212	4,202	25,450
昭和30(1955)年	93,981	6,379	76,501
昭和35(1960)年	449,917	12,055	289,156
昭和45(1970)年	718,080	16,765	981,096
昭和55(1980)年	476,677	8,760	598,719
平成 2(1990)年	643,097	11,227	790,295
平成12(2000)年	931,934	9,066	1,155,697
平成22(2010)年	725,773	4,863	896,208

注1：昭和45年以前は沖縄県を除く。
注2：昭和30年以前は、軽微な被害（8日未満の負傷、2万円以下の物的損害）事故を除く。昭和45年以降は物損事故を除く。
（警察庁交通局「交通事故統計年報」「交通統計」）

2　遊び環境の変化——空き地・原っぱ・道からの追放
（1）奪われた子どもの自然

経済成長の影響は、子どもの遊びの環境にも現れる。都市の過密化により空き地や原っぱなどの遊び場が減少し、道路網の整備と自動車の増加により子どもの行動が制限されるようになった。交通事故の死者が増え、昭和35（1960）年には、交通事故による死者が１万２千人を越えた【表3】。「交通

8　野垣義行編〈日本子どもの歴史7〉『現代の子ども』（第一法規、1977年）75頁。
9　阿部進『現代子ども気質』（新評論、1961年）、『現代っ子採点法』（三一新書、1962年）など。阿部の主張は当時、賛否両論を呼んだ。後に高山英男は『現代教育科学』（1976年）で「①テレビ、漫画などのマス映像文化が子どもの思考様式や想像力に与えた役割、②大衆消費文化の中の子どもの価値観や消費エネルギーの変化、③大人文化とは異質な子どものウラ文化世界の意味などについて重要な問題提起」をしていたと指摘した。

戦争」という言葉が生まれ、日本は車社会に突入していった。明治44（1911）年生まれの国分一太郎は、昭和48（1973）年に出版した『しなやかさというたからもの』の前書きで次のように記している。

図1　草で作ったお面をかぶる子ども

〔名取洋之助　1955年撮影〕

> あそびは、こどもの真面目であった。（中略）この真面目としてのあそびは、自然とともにあった。こどものからだとともにあった。そして、なかまとともにあった。あそびは、こどもを、すこやかにした。かしこくした。しなやかにした。なぜ、「あそび」を、このように、ほめたたえるみたいにいうか。いまのこどものあそび、そのあそびのすくなさ、あそぶにもあそばれなくされていることに、かなしみといかりをおぼえるからだ。その不幸にあわれを感じているからだ[10]。

　これは経済成長期によって日本の子どもの生活から失われたものを嘆く、国分の思いを述べたものである。「真面目としてのあそびは、自然とともにあった」というほど、かつて自然は子どもの遊びと強く結びついていた【図1】。

　一例をあげると、昭和19（1944）年に出版された前田勇[11]の『児戯叢考』（弘文社）には、四季折々の自然に深く関わり自分たちの手で遊びを作りあげ、伝え合っていく子どもの姿が紹介されている。子どもたちは、スミレ・オオバコ・ヒジワをそれぞれの植物名ではなく、どれも「すもとりぐさ」と呼んでいた。「スミレは春、オオバコは夏、ヒジワは秋と云う風に季節が順序よく咲いてくれたから」、子どもたちにとって、それらはすべて草を戦わせて

10　『しなやかさというたからもの』（昌文館、1973年）10頁。
11　前田勇（明治41［1908］年～昭和47［1972］年）大分県中津市生まれ。大阪第一師範学校を経て新制大学の発足と同時に大阪学芸大学教授（現大阪教育大学）を務めた。大阪方言の研究、上方語の史的研究、近世語研究において大きな業績を残した。

遊ぶ、いわゆる「草相撲」遊びに使う「すもとりぐさ」であった[12]。

　四季折々の自然に幼い身体と感性を響かせながら子どもたちがつけた呼び名の巧みさ、動植物の姿や動きから遊びを考案する様は、まさしく大人に管理されない子どもの世界であった。子どもが体ごと自然空間に包まれて、群れて遊ぶ。そこには文化の伝承と、子どもの自由な発想を創造的に展開できる〈空間・時間・仲間〉が存在していたのである。

　児童文化研究者の富田博之は、高度経済成長下の子どもの生活に最も大きな影響を及ぼしたものとして、テレビと自動車をあげている。自動車の便利さは、子どもや若者の体を弱体化させただけでなく、「道路をのびのびと歩いたり走ったり、そこで遊んだりする自由をうばうことによって、自動車事故などよりも、もっともっと巨大な力で、子どものからだをむしばみつつあるといってよいだろう」と警告し、車社会が出現したことで、子どもにとっての「自然」が奪われたと指摘した[13]【図2】【図3】。

図2　交通安全教室

(『写真・絵画集成　日本の子どもたち──近現代を生きる4　21世紀にむけて』歴史教育者協議会編纂、日本図書センター、1996年、41頁)

図3　道路は危険

(〔井上孝治　1956年〕日本写真家協会編『日本の子ども60年』新潮社、2005年)

12　前田勇『児戯叢考』(弘文社、1944年) 81頁。
13　野垣義行編〈日本子どもの歴史7〉『現代の子ども』(第一法規、1977年) 81～82頁。

表4 阿倍野小学校校区における遊び空間の面積比較

場　所	年　代	昭和30年頃	昭和49年現在
遊び場	あき地（原っぱ）	12カ所／9,572㎡	なし
	児童公園	2カ所／2,464㎡	2カ所／3,097㎡
	児童施設	なし	児童館／355㎡
	運動場	西運と分校／4,300㎡	西運開放／3,450㎡
計		16,336㎡	6902㎡
遊び場にならない オープンスペース		8カ所／7,225㎡	3カ所／2,012㎡

注1：西運とは西運動場のこと。
注2：計には遊び場にならないオープンスペース（畑、資材置場、乳牛飼育場など）を除く。
（藤本浩之輔『子どもの遊び空間』日本放送出版協会、1974年）

（2）遊び空間の減少

このような遊び環境の変化を具体的に見てみよう。1960年代以降、経済成長とともに子どもは空き地や原っぱ、路地裏など〈自由に遊べる空間〉を奪われていく。

昭和49（1974）年に藤本浩之輔が大阪市の阿倍野小学校校区における遊び空間の変化を調査したところ、昭和30年頃に16,336㎡あった遊び場は、昭和49年には6,902㎡と大幅に減少していた【表4】。

かつて子どもたちは道路（地道）で遊び、校区外の公園や空き地、山、池、神社などへもしばしば遠征して遊んでいた。だが、調査時には車が走行する舗装道路は、遊び場としてほとんど利用されなくなり、交通事故や誘拐のような事件を心配して、家庭や学校でも校区外へ出ることを禁止するようになったという[14]。

また同調査によれば、小学生（昭和48年当時）とその親の子ども時代の遊び場を比較してみると、親世代では空き地や道路が男女ともに群を抜いているのに比べて、小学生は友だちの家や家の中、公園が中心的な遊び場になっている【表5】。遊び空間が屋外から屋内へと移っていく背景には、経済成長によるビルや道路の建設ラッシュや宅地の造成など、大人たちによって子

14　藤本浩之輔『こどもの遊び空間』（日本放送出版協会、1974年）。

表5 両親の子ども時代と子どもの遊び場比較

父親と男の子

場　所	父　親 （97名）	男の子 （73名）
あき地（原っぱ）	79.4%	2.7%
道　　　　路	72.2	27.4
公　　　　園	18.6	30.1
友　だ　ち　の　家	14.4	52.1
家　の　中	11.3	61.6
運　動　場	9.3	23.2
家　の　庭	4.1	9.6
商　店　街	1.0	4.1
児童館（児童施設）	1.0	13.7

母親と女の子

場　所	母　親 （94名）	女の子 （97名）
あき地（原っぱ）	70.2%	0%
道　　　　路	69.2	15.5
公　　　　園	34.0	62.9
友　だ　ち　の　家	30.9	56.7
家　の　中	20.2	15.5
運　動　場	17.0	28.9
家　の　庭	6.4	10.3
商　店　街	0	1.0
児童館（児童施設）	0	8.2

注1：調査時期は、昭和48年11月中旬。
注2：父親の平均年齢は40歳、母親の平均年齢は36歳。
（藤本浩之輔『子どもの遊び空間』日本放送出版協会、1974年）

どもの遊び場が奪われたことにある。

　遊び空間の減少は、昭和40（1965）年に全国社会福祉協議会が全国200都市を抽出して行った「子どもの遊び場充足調査」にもはっきりと表れている。この調査によると、200都市の平均遊び場面積が、0歳から14歳までの子ども一人当り2.82㎡、そのうちの68都市は一人当り0.45㎡しかなかったという。このように子どもが安心して遊ぶことの空間を確保するために、児童公園や児童遊園をつくることが急務となっていくのである。

　児童公園は、児童が利用することを主な目的として設置される都市公園であり、現在は街区公園[15]と呼ばれる。児童遊園は、『児童福祉法』に基づく児童館とならぶ児童厚生施設の一つで、『都市公園法』による児童公園の補完的な役割をもち、主として幼児及び小学校低学年の学童の利用を対象としている。高度経済成長期は、幼児や小学生たちの遊び場として住宅や工場密集地、繁華街など遊ぶ環境に恵まれない地域に優先的に設置されていった[16]。

　例えば、大阪市の場合、昭和40（1965）年までは公園の増加はほとんど見

15　1993年の都市公園法施行令改正で、少子高齢化社会の進展にともなう高齢者の利用にも配慮して、法律の種別条「街区公園」に変更され、すべり台・砂場・ブランコの設置義務も廃止された。

られず、一人当りの面積は 1.01 m²であったが、昭和 45（1970）年に 1.43 m²、昭和 48（1973）年には 1.63 m²と増加するなど、減少する子どもの遊び場を確保するために児童公園、児童遊園は一定の役割を果たしたのである。

（3） 遊び空間と遊びの変化

遊び空間の変化は、当然子どもの遊び方にも影響する。昭和 48 年当時の小学生と親世代の遊び内容を比べると、小学生ではゲーム・テレビ・本読み・模型遊び・手芸のように親世代では見られなかった遊びも登場し、室内での遊びが増えていることがわかる【表6】。

遊び環境の調査を横浜で行った仙田満は、子どもたちの遊ぶ自然として「最後に残っている緑は、神社、お寺、そしてお墓である」と報告している[17]。横浜の斜面緑地は、1970 年頃約 9500 ヘクタール、84 年には約 6000 ヘクタール、89 年には約 3800 ヘクタールまで減少していた。

表6　帰宅してからの遊び　（単位=％）

	父親の小学校時代		小4男子	
1	ビー玉	42	野球	25
2	こままわし	42	ボール遊び	23
3	ぺったん（めんこ）	41	キャッチボール	19
4	野球	35	ゲーム	11
5	トンボとり	28	本読み	8
6	竹馬	21	自転車のり	8
7	かんけり	20	テレビ	7
8	兵隊ごっこ	13	模型遊び	7
9	かくれんぼ	13	ピンポン	7
10	魚つり	11	かくれんぼ	7

	母親の小学校時代		小4女子	
1	なわとび	64	ゴムとび	41
2	かくれんぼ	39	トランプ	17
3	ゴムとび	38	なわとび	17
4	お手玉	36	本読み	15
5	ドッジボール	30	バレーボール	13
6	けんぱ	30	ボール遊び	12
7	おにごっこ	28	ゲーム	9
8	かんけり	26	おにごっこ	9
9	おはしき	23	手芸	8
10	まりつき	22	竹馬	7

注1：「本読み」はマンガを含む。
注2：調査時期は、昭和 48 年 11 月中旬。
注3：両親、子ども男女の母数は表5と同様。
注4：数値は、よくやった（父母）、よくやっている（子ども）と答えた人の比率。
（藤本浩之輔『子どもの遊び空間』日本放送出版協会、1974 年）

16　児童に健全な遊びを与え、健康を増進し、情操を豊かにすることを目的とした屋外型の児童厚生施設。昭和 47 年版『厚生白書』によれば、国内児童遊園の数は 1972 年 4 月の時点で計 3,640 カ所（公立 3,382 カ所、私立 258 カ所）。幼児などが手軽に利用できる小規模な遊び場が 29,160 カ所であった。1982 年の 4,456 カ所をピークに減少傾向にある。
17　仙田満『子どもとあそび――環境建築家の目』岩波新書、1992 年、161, 163 頁。

図4　横浜におけるあそび空間量の比較

スペース＼自宅からの距離	1955年頃 ~250	230~	500	500~1000	1000~	計	1975年頃 ~250	230~	500	500~1000	1000~	計
自　　然						162,830㎡						2,000㎡
オープン						37,460㎡						8,230㎡
道						1,390㎡						390㎡
アナーキー						10,880㎡						20㎡
アジト						0.9個						0.1個

図5　横浜市におけるあそび空間量（1974~90年代）

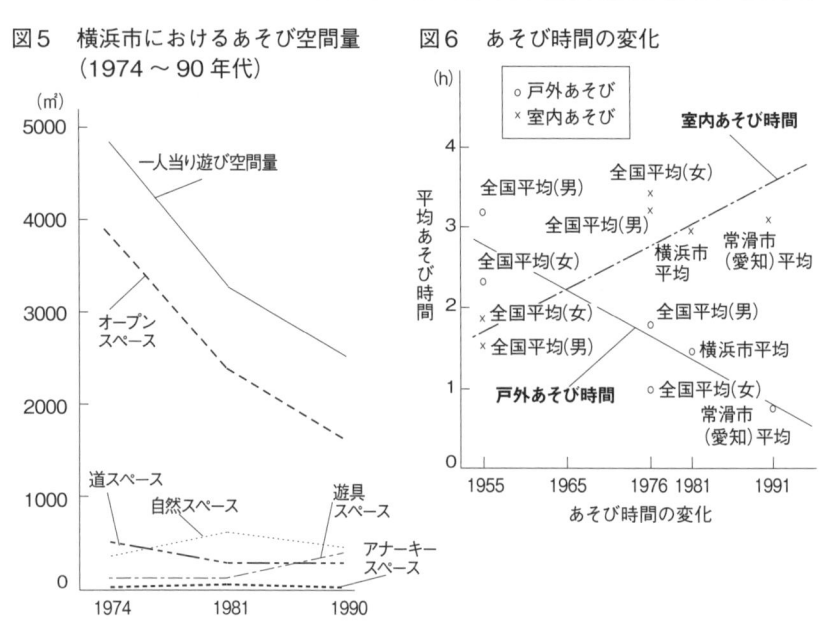

図6　あそび時間の変化

（図4~6・仙田満『子どもとあそび』岩波書店、1992年）

　同氏が遊び空間を、6つのカテゴリー[18]に分けてその変化を調べた結果、1955年頃は子どもたちが自宅の近くにたくさんの遊び場をもち、それらが相互につながっていたが、1975年頃には遊び空間が縮小していた【図4】。昭和49（1974）年から平成2（1990）年の16年間に、一人当りの遊び空間量がほぼ半減している【図5】。かつての空き地や原っぱのような総合的空

間（鬼ごっこ・虫取り・缶けり・木登り・ボール遊びなどの多様な遊びを展開できる自由な遊び場）が失われ、外遊びの時間は短くなり始める。1965年頃には室内遊びの時間が外遊び時間を上回り、以降、外遊びの時間は減少の一途をたどっていくのである【図6】。

　以上のように、高度経済成長は物質的な豊かさを生活にもたらした一方で、子どもの遊びを窮屈なものにしてしまった。冷蔵庫、洗濯機、掃除機、テレビなどの電化製品や自家用自動車など、所得の増加ともに生活水準は向上し、便利な商品を手にできるようになった。だが、その一方で大規模な産業化と都市化によって大気や水が汚染され、公害が発生するなど生活環境が悪化するとともに、住宅問題、交通問題などの弊害が生じ、原っぱや空き地のような子どもの自由な遊び空間は減少した。しかも学歴競争が一般化すると、放課後の自由な時間を塾やお稽古事に充てることで遊び時間が減り、遊び集団は異年齢集団から同年齢集団へと移行しながら少人数化していったのである。

　社会や経済環境の変化は、子どもの遊びにも大きく影響している。その意味で、子どもの遊び文化はその時代の社会構造をうつしだしている、といえるのである。

2　テレビに惹かれる子どもたち

1　テレビの普及——家庭に届く映像情報

　高度経済成長期の子どもの生活を一変させたのは、一般家庭へのテレビの普及であった。それは子どもたちに新しい文化を届けたのである。テレビは、映像を主媒体とする放送メディアである。音声と音響を伴う画像によって情報を送信し、短時間のうちに同時に広く伝達する性質をもつ。新聞や雑誌のような活字メディアが要求する読解能力に比べて、テレビは簡単な操作で誰でも同じ情報を得ることができるため、「家庭においては、子供に対する親

18　同上書において仙田は、子どもの遊び空間は6つの原空間（自然スペース、オープンスペース、道スペース、アジトスペース、アナーキースペース、遊具スペース）からなり、子どもが十分遊ぶためには少なくとも3つの空間が必要であることを指摘した。

の情報統制力が著しく弱ま」り、「幼児の段階から、テレビを通して大人の世界を見てしまう」[19] 状況が生まれる。

図7　街頭テレビの前を埋めた群衆

（NHK放送文化研究所監修『放送の20世紀』NHK出版、2002年、118頁）

まずは、日本におけるテレビ普及の過程をたどってみよう。昭和28（1953）年、日本でテレビ放送が始まった。2月1日にNHK、同年8月28日に日本テレビが開局してテレビ時代の幕が開いた。しかし、テレビ受像機は大変高価であったため庶民には高嶺の花であり、受信契約台数は同年8月時点で3600台程度であった[20]。そのような状況の中、正力松太郎（当時の日本テレビ社長）は日本テレビ開局と同時に、テレビ普及の切り札として都内と近郊の人通りが多い往来53か所に街頭テレビを設置した。プロレス、相撲、野球などのスポーツ中継に人びとは熱狂し、街頭テレビを通してテレビの認知度が上がっていった【図7】。

昭和34（1959）年に、北海道、東北、北陸、中国、四国、九州の地方民間テレビ局が開局し、日本教育テレビ（NET）、フジテレビも発足してテレビの全国ネットワークができあがる。昭和34（1959）年の皇太子（現・天皇）ご成婚パレード（4月10日）が実況中継されたことを契機として、テレビが家庭に急速に普及し始めた。昭和33（1958）年5月に100万件を超えた受信契約数は、皇太子の結婚式1週間前（4月3日）に200万件を突破した[21]。

家庭にテレビがない人たちは、テレビ放送を見るために電気店の店先や食

19　藤竹暁「テレビジョン」見田宗介他編『社会学事典』（弘文堂、1994年）。
20　サラリーマンの平均月収が1万5千円の時代に、国産14型テレビの価格は17万5千円と、テレビは高嶺の花であった。昭和37（1962）年には14型で5万8千円程度のテレビが売りだされるようになった（伊藤正直・新田太郎監修『昭和の時代』小学館、2005年）。
21　伊豫田康弘他『テレビ史ハンドブック改訂増補版』（自由国民社、1998年）。

堂、商店、テレビのある近所の家に集まって番組に見入った。テレビが見られる場所を求めて渡り歩く人たちの姿は、「テレビ・ジプシー」と称された。

昭和35 (1960) 年からカラー放送が始まった。カラーテレビは、昭和39 (1964) 年東京オリンピック当時でも20万円以上と高値であった。昭和45 (1970) 年の大阪万博の年に初めて10万円を切る価格で発売され、1000万台を突破、本格的に普及し始めた。

番組は、1950年代末まで昼と晩の時間帯だけ放映されていたが、1960年代に入ると朝から夜まで全日放映されるようになる（巻末資料3「1953年テレビ放送開始番組表」参照）。昭和37 (1962) 年には受信契約数が1000万件を超え、普及率は全世帯の48.5％に達した[22]。

テレビは高齢者や乳幼児を抱える母親には「社会と家庭をつなぐ架け橋の役割を果たし」、労働に疲れて帰った人には「明日への活力を与えると同時に、家族団欒の潤滑油の役割を果たしているという意味で貴重なメディア」であり、各ライフ・ステージによってテレビのもつ意味は異なっていた[23]。茶の間に置かれたテレビは、娯楽と教養を家庭に届けるメディアとして、一家団欒を担う存在になったのである。

テレビ局から提供された番組を放送時間に見る受像機として機能していたテレビは、昭和50 (1975) 年に「ベータマックス」、翌年に「VHS」といった家庭用ビデオが立て続けに売り出され、放送を録画して視聴できる装置になった[24]。さらに、映画や懐かしい番組がビデオソフトとして売り出され、テレビモニターで、好きな時に見たいものを視聴できる楽しみが生まれた。一方で、テレビによって都市と農村の情報格差が縮まり、各地域の話題やポピュラーカルチャーなどの均一化が進んだ。

---

22 1967年になると受信契約数は2000万件を突破。1985年3150万9千件、1990年3354万3千件（衛星契約2358千件を含む）、2008年3820万2千件（衛星契約13999千件を含む）となった（総務省「情報通信白書」、日本放送協会「放送受信契約数統計要覧」）。
23 深谷昌志『孤立化する子どもたち』（日本放送協会、1983年）57頁。
24 技術の進歩とともにレーザーディスク、DVD、ブルーレイ、ハードディスクなどの家庭用録画・再生機器が備えられている。放送番組の視聴、録画と再生による視聴に加えて、現在ではテレビゲーム用のモニターとしてもテレビが活用されている。

現在では、多くの放送局からニュース、教養番組、ドラマ、アニメ、歌謡番組、ドキュメンタリー、バラエティなど多彩な番組が昼夜を問わず放映されている。衛星放送、ハイビジョン放送、CG（Computer Graphics）映像技術に加えてデジタル技術の進歩は目覚ましい。平成22（2010）年から3D（3次元）対応テレビが国内で販売され、テレビが送り出す臨場性はますます高まっている。平成23（2011）年7月24日に、東日本大震災で災害を受けた岩手、宮城、福島県を除く全国でアナログ放送が終了し、地上デジタル放送へ移行した。

私たちはテレビを通じて、普段の生活では出合いにくい事象──ミクロの世界、遠く離れた国に生きる人びとの生活、宇宙の様子、深海の生き物の生態や時空を超えた仮想世界なども美しく鮮明な画像で見られるようになった。テレビ番組は見る者の感動や教養につながり、世界を広げる役割を果たしているといえよう。

テレビは、インターネット回線を使用することにより、番組視聴、録画、再生機能の範囲を超え、情報収集や双方向通信など多機能化し、その可能性を広げている[25]。

2　子どものテレビ視聴と大人の心配

では、テレビは子どもにどのような影響を与えたのだろうか。昭和30（1955）年に小学3年生（長野県大町小学校）の男の子が書いた、「テレビ」という詩を紹介する[26]。

テレビ
テレビがはいった。／むねがわくわくだ。／早く見たい。／らんぼうな字で／しくだい（しゅくだい）をやった。／ばあちゃん帰って来たら／おど

---

[25] 例えば、NHKでは2008年から「オンデマンド」サービスの提供が始まっている。これはインターネット回線に接続されたテレビやパソコンで、見逃した番組や懐かしい番組をいつでも見られるサービスである。そこでは1960年代以降の子ども向け番組もラインナップされ、親が子どもの頃に見た番組を、世代を超えて楽しむことができる。
[26] 『親から子に伝えたい昭和の子どもたち』（学習研究社、1986年）213頁。

ろくだろうなあ。／おちついて／しくだいなんかやってられない。／口から歌が／とびでそうだ。

家にテレビが届けられた日の、ワクワクしてじっとしていられない気持ちが伝わってくる。「昭和28年ごろから33、4年ごろまでは、テレビとラジオの併存の時期で、両方とも、子どもにとってはなくてはならないもの」[27]であった。ところが、家庭にテレビが普及し始め子ども向けの番組が増えると、子どもは決まった時間に番組を視聴するようになり、子どもの生活のリズムや話題にテレビの存在が浮上していく【図8】。

図8 テレビに釘づけ

（『写真・絵画集成 日本の子どもたち——近現代を生きる3 廃墟からの出発』歴史教育者協議会編纂、日本図書センター、1996年）

テレビの草創期に茶の間の幼児を惹きつけたのは、野菜や果物を擬人化した連続人形劇「チロリン村とくるみの木」（NHK、1956～1964年）であった。チロリン村で起きる大人たちの争いや問題を、野菜族と果物族の子どもたちが協力して解決していくこの物語は、ストーリーの面白さと親しみやすいキャラクターの斬新さで、子どもだけでなく大人にも好評を得た。そのあとを受けて放送された人形劇「ひょっこりひょうたん島」（NHK、1964～1969年）も、自由奔放で個性的なキャラクターたちの動きとセリフ、奇想天外なドラマの運びが子どもの心をとらえ、夕方の放送時間帯であったにもかかわらず、平均20％台、最高40％の視聴率を記録した[28]。

昭和38（1963）年には、国産テレビアニメ第一号となる「鉄腕アトム」（手

---

27 野垣義行編〈日本子どもの歴史7〉『現代の子ども』（第一法規、1977年）72頁。
28 「♪なーみをチャプチャプチャプチャプかきわけて……」で始まるリズミカルなテーマソングは、大人になっても歌えるほど心に深く刻まれている。2003年に「モーニング娘。」がカバーしたこのテーマソングは、21世紀の子どもたちにも新しい歌として受け入れられた。

塚治虫原作、虫プロ製作）を皮切りに「鉄人28号」「狼少年ケン」「エイトマン」、昭和41（1966）年には女の子が主人公となる「魔法使いサリー」（横山光輝原作）が放送され、子どもたちは毎週決まった時間に放送されるテレビアニメを心待ちにした。テレビを通して日本各地の子どもたちに人形劇やアニメーションなどの番組が届けられ、それがその時代の子どもたちの共有体験となり、思い出となっていく。

深谷昌志は、昭和55（1980）年の調査結果から当時の子どもたちがテレビと関わることで「音感が秀れ」「表情豊かに話せる」ようになってきて

表7　好きな番組、嫌いな番組（上位3番組のみ）
(%)

	1 位	2 位	3 位
おもしろい番組	8時だヨ／全員集合(16.6)	漫才番組(10.0)	ドラえもん(8.9)
大好きな番組	ザ・ベストテン(17.7)	つりキチ三平(7.6)	3年B組金八先生(5.4)
気晴らしになる番組	漫才番組(13.0)	ザ・ベストテン(7.6)	ドラえもん(7.1)
だいきらいな番組	ニュース(25.2)	教育番組(8.7)	8時だヨ／全員集合(8.1)
ためになる番組	ニュース(39.3)	教育番組(19.5)	ウルトラアイ(10.8)
勉強に役立つ番組	教育番組(54.3)	ニュース(19.5)	ウルトラアイ(7.6)
お母さんがいやな顔をする番組	8時だヨ／全員集合(38.2)	マンガ(13.0)	プロレス(10.0)
お母さんがすすめる番組	ニュース(33.9)	教育番組(14.3)	3年B組金八先生(7.7)

（深谷昌志『孤立化する子どもたち』日本放送出版協会、1983年）

いると分析し、人格形成や発達に貢献するテレビの一面を示唆しながら、子どもが気晴らしや休息の対象として見る番組が人格形成に与える影響を考える必要性も指摘した[29]。深谷の調査による子どもの「好きな番組、きらいな番組」を見ると、子ども自身の「おもしろい番組」は、1位「8時だヨ！全員集合」(16.6%)、2位「漫才番組」(10.0%)、3位「ドラえもん」(8.9%) である。「お母さんがすすめる番組」の第1位は「ニュース」(33.9%)、2位「教育番組」(14.3%)、3位「3年B組金八先生」(7.7%)。「お母さんがいやな顔をする番組」は、1位「8時だヨ！全員集合」(38.2%)、2位「マンガ」(13.0

29　前掲『孤立化する子どもたち』57頁。

図9 子どもがテレビを見る理由

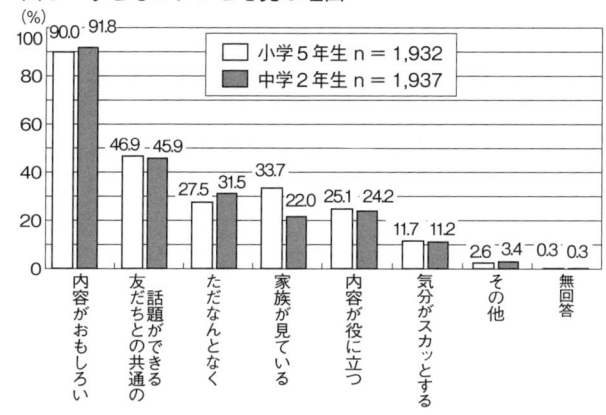

小学5年生 n = 1,932
中学2年生 n = 1,937

- 内容がおもしろい: 90.0 / 91.8
- 友だちとの共通の話題ができる: 46.9 / 45.9
- ただなんとなく: 27.5 / 31.5
- 家族が見ている: 33.7 / 22.0
- 内容が役に立つ: 25.1 / 24.2
- 気分がスカッとする: 11.7 / 11.2
- その他: 2.6 / 3.4
- 無回答: 0.3 / 0.3

【子】問6 あなたは、どのような理由でテレビ（ビデオ・DVD・携帯電話ワンセグを含む）を見ていますか。（○は3つまで）

図10 保護者として期待するテレビの役割

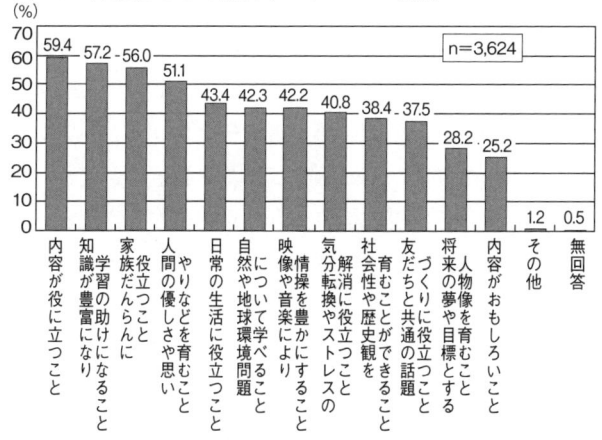

n=3,624

- 内容が役に立つこと: 59.4
- 知識が豊富になり学習の助けになること: 57.2
- 家族だんらんに役立つこと: 56.0
- 人間の優しさや思いやりなどを育むこと: 51.1
- 日常の生活に役立つこと: 43.4
- 自然や地球環境問題について学べること: 42.3
- 映像や音楽により情操を豊かにすること: 42.2
- 気分転換やストレス解消に役立つこと: 40.8
- 社会性や歴史観の育成に役立つこと: 38.4
- 友だちと共通の話題ができること: 37.5
- 将来の夢や目標とする人物像を育むこと: 28.2
- 内容がおもしろいこと: 25.2
- その他: 1.2
- 無回答: 0.5

【保】問4 あなたは保護者として、子どもの教育という点から、テレビにはどのような役割や内容を期待しますか。（○はいくつでも）

（図9、10・日本PTA全国協議会「H21年度マスメディアに関するアンケート　子どもとメディアに関する意識調査」）

%)、3位「プロレス」(10.0％) であった。子どもが見たい番組と大人が見せたい番組は異なっている[30]【表7】。

　テレビ視聴に対する大人と子どもの意識のズレは、現代の親子にも当てはまる。日本PTA全国協議会の「平成21年度子どもとメディアに関する意識調査」によれば、番組内容の面白さや友達と共通の話題ができることをテ

30　1980年の調査。前掲『孤立化する子どもたち』56頁。

レビ視聴の理由にあげる子どもに対して、親たちは面白さより「内容が役立つこと」「知識が豊富になり学習の助けになること」「家族だんらん」を期待している[31]【図9】【図10】。この調査の親世代は「8時だヨ！全員集合」や「オレたちひょうきん族」を面白がって見ていた、かつての子どもたちである。大人の見せたい番組と子どもが面白いと感じるものは一致しないことを、自らの子ども体験で知っているのだが、親の立場になればかつての親と同じようにわが子への悪影響を心配する。

汚い言葉を使う、ふざけ半分で暴力的な行為をする、人権を侵害するような態度や発言で笑いをとろうとする番組には、大人たちから批判が寄せられる。このような番組を大人自身は娯楽番組として楽しんで見ていても、これから成長する子どもには見てほしくないと思っている。

番組内容が子どもに悪影響を与える心配に加え、映像表現が子どもの身体に及ぼす作用も見過ごせない。テレビアニメの映像表現に一石を投じる契機となったのは、平成9（1997）年12月16日、人気アニメ「ポケットモンスター」を見て気分が悪くなる子どもが続出した「ポケモンショック」である。「ポケモンパニック」「ポケモン騒動」などとも呼ばれるこの事件が起きた放送内容は、主人公たちがコンピューター内部に入り込んで事件を解決するストーリーであったため、コンピューター内の世界をストロボやフラッシュなど激しい光の点滅で表現していた。放送直後、頭痛や吐き気など体調不良を訴える視聴者が病院に搬送された。この原因は、一つには断続的に繰り返される光の点滅を見たことによって光過敏性発作症が引き起こされたためといわれている。また、暗い部屋やテレビ画面の近くで視聴していたことも原因にあげられている。

「幼児の生活アンケート」（ベネッセ次世代育成研究所）[32]によれば、電子メディアを一人で操作できる割合は、3歳児では、テレビ67.9％、ビデオ・DVD・HDRが38.5％。6歳児では、テレビ96.2％、ビデオ・DVD・HDR

31　日本PTA全国協議会「平成21年度マスメディアに関するアンケート調査　子どもとメディアに関する意識調査　調査結果報告書」。
32　ベネッセ次世代育成研究所「第4回　幼児の生活アンケート　速報版」2010年。

図11　子どもの年齢別に見る電子メディアを一人で操作できる比率

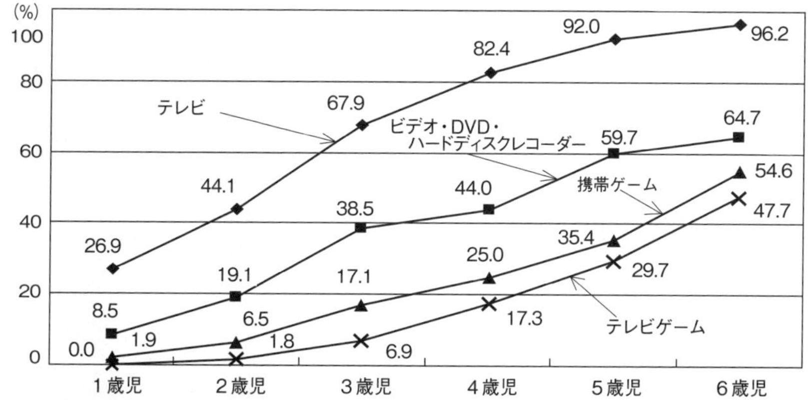

```
              1歳児    2歳児    3歳児    4歳児    5歳児    6歳児
テレビ         26.9    44.1    67.9    82.4    92.0    96.2
ビデオ・DVD・
ハードディスクレコーダー
               8.5    19.1    38.5    44.0    59.7    64.7
携帯ゲーム      0.0     1.8     6.9    17.3    29.7    47.7
テレビゲーム    1.9     6.5    17.1    25.0    35.4    54.6
```

注1：複数回答
注2：1歳児は、1歳6カ月〜1歳11カ月。
（ベネッセ次世代育成研究所「第4回　幼児の生活アンケート」(速報版) 2010年9月2日〈www.benesse.co.jp/jisedaiken/〉）

で 64.7％、テレビゲームが 47.7％であった。幼い子どもでも容易に操作できるテレビは、子どもの日常生活に娯楽を届ける最も親しみやすいツールとなっている【図11】。

　以上のように、テレビ時代に育ち子育て世代となった現代の大人も、テレビ興隆期の大人同様、情報・教養・娯楽を提供するテレビの利便性を認めながらも、長時間視聴や番組内容が子どもの身体発達や価値観の形成に与える影響を心配し続けている。

　ここに見られる親の子に対する思いは、高学歴化社会にあって健やかなる子の成長を願うこと以上に、むしろ社会規範から逸脱することを心配しているように見受けられる。子どもの知識面やパーソナリティ形成に好ましい効果をもたらす番組を親が期待していることは、家族生活でもまた、子どもを保護と教育の対象として強く意識していることの表れだといえよう。

3　まねをする子ども

　子どもたちはテレビから流れる子ども向け番組や流行言葉、歌やコマーシャルなどに敏感に反応し、その格好よさや面白さをまねている。多種多量の情報があふれる、テレビの世界に反応した子どもの姿を追ってみよう。

（1）　憧れの存在をまねる

　映画時代の子どもたちが時代劇スターのチャンバラを真似たように、テレビ時代の子どもたちは、画面に登場する主人公の姿と数々の必殺技を遊びに取り込んだ。

　子どもにとって最初のテレビヒーローは、昭和33（1958）年2月から放送された「月光仮面」であった。サングラスに白いターバンと覆面、白いマントをひるがえしオートバイに乗って颯爽と登場した正義の味方は男の子たちの心をつかみ、平均視聴率40％、最高視聴率67.8％を記録した[33]。男の子の間で、頭にタオルを巻き風呂敷をマントにして覆面姿で無敵のヒーローを真似て遊ぶ「月光仮面ごっこ」が流行する。ところが、月光仮面に〈変装〉し、ヒーローになりきって塀などの高いところから飛び降りて怪我をする子どもが続出した。子どもが真似をして危険だという批判が出たことや、暴力場面が多い俗悪番組だという社会批判から、1年5か月で「月光仮面」は打ち切られてしまった。しかし、その後も正義の志を強力な武器にして悪者に立ち向かう「少年ジェット」（1959年）、「まぼろし探偵」（1959年）、「快傑ハリマオ」（1960年）などが放送され、仮面のヒーローたちが活躍する番組は少年たちの心をとらえ続けた【図12】。1970年代には、「仮面ライダー」（1971年）、「秘密戦隊ゴレンジャー」（1975年）が始まり、リアルなアクションと〈変身〉は子どもたちに強いインパクトを与えた。

　悪に立ち向かう正義の味方は男の子（男性）が中心であり、戦隊シリーズの中にも女の子は存在したが、その世界の中で女の子は主役の座につけなかった。ところが、平成4（1992）年になると「美少女戦士セーラームーン」の放送が始まり、女の子アニメの流れに大きな変化が起こる。「セーラームーン」

図12　月光仮面に変装

（〔石元泰博　1958年〕日本写真家協会編『日本の子ども60年』新潮社、2005年）

33　ひこ・田中『ふしぎなふしぎな子どもの物語』（光文社新書、2011年）。

ではごく普通の女子中学生が、敵と戦う場面で「メイクアップ」という掛け声と共に新体操を思わせるアクションで回転しながら、戦闘コスチュームのセーラー服を身にまとう。風になびく長い髪にはリボンやヘアアクセサリーが付けられ、ティラやブローチ、足元をハイヒールやブーツで決めている。変身した〈愛と正義のセーラー服美少女戦士〉たちは決め台詞で見得を切り敵に立ち向かっていく。幼い女の子たちは、おしゃれでかわいいだけでなく、格好よさをあわせもつヒロインに夢中になった【図13】。

図13　セーラームーンの衣裳でスマイル（1996年）

「仮面ライダーシリーズ」「戦隊ヒーローシリーズ」は平成23（2012）年現在も放送され続け、悪と戦うヒーローになりたい男の子たちを惹きつけている。現代の幼い女の子たちの心をつかんでいる「プリキュアシリーズ」（2004年〜）も、戦う女の子の系譜に位置づけられる作品である。変身して悪に立ち向かうヒーロー・ヒロインたちに憧れ、その世界を真似する子どもたちの志向は昔も今も変わらない。

　また、テレビが届けるドラマには、子どもが体験したくなる世界が表現されている。1960年代後半、東京オリンピックの余韻が残る頃、テレビでは「巨人の星」（1968年）、「アタックNo.1」（1969年）などのスポーツドラマがブームとなった。スポーツの世界を題材にしたドラマでは、主人公がライバルや世界の強敵に勝つために、苦しい練習に耐え、超人的な技を体得する。「柔道一直線」（1969年）の二段投げ、必殺空中二段投げ、真空投げ、地獄車、「サインはV」（1969年）の稲妻おとし、X攻撃、「アタックNo.1」の竜巻落とし、「金メダルへのターン」（1970年）のトビウオターン、うずまきターン、ロケットターンなど、主人公たちが見せる数々の技は、特に小学生たちを魅了した。「サインはV」や「アタックNo.1」で描かれる破天荒な技は実際に再現できないことをわかっていても、「もしかしたらすごいサーブを打てるかもしれない」という期待を抱きながら、子どもたちは練習に励みその技を

磨きあった。

　現実の世界で日頃スポットライトがあたりにくい場所も、テレビアニメの影響で突如として熱い視線を向けられることがある。子どもに馴染みの薄い囲碁の世界を舞台にした「ヒカルの碁」(2001年) の放送によって、囲碁に対する子どもたちの関心が高まり、子ども向けの囲碁教室が開かれるなど囲碁人口が急増した[34]。このようにテレビの世界は、現実世界における子どもの体験を広げるきっかけとして機能する一面がある。

　いつの時代も、子どもたちは素敵だと感じるものに強く心ひかれるとその存在をまねる。等身大の自分を超えて大きくなりたい子どもの心が、まねや遊びになって表れるのであろう。テレビ以前の生活では、年長者を間近に見ながらその熟達した技や能力・人柄に惹かれ、その人の口ぶりや行動をまねることが多かった。おままごと、学校ごっこや兵隊さんごっこ、お店やさんごっこなども、ふだんの生活で出会う人たちに子どもが憧れた気持ちの表れといえよう。テレビの登場以降、家庭生活を再現するままごと遊び以上に、テレビヒーローやヒロインたちになりきったごっこ遊びが見られるようになった。テレビは常に魅力的な存在をスタンバイして、フィクションの世界を舞台に格好よさやかわいらしさを魅力的に演出することで、子どもに身近なメディアとしての存在価値を増大させてきたのである。

（2）　面白さをまねる

　子どもたちは、コマーシャルのフレーズやバラエティ番組のタレントのセリフやなどを楽しんで使っている。ここでは前出の番組、昭和44 (1969) 年に始まった「8時だヨ！全員集合」[35]他を取り上げ、社会現象として詳しく見てみたい。

---

34 「囲碁を始めたきっかけ」に関して、2001年は、1位「父親に勧められて」(12.7%)、2位「社会人の時『ヒカルの碁』を読んで」(8.3%)、3位「会社で同僚に誘われて」(6.6%) であった。2002年には第1位「社会人の時『ヒカルの碁』を読んで」(20.0%)、2位「小学生の時『ヒカルの碁』を読んで」(7.7%)、3位「高校生の時『ヒカルの碁』を読んで」(7.2%)、という結果が囲碁データベースのアンケート調査によって報告されている。

「8時だヨ！全員集合」は、ドリフターズのコントがこっけいな事を好む子どもの志向とつながり、長期間高視聴率を維持して「お化け番組」の異名をとった。特に加藤茶が、タブーの曲にのって色っぽく踊るコントは、子どもには決して見せない大人世界の娯楽を面白く演出したものであったが、「ちょっとだけよ」とポーズをとる姿は幼児から大人までの笑いをさそった。志村けんが音頭をとる「七つの子」[36]の替え歌「♪カ～ラ～スなぜなくのカラスのかってでしょ」や、加藤・志村によるヒゲダンスなど、子どもにわかる笑いがちりばめられていた。ドリフメンバーの言葉や動きを真似る子どもは多く、この番組からは多くの流行が生まれた。

昭和55（1980年）年には漫才ブームが巻き起り、個性的なセンスをもつお笑いタレントに人気が集まっていく。ビートたけし、明石家さんま、山田邦子などが出演した「オレたちひょうきん族」(1981年) では、ナンセンスギャグやパロディが飛び交い、タレントやスタッフの失敗もそのまま放送して笑いのネタにした。ビートたけし扮するタケちゃんマン、明石家さんま扮するブラックデビル、アミダババアなどの珍キャラクターが登場し、「ひょうきんマント」に見立てた風呂敷を首に結んで走り回る「タケちゃんマンごっこ」が、子どもたちに流行した。

アニメキャラクターの言葉づかいやポーズも、子どもに影響を与えやすい。例えば、赤塚不二夫のマンガをアニメにした「おそ松くん」(1966年) に登場する嫌味な男性「イヤミ」が、「シェー」と言いながら手足を曲げるポーズは大流行し、男の子も女の子も真似をした【図14】。また、臼井儀人が青年漫画雑誌に連載していたマンガをアニメ化した「クレヨンしんちゃん」(1992年) では、主人公しんのすけが自分を「オラ」、自分の母親を「かあちゃん（時には、みさえ）」父親を「とうちゃん」とよび、鼻にかかったような独特なしゃべり方をした。すると、放送が始まった年にはしんちゃんを真似

35　コミックバンドだったザ・ドリフターズによるコント、体操、ゲストの歌などを盛り込んだ1時間枠（土曜夜8時）の生放送公開バラエティ番組。1969年からスタートして1985年に終了。
36　大正10（1921）年に『金の船』7月号に発表された童謡。野口雨情が作詞、作曲は本居宣長。

て「……だぞぉ」と語尾を伸ばして話す男の子（特に幼児）がいたるところに出現した。

　テレビコマーシャルも子どもの心に響きやすい。「オー、モーレツ」（小川ローザ、丸善ガソリン・100 ダッシュ、1969 年）、「ウーン、マンダム」（チャールズ・ブロンソン、男性化粧品・マンダム、1970 年）、「ちかれたびー」（中外製薬・新グロモント、1975 年）、「おしりだって、あらってほしい」（戸川純、TOTO、1982 年）、「私はコレで会社を辞めました」（アルマン・禁煙パイポ、1985 年）、「幸せって何だっけ」（明石家さんま、キッコーマン、1986 年）、「24 時間戦えますか」（時任三郎、三共・リゲイン、1989 年）、「芸能人は歯が命」（東幹久・高岡早紀、サンギ・歯磨き剤、1995 年）など、子ども向け商品でないにもかかわらず、印象的なキャッチコピーを子どもたちは真似をした[37]。

図14　イヤミの「シェー」を真似る小学生（1968 年）

　異色なところでは、日本中を揺るがしたロッキード事件（1976 年）の証人喚問があげられる。証人への質問に対して、証人が「記憶にございません」という答弁を繰り返した場面がテレビニュースで流れた。このような大人の姿は、子どもの目には奇妙に映ったのだろう。小学生がこれを真似て、授業中に先生の質問に対して「記憶にございません」と答える事態も起こった。これらのコピーは流行語大賞にも反映され、記憶の中に埋めこまれていく。

　以上のように、テレビに映しだされる登場人物の行動、言葉や歌などが子どもの感覚を揺さぶるとき、それが話題となり流行現象が生まれる。テレビ番組は、視聴する子どもたちが共有する映像体験となり、それぞれの世代に共通の思い出と感覚をつくりだす。それはかつて地域社会の集団の中で培われた、郷土色豊かな共有体験とは異なる。メディアによる画一化された共通

37　尾崎司『テレビでたどる子どもの文化3　テレビCM』（岩崎書店、2005 年）。

体験が、都市や農村といった地域性をこえて子ども文化に影響を与えているのである。

付論7

子どもの歌に見る生活の変化
――鞠つきと羽根つき――

童謡と唱歌

童謡という言葉が子どもの歌の意味に使われるようになったのは江戸時代に入ってからであり、明治から大正の初頭にかけてはまだ一般的ではなく、「唱歌」[1]と呼ばれる方が普通だった。『日本国辞典大辞典』の「童謡」の項目には「①子どもたちによって自然と作られ、歌われる歌。子どもの作った歌や詩など。わらべ歌。」として、出典を江戸時代後期の文化6（1809）年の『柳亭種彦日記』から取っている。次に「②主に大正期以後、子どもにも理解できる世界を歌った歌曲。代表的な作詞家に北原白秋、野口雨情、作曲家に山田耕筰、中山晋平」をあげている。

つまり「子どもたちのために大人が創作した歌」を意味する童謡は、大正中期から昭和初期にかけて北原白秋などが文部省唱歌を批判して作成、普及させたもので、鈴木三重吉主宰の雑誌『赤い鳥』を舞台に確立されるものらしい（藤田圭雄『日本童謡史』Ⅰ、あかね書房、1971年）。

もっともここではそのような概念にとらわれず、子どもたちに歌い継がれ

---

1 なお唱歌は、明治以降昭和16（1941）年までの学校教育での音楽の教科名であり、そこで歌われた歌曲などをさす。

てきた「お正月」の歌詞[2]から、前近代と近代の子ども生活の変化の過程をのぞいてみよう。

もういくつ寝るとお正月

あと何日寝ると年が明けるだろう、子どもたちは指折り数えて正月の来るのを待っていた。年の暮れ、明治の子どもたちの楽しい気持ちを歌にした、明治34（1901）年の「お正月」の歌詞を見てみよう（ただし括弧は筆者）。

もういくつねると	もういくつねると
お正月	お正月
お正月には	お正月には
凧（たこ）あげて	まり（鞠）ついて
こまをまわして	おいばね（追い羽根）ついて
遊びましょう	遊びましょう
はやく来い来い	はやく来い来い
お正月	お正月

お正月に鞠つき、羽板つき遊びをすることを楽しみに床につく、こどもたちの様子が目に浮かぶようだ。作詞は東くめ、作曲は荒城の月で知られる瀧廉太郎である。東くめは、幼児が歌っている歌の歌詞が文語体で難しいので、子供たちが日常使う言葉で楽しい歌を作ろうと考え、東京・浅草の暮から正月にかけての賑わいをイメージして、この詞を書いたといわれる。

これは共益商社編『幼稚園唱歌』（共益商社楽器店）に掲載されたもので、同書は伴奏つきの幼稚園唱歌としては、日本で初めてのものといわれる。その本の冒頭には、これまでの唱歌は「小学生徒を目的とせるものにして其

---

2 お正月の歌については、上笙一郎『童謡のふるさと（新装版）』（理論社、1975年）に詳しい分析がある。

家庭又は幼稚園等に於ける学齢未満の児女のために編まれたるもの」はほとんどない、と記されている。

東くめは、当時東京女子高等師範学校（現・お茶の水女子大学）附属幼稚園で日本の幼稚園の理論的な基礎作りに貢献した東基吉の婦人。これまで翻訳調の幼児唱歌に疑問を抱いていた基吉が、幼児のための新しい歌を求めた。妻のくめが東京音楽学校（現・東京芸術大学音楽学部）で瀧より二級上だったこともあり、東夫婦・瀧、彼の親友で後輩の鈴木毅一の四人が相談し、協力し合って作ったとされる（上笙一郎・山崎朋子『日本の幼稚園』理論社、1965年、参照）。

図1　男児と女児の正月風景

（菊池貴一郎『江戸府内絵本風俗往来』）。明治38［1907］年）

当時の子どもたちが、正月を心待ちにする胸のうちが見事に表現されている。そしてくめが思い描いた暮れの賑わいとは、おそらく羽子板、手鞠、破魔弓などを商う、恒例の歳の市であったのであろう。

歳の市と羽根つき

三月の「雛市」・五月の「かぶと人形市」とともに、歳末の「歳の市」は、かつて江戸の風物詩の一つであった。今でもその名残をとどめるのは、浅草寺の羽子板市ぐらいだが、江戸時代から明治の終わり頃にかけて、新年の飾りや、食品、台所用品を売る市場が江戸東京の各所に日を追って立ち、賑わっていた。そして、そこで羽子板・手鞠・破魔弓なども売られ、暮れの贈答用に使われ、歳暮として「初生の嬰児へは破魔弓羽子板等を送る」習わしがあったという（『東都歳時記』天保9［1838］年）。

失われていく幕末の江戸の風俗を記した菊池貴一郎『江戸府内絵本風俗往来』（東陽堂、明治38［1905］年）は、男児の凧揚げと女児の羽根つき遊びを、正月の往来の風景として紹介している。

「町方にては往来遊び多き中に、正月の紙鳶を上げて遊ぶは年一度、小児

等無二なる楽しみ」、そして羽子板の「例年正月元日正午近き頃」から「カチンカチンの音ますます響け、また紙鳶うなりの音」が加わり、「豊かなる御代とこそ知らる」。子どもたちは新調の春着をきて、流行の化粧や履物で外に出て、通行人はいないので、誰にはばかることなく羽根つきや、凧上げをする。「おい羽根をつきそこねて、長松顔におしろいを塗られ、または羽子板にておいどをきめつけられる。その笑声、江戸市中何れの町にも聞こえたり。」と記している。

菊池はその挿絵の中で、羽根つきをする娘たちの仲間に入ろうと、羽子板によく似た小銭を勘定するのに使う、枡板を持ちだす小僧の姿を描いている【図1】。羽根つきは、その動きの大きさもあり、必ずしも女児の遊びにかぎるものではなく、男も仲間入りしやすかった。もっとも羽根つき遊びの罰として顔に墨を塗られることは分かるが、菊池の言う「おいどをきめつけられる」、つまり「お尻をたたかれる」ということは、どいうことなのだろう。

「追羽子」と「貸ッこ」

ここで明治34（1901）年太田才次郎『日本児童遊戯集』（平凡社東洋文庫122）から、東京の羽根つき遊びのルールを紹介しよう。同書は、明治期に行われた、最初の全国的な遊戯のアンケート調査というべきものである。

> 羽子突きには「追羽子」と「貸ッこ」の二種ありて「追羽子」は左方より送り来りし羽子を受け、これを右方の次の者に渡し、順次に転廻する遊びにして、受け損じ羽子を地上に落とすときは尻を打ち、又は紅、白粉、墨などを筆にて顔を塗るを恥とし逃げ回るあり、追うあり、至って賑やかなる……

また「貸ッこ」は、「一人ずつその突き得しだけの数を互いに貸借するなり」。その数え方は唄に合わせて、突き損じるまでを数える、という。

日露戦争が終わり、産業革命をへて近代化の道を歩み始めた頃、東京の正月遊びとしても、まだ羽根つきは盛んであった。明治44（1911）年若月紫蘭『東京年中行事』は、いう。

正月3日はもちろん「松の内の間は、お嬢さんも坊ちゃんも番頭も書生も女中も、お庭の中やら、往来の側の方で、互いに白粉や墨を塗ったり塗られたりしつつ、面白おかしく日の暮れるまでカッチカッチと」、どこでも「羽子突き交わす賑わしさ」。これは「田舎ではとても見られぬ景色で、始めて都に飛び出して来たものは大抵がまあと驚く」。「東京では老人までがうち眺めて笑い興ずるという位」。カルタ遊びとともに、「お正月に於けるまことに床しい愛嬌のある遊びの一つで、男が交わるのも却て興があって面白いと思う」。

このように幕末から明治の江戸・東京では、正月7日までの松の内に、羽根つきは女児ばかりか、男児や大人を含めた大きな楽しみの一つであった。そして、近年、おそらく戦後の高度経済成長期頃まで、遊びとしても命脈を保っていたのだ。

図2　正月に鞠つきをする女児

（宮川春汀画『子供風俗手鞠』明治29[1896]年))

消えた正月の鞠つき

ところが正月の遊びとして思い浮かべるものを学生に聞いてみると、「お正月」の歌にある手鞠（或いは鞠つき）をあげる学生はほとんどいない。羽根つきはもちろん、凧あげ、コマまわし、カルタ、福笑いなどという答えが返ってくるが（もっとも教科書では、「福笑い」は顔が崩れた姿を笑いものにすることから、紹介されることは少ないと聞く。これも人権意識に配慮した世相を映している、といえるだろうか）、「お正月」の歌詞に「まりついて」という語があることに気づき、不思議な顔をしているのだ。

ドッチボールなどをはじめ、今でもボール（鞠）は人気のある遊び道具であり、子どもの頃、ゴムまりで鞠つきをした思い出のある学生も多く、手鞠唄を知っている者もいる。しかし、それが正月遊びとはどうしても結びつか

ないという[3]。

　しかも、日本古来の鞠となると、もはや実用的な玩具というイメージすら抱く若者は少ない。そもそも糸を丸めた鞠で遊んだ体験がなく、それらは美しい工芸品であり、飾り眺めるものだと思い込んでいる。従って遊び道具としての認識がないのだから、正月＝鞠というイメージなど抱きようがないのかもしれない【図2】。

糸鞠とゴム鞠──素材が影響する遊びの変化

　（手）鞠は、糸を巻いて作った鞠を手で地面につく遊びだが、奈良・平安時代に宮廷で行われた「蹴鞠」を起源にしているという。蹴鞠は、シカ皮製の鞠を交互に足で蹴り上げ、地面に落とさないように蹴り続け、その回数を競う遊びである。12〜13世紀に最も盛んとなり、鎌倉武士の間にも広まり、これを足の代わりに手で突き上げたのが、手鞠の始まりだという。今日のように鞠を手で地面につくようになったのは、綿糸を巻いてよく弾む鞠が登場してからとされる。

　『骨董集』は、室町時代末期から江戸時代にかけての文禄慶長の頃（1592〜1614）の絵として、婦人が手鞠をつく姿を紹介している。鞠つき遊びが可能になると、つきながら歌う手まり歌が流行し、表面を色とりどりの絹糸で巻いた装飾性の高い鞠なども現れる【図3】。

　やがて明治に入るとゴム製の鞠が普及する。ゴム鞠はやわらかく、他人にぶつけても比較的安全で、糸鞠とはくらべものにならないほど弾力性がある。しかも欧米からさまざまな遊びが紹介される中で、ボールをつかった遊びは、これまでの鞠つき遊びでは考えられないような広がりを見せ、多様化する。

図3　絹糸の毛鞠をつく婦人

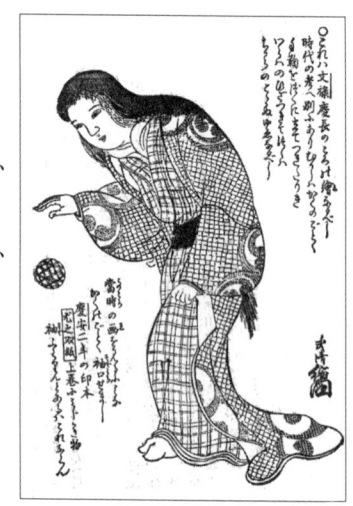

（『骨董集』下巻、文化10年）

3　江戸の手鞠風景は、森下みさ子『娘たちの江戸』（筑摩書房、1996年）がある。

工芸的な美しさという点では、糸鞠はゴム鞠より格段に優れているが、本章で指摘した遊び環境の変化だけでなく、玩具に使われる素材が伝統の玩具を駆逐してしまったのである。私たちが幼い頃歌った唱歌に耳を傾けていると、なつかしさだけでなく、昔の子どもの遊ぶ姿を発見することができるのである。

7章 情報化社会と子ども
子ども文化の商品化と遊び空間の変容

1 情報化と子ども文化

1 メディアミックスの時代へ

　子どもの生活文化に大きな影響を及ぼしているテレビをはじめとして、私たちは現在、多様なメディアを通じて情報を受け取っている。情報が価値と見なされ、情報によって機能する社会を「情報化社会」とよぶ[1]。この情報化社会の中で、現代の子どもは、生活している。そして子ども関連の商品も、このような情報化の中でメディアと無関係に語ることができなくなったのである。

　例えば、玩具や食品メーカーがテレビ等のスポンサーになり、番組のキャラクターを使ったお菓子や文房具、ヒーローのもつ武器や衣装などをコマーシャルで宣伝し、子どもの購買意欲を喚起している。テレビや雑誌などの複数のメディアを効果的に組み合わせながら展開する広告・販売活動をメディア・ミックスという。このような現象は、いつ頃から始まったのだろうか。

　情報化社会において商品化される子ども文化とともにコンピューターによる新しい遊び空間の出現という面から子どもの文化の現状を考えてみよう。

（1）テレビ以前のキャラクター玩具

　物語や雑誌、映画、アニメ、ドラマなどの登場人物を玩具化したものは、「キャラクター玩具」と呼ばれる。お面やカツラを被ることで昔話や名作物語の登場人物になりきることは祭りや芸能の世界をはじめ人びとの生活の中

1　粉川哲夫「情報社会」見田宗介他編『社会学事典』（弘文堂、1994年）。

に古くからあったが、新聞、雑誌、映画、テレビなどマスメディアを通じて親しまれている主人公などを商品化して、企業が大きな市場を獲得するのは現代に入ってからのことである。

明治・大正期、情報を伝達する媒体として新聞、雑誌に続き、活動写真（映画の旧称。明治29［1896］年）、ラジオ（大正14［1925］年）が登場し、大衆にむけて広く情報を提供することが可能になると、大人の世界の話題が玩具に入り込んでくる。

明治期には、尾崎紅葉『金色夜叉』[2]が『読売新聞』に連載され玩具のダイヤ指輪が売り出された。大正元（1912）年には、フランスの活劇映画「ジゴマ」の影響でジゴマの青写真（日光写真）の種紙、ジゴマのカードが商品化され、子どもたちの間で怪盗ジゴマを真似て悪漢ごっこが流行し、教育上の問題があるとして上映禁止になる。

関東大震災後の大正12（1923）年、最初の子どもマンガ「正チャンの冒険」（織田小星文、樺島勝一画）が『東京朝日新聞』、翌年『毎夕新聞』に「団子串助」（宮尾しげを）、『報知新聞』には「ノンキナトウサン」（麻生豊）が連載され始めると、「正チャン」や「団子串助」のカルタが出回り、続いてゼンマイ仕掛けで動く「ノンキナトウサン」が作られた。昭和初期は、映画界の剣劇スターが子どもたちのアイドルであり、嵐寛寿郎[3]や板東妻三郎[4]、大河内伝次郎[5]など、映画俳優を描いた紙メンコやチャンバラ遊びのためのカツラや刀が出回った。昭和6（1931）年から「少年倶楽部」に連載された「のらくろ二等卒」（田河水泡）も爆発的人気であった。

このように、テレビ以前の時代は、漫画や映画の人気キャラクター図案を

2　尾崎紅葉が、明治30（1897）年1月1日から明治35（1902）年5月11日まで『読売新聞』に連載した小説。資本主義が発展する社会を背景に金銭欲、物質欲にとらわれる人間模様が描かれているが、作者が逝去したため、未完である。

3　嵐寛寿郎（明治36［1903］年～昭和55［1980］年）映画俳優。時代劇の主役として活躍。代表作は「鞍馬天狗」など。「あらかん」の愛称で呼ばれた。

4　阪東妻三郎（明治34［1901］年～昭和28［1953］年）映画俳優。時代劇を中心に活躍し、阪妻（ばんつま）の愛称で親しまれた。「無法松の一生」はよく知られている。

5　大河内伝次郎（明治31［1898］年～昭和37年［1962］年）映画俳優。時代劇黄金時代の代表的俳優。代表作に「丹下左膳」など。

玩具に付加するものが多かった。しかし、テレビが普及することで、その市場は巨大化し、多様な展開を見せ始める。

（2） テレビによる市場の拡大と多様化

「子ども市場」という言葉がわが国で使われるようになったのは、昭和30年代の後半だといわれる[6]。昭和29（1954）年の『月刊少年画報』7月号から連載が始まった漫画『赤胴鈴之助』は、ラジオドラマとして昭和32（1957）年1月から同34（1959）年2月まで、742回にわたって放送され「赤胴ブーム」が起こった。テレビドラマ、映画にもなり、昭和33年の正月を控えたおもちゃ屋には、「木刀、竹刀、たこ、こけし人形、首ふり人形、いずれも鈴之助の顔のマーク入り」のおもちゃが「オンパレード」であった[7]。主人公である鈴之助が愛用する赤鞘の刀玩具は、「赤い刀は売れない」という玩具業界のジンクスを破って、一日500〜800ダース、三年間で数十万本も売れたという。「赤胴鈴之助」によって、子ども市場における複数メディアの戦略的展開が意識されるようになった[8]。

自分の好きなキャラクターに憧れ、少しでも近づきたいという子どもの気持を業者は商品化するのであろう。殊に、1960年代に家庭に浸透したテレビの影響は大きい。例えば、「鉄腕アトム」のスポンサーであった明治製菓は、主人公たちのキャラクターを広告やキャンペーンに活用し、さらには新商品のチョコレート菓子にアトムのシールをつけることで、大量販売に成功した。30％台の高視聴率を獲得した「鉄腕アトム」は、文房具や玩具など子どもの生活用品に付加されていったのである【図1】。

男の子たちの間で起こった第1次怪獣ブーム（1966〜1968年）も、テレビ番組を発端としていた。昭和41（1966）年の「ウルトラＱ」[9]を皮切りに、「ウルトラマン」（1966年）、「マグマ大使」（1966年）、「怪獣ブースカ」（1966

6　野垣義行編〈日本子どもの歴史7〉『現代の子ども』（第一法規、1977年）。
7　同上書、103頁。
8　斉藤良輔『日本人形玩具辞典』（東京堂出版、1968年）418頁。
9　円谷プロ製作のドラマ。昭和41年1月から放送。第2週目から視聴率30％台を記録した。

年)、「怪獣王子」(1967年)といった番組に怪獣が登場した。それまで映画でしか見られなかった怪獣をテレビで毎週見ることができるようになり、怪獣人気が一気に高まると、怪獣を玩具化したソフトビニールの人形が子どもたちの人形コレクション熱によって大流行した。また、多くの怪獣に関するデータが載った『怪獣大図鑑』

図1　鉄腕アトムの玩具（1960年代）

（多田敏捷『マスコミ玩具』京都書院、1992年）

『怪獣解剖図鑑』などが発売され、月刊少年雑誌にも怪獣記事が盛り込まれた。このようなブームを受けて、テレビキャラクターを使った〈テレビ絵本〉が誕生する【図2】。

　昭和45（1970）年にはウルトラマンシリーズの絵本が大量に絵本化され、第2次怪獣ブームのきっかけとなった。写真を多用したテレビ絵本は大変評判がよく、この後テレビヒーローたちの活躍を再現したテレビ絵本は、幼児向け絵本として定着し現在に至っている。

　漫画とテレビの相乗効果は、昭和38（1963）年の「鉄腕アトム」や「鉄人28号」などに見られるようにテレビアニメ草創期から始まっていたが、1970年代から80年代にかけてこの動きはますます拡大する。「キャンディ♥キャンディ」（1976年）、「キン肉マン」（1983年）、「ドラゴンボール」（1986年）など、少年漫画・少女漫画雑誌に連載された漫画はテレビアニメ化されることで人気が高まり、関連商品が生産・販売され続ける。

　そしてゲーム先行型テレビアニメも誕生する。平成11（1997）年に放送が始まった「ポケットモンスター」は、もともと平成10（1996）年に発売された任天堂ゲームボーイ用ソフトであった。『月刊コロコロコミック』（小学館1977年創刊）と連動して人気を得て、テレビアニメ化へと展開したのである[10]。このように漫画とテレビアニメ、玩具業界、ゲーム業界は固く結びつきながら発展の可能性を常に探っている。

　メーカーは子ども向け番組のスポンサーになり、人気キャラクターのデザ

インをつけ加えた商品を製造する。このようなキャラクター関連商品は、絵本や玩具、文房具のような子ども用品だけでなく、衣料品、食料品、生活用品などの分野でも切り離せないものとして展開している。

　一例としては、第一屋製パン（第一パン）がアニメ「ポケットモンスター」のキャラクターライセンスを平成12（1998）年に得て、「ポケモンパン」シリーズの販売を始めた。このパンは、〈ピカチュウのピッカリ蒸しケーキ〉〈チコリータのチョコリータ〉など、キャラクターごとにパンのネーミング、種類と包装デザインが異なり、どのパンも食べてみたくなるような工夫がほどこされていた。また、キャラクターシールが封入されていたため、シール集めも楽しみのひとつとなった。「おいしい」「楽しい」という子どもを惹きつける2大要素を備えたこの商品は、発売1年目に40億円、2年目に75億円、3年目には100億円以上の売り上げに達したという[11]【図3】。このように、人気テレビ番組の世界が商品を生み出す土壌となり、人気キャラクターの魅力が商品売り上げを向上させるのである。

　キャラクター商品化権ビジネス市場規模を2010年度の用途別で見ると、

図2　幼児から小学1、2年生を対象にした月間テレビ絵本（小学館、1969年）

図3　ポケモンパン（2011年12月）

10　主人公サトシとパートナーであるポケットモンスター（通称ポケモン）が対戦バトルを重ねてともに成長していく姿を描く作品。
11　宮下真（星野克己監修）『キャラクタービジネス　知られざる戦略』（青春出版社、2001年）。

図4 2010年度キャラクター商品化権ビジネス市場——分野別シェア

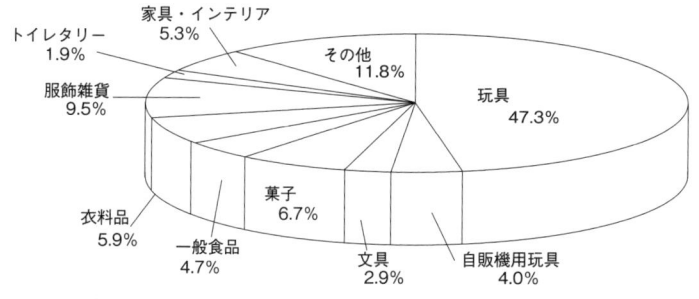

注：小売金額ベース
（(株)矢野経済研究所「キャラクタービジネスに関する調査結果2011」〈2011年9月29日発表〉）

「玩具」が47.3％と約半分の割合を占めている。以下、「服飾雑貨」9.5％、「菓子」6.7％「衣料品」5.9％、「家具・インテリア」5.3％、「一般食品」4.7％、「自販機用玩具」4.0％と続いている【図4】。衣食住に関する日用品から玩具に至るまで、キャラクタービジネスは幅広い展開を見せていることがわかる。調査をまとめた矢野経済研究所では、玩具シェアの高さを「2009年・2010年と特撮テレビ番組キャラクター、TVアニメキャラクターを中心にヒットキャラクターが玩具市場を牽引した」ためと分析している[12]。

テレビの登場以降、メディア・ミックスの相乗効果を狙って繰り出される情報を、子どもたちは直接受け取るようになった。子どもを惹きつける要因を業者側が意図的に組み込みながら商品開発をし、テレビや雑誌などさまざまな広告媒体を組み合わせて売り出すことで、子どもたちの欲望を刺激する。コンピューターネットワークの発展とともに、情報化社会に育つ子どもが大人を介さずダイレクトに情報を得る機会は、今後ますます増えていく。

2 消費を誘う遊び
（1）変装から変身・装着へ
ヒーロー・ヒロインたちに憧れ、彼らのように変身して活躍したいと思う

---

12 (株)矢野経済研究所「キャラクタービジネスに関する調査結果2011」(2011年9月29日発表)。

子どもの気持ちはいつの時代も変わらない（6章2-3「まねをする子ども」参照）。かつて、子どもたちは憧れのヒーローになりきるため、家にある風呂敷を首に巻き覆面姿で無敵のヒーローに変装して遊んでいた。

ところが1970年代になると、「仮面ライダー」(1971年)「秘密戦隊ゴレンジャー」(1975年)などのテレビ番組が始まり、そこで活躍するヒーローたちは、変装の域を超え変身し始めた。変身するための必須アイテムに加えて変身ポーズ、必殺技、かけ声、決めことばが、変身につきものになった。ヒーローになりきるための「約束事」や相手を倒すための武器がだんだん多くなり、そのことが子どもの変身願望やヒーローになり切りたい気持ちをさらにかき立てる。

先にも述べたように、このような子どもの思いをとらえて、利益を上げようとするキャラクター商法が成立している。玩具メーカーがテレビアニメのスポンサーになり、1年ごとにキャラクターを変えて新しい玩具やキャラクター商品を次々に発売する。マスコミと密接に結びついた玩具について斎藤良輔[13]は、「業者にとって、売りやすい可能性を最も備えている商品玩具」であるが、「玩具の独創性と遊戯性が生かされていなければ、たとえ商品経済上はプラスでも実質的には単なるコピー製品に終わってしまう」[14]と述べている。これは、子どもの遊びにおける玩具の本質的価値を問う意見である。

変身や戦闘方法には時代性が表れている。初期の「仮面ライダー」では、変身ベルトの中央にはめ込まれた盤が風圧を受けて回転すると変身する。ベルトを着けて変身ポーズを決めると変身するというように、ベルトが欠かせなかった。ところが平成の仮面ライダーたちは、「仮面ライダー555」(2003年)ではベルトに携帯電話を組み合わせて変身。他にも、カード（「仮面ライダーディケイド」）、USB状のチップ（「仮面ライダーW」）、メダル（「仮面ライダーオーズ」）などを組み合わせて行う変身は、昔のライダーに比べて変身道具のパーツが増えている。また、敵と戦う最終局面でピンチを迎えたヒーローは、剣や銃のような戦闘道具を組み合わせ、特別な武器を装着して敵を打

13　斉藤良輔（明治41［1911］年～平成8年［1996］）群馬県生れ。人形玩具評論家。
14　斉藤良輔『おもちゃ博物誌』（騒人社、1989年）162～163頁。

ち倒す。特別なアイテムを駆使して戦うヒーローに憧れる子ども心は、複雑化する変身道具や戦闘道具を身につけたい欲求となる。その気持ちが番組にあわせて発売された既製玩具へと向かうのである。

　ところが「スーパー戦隊」「仮面ライダー」「プリキュア」などの人気シリーズは、ほぼ1年サイクルでキャラクターや設定を変えている。新しいキャラクターになるために、新しいアイテムが欲しくなるのは当然のことであり、古いキャラクター世界でしか通用しない道具（衣装や変身道具、キャラクター人形など）は、新しいキャラクターに惹きつけられる子どもには、もはや色あせて見えるのである。

　従って、流行に乗って最新のものを所有する満足感を優先させていくと、子どもの志向や遊び道具、遊び自体も「消耗品」となる。お金を払って手に入れるキャラクター商品の寿命は、番組の放映期間とともに尽きてしまうのである。

（2）　コレクションを競う

　「集める」「交換する」ことは、子どもの好む遊びの要素である。昭和58（1983）年に放送された「キン肉マン」から、キャラクターたちをかたどった「キン肉マン消しゴム」（通称「キン消し」）が生まれた。消しゴムとしての役割をほとんど果たさない「キン消し」は、キャラクターグッズとして機能した。時には人形として遊びに使うこともあり、お気に入りのキャラクターを集めることが小学生男子の間でブームになった[15]。

　また、収集と交換に戦う要素を加えた「遊戯王」（1998年）のトレーディングカードゲームは、デッキの構成やルールが子どもには難しいにもかかわらず、子どもから若者までをひきつけ爆発的に流行した。カードコレクションを競い、レアカードは高額で取り引きされるなど、もはや子どもの世界を超えた商品展開となっていった。

15　片岡輝『テレビでたどる子どもの文化1　テレビアニメ』（岩崎書店、2005年）。

（3） 遊びの追求と情報

　平成 13（2001）年に、アニメ「爆転シュート　ベイブレード」の放送が始まった。これは主人公や仲間たちが技を競い合いながら、ベイブレードの世界大会制覇をめざすストーリーである。物語の各キャラクターが使う「ベイ」と同じモデルの玩具が発売されると、売り切れが続出した。「ベイ」の入荷日には、子どものために早朝から店頭に並ぶ大人の姿も見られるほどの社会現象となった。

　ベイブレードは、コマを回して対戦する点では伝承遊びのベーゴマと同様の遊びだが、それ以外の要素は大きく異なる。ベーゴマは、コマに紐を巻きつけてその紐を勢いよく引いて回す。上手く回す技を習得するためには繰り返し練習し、紐をコマにきっちり巻くことや紐をひくタイミングを手と体で覚えこむ。技を体得している年長者は、自らの経験をもとに子どもにコマ回しの技を伝授することができた。一方、いくつかの既成パーツを組み合わせて高速回転するコマをつくるベイブレードは、「手」を駆使して戦う遊びではなく、最新の「情報」を活用して戦う傾向が強いため、身近な年長者から手を介して教わる必要がなくなった[16]。

　マンガやテレビ、CM、イベントなどを通じて子どもに最新情報が発信され、より強くなるための新アイテムが提示される。ベイブレードの遊びに夢中になり、強さを追い求めるほど商品購入につながる関係がそこには用意されている。

3　キャラクターの「価値」と子どもの消費行動

　人気キャラクターを印刷した生活用品や食品、キャラクター玩具などがテレビや雑誌で魅力たっぷりに紹介されると、子どもの購買意欲はさらに刺激される。お小遣いを渡された子どもたちは、駄菓子屋やスーパーの安価なお菓子を親を介さず買えるようになり、小額でキャラメルやガム、チョコレートなどを買う。おまけのカードやシールを集め、友だちと見せ合い、競い合うことも子どもの遊びとなった。

16　森下みさ子「玩具」原昌・片岡輝編『児童文化』（建帛社、2004 年）174 頁。

ところが、おまけ収集がエスカレートして、商品本体の価値を上回るような現象が起きたのである。昭和47（1972）年、「お菓子についているおまけ欲しさに中身を捨てる」ことが問題となった[17]。これは薄塩味の小麦粉せんべい「仮面ライダースナック」についているカード集めが東京都内の低学年の小学生の間で流行し、「景品にこのカードをつけている菓子を一度に何袋も買い込み、菓子の方はそのままポイというケースが増え始めた」現象で、食べ物を捨てる行為が道徳心と合わせて問題視された。1986（昭和61）年にも、「ビックリマンチョコ」のシール欲しさにチョコウエハースを捨てるという現象が起きている[18]。

　このように主体とおまけの価値が転倒するのは、キャラクターの魅力に子どもが強く惹かれていること、〈集める・交換する・競う〉といった要素に遊びの不変的な面白さがあるからであろう。

　子ども関連産業は「商品化された遊び」を提供している。このような遊びが子どもを刺激し、想像性を高めているという見方もあるだろう。しかし、商業ベースに乗った遊び道具は無料で手に入るものではなく、消費性が強く永続性が少ない傾向がある。また、消費を誘う遊びに、子どもの主体性や想像性を発揮する余地がどのように残されているだろうか。製品として完成度が高いために、遊びながら子ども自身が考え、表現し、工夫する余地はあまりないのである。子ども関連産業からキャラクター世界と強く結びついた遊びが繰り出され、日常的に幼い子どもの消費行動を刺激し、幼少期から物欲にとらわれることにつながらないか、という心配もある。

2　大人を取りこむ児童文化

1　大人社会を巻き込む子ども向け文化

　昭和60（1985）年に出版された『現代子ども大百科』（中央法規出版）では、当時の子ども文化における問題点として、①生活文化の衰退と学校文化の肥

17　「仮面ライダー過熱の童心」『読売新聞』（夕刊）1972年10月9日。
18　「びっくり人気／お目当てはこのシール」『毎日新聞』（夕刊）1986年12月12日。

大化、②商品として与えられる文化の氾濫と子ども自らの手で作り出す文化の衰退、③子ども文化財が画像や映像による文化に偏り、言葉によって見たり考えたりすることの脆弱化、が指摘されている。「こうした問題点を克服して、真に子どもの豊かな発達を促す新しい子ども文化の創造が望まれている」[19]と結ばれているが、このような問題点は現在改善されたとは言い難い。反対に、大人を取り込みながら加速しているのではないだろうか。

以下に子ども向け商品・番組でありながら、その中に大人や社会が巻き込まれる現象について見てみたい。2000年代に入ると、特撮ヒーロー番組の主人公にモデル出身のアイドルのような若手男優が起用され始める。すると、主人公に母親たちからの人気が集まり、「イケメン」という言葉が流行した。子ども向けの特撮ヒーロー番組は、大人が子どもにつきあって視聴する傾向が強かったが、ヒーロー・ヒロインは親たちを惹きつけ、子ども番組に大人を引き込んだ。

2000年代半ばには、トレーディングカードアーケードゲームがかつてない勢いで流行した。2003(平成15)年から設置された「甲虫王者虫キング」(セガ)[20]が男子たちの間で大流行した影響で、2005年の夏には外国産カブトムシ、クワガタムシがブームとなり輸入量が激増したため、環境省は在来種の生態系への影響を懸念して、「逃がさないで、捨てないで」キャンペーンを行うほどだった[21]。同じ頃、女の子向けに開発された「オシャレ魔女♥ラブandベリー」[22](セガ)が、ファッションコーディネートとリズム遊びの魅力で女の子(幼児と小学生低学年)とその母親たちをひきつけた。髪型・洋服・靴などのカードを組み合わせて、各ステージに適したファッションアイ

---

19 「新しい子ども文化創造のために」『現代子ども大百科』(中央法規出版、1988年)巻頭。
20 「甲虫王者虫キング」の稼働時期は2003年から2009年。100円硬貨をゲーム機に投入すると、「ムシカード」「わざカード」の何れか1枚が出てくる。その後に、じゃんけんを応用したゲームをプレイする。単純でわかりやすいゲームだったため、幼児から小学校低学年の男児を中心に流行した。
21 『朝日新聞』(夕刊)記事、2005年9月9日。また、生物ジャーナリストの藤原幸一は、『地球の声がきこえる』(講談社、2010年)において、日本の昆虫ブームがインドネシアの児童労働と日本の生態系への悪影響を生んでいることを報告している。昆虫を捕まえる作業が現地の貧しい家庭の子どもにゆだねられ不登校が急増したという。

テムを組み合わせるゲームは、母親世代の人形を使った「着せ替えあそび」に通じる要素があり、母親たちは子どもと一緒に楽しめるゲームに好意的であった【図5】。カードを増やすために、子どもたちはカードファイルを抱え、ゲームセンター、大型スーパー、百貨店などに常設されているゲーム機に長蛇の列を作った。その子どもたちに親や祖父母がお金を渡し、子どもと機械の対戦に熱い声援を送っていた。子どもへのアドバイスを超えて、大人自身がゲームに夢中になっている姿も見受けられた。

親子で楽しめる都内近郊の定番イベントとなったのが、平成9(1997)年から始まった「ポケモンスタンプラリー」(JR東日本)である[23]。電車内で専用シートを見ながら計画を立てている親子の姿や、スタンプ台めざして一斉に駅の階段を駆けあがる子どもたち、スタンプ帳を手に駅構内をうろつく親子の姿は、もはや夏の風物詩になっている【図6】。

図5　ラブandベリーのカードファイル

図6　ポケモンスタンプラリーの専用シート

22　「オシャレ魔女♥ラブandベリー」は1回100円の料金で「オシャレまほうカード」が1枚出てくる。手持ちのカードをゲーム機にスキャンして、キャラクターを選びTPOにあわせたおしゃれをコーディネートする。その後ダンスミュージックのリズムに合わせてボタンを押し、総合評価を競う。
23　所定の駅ごとに設置されたポケモンキャラクターのスタンプを、専用シートに規定数押して景品と引き換えると、併せて全駅のスタンプを押せるスタンプ帳が渡される。最初の専用シートと合わせてすべての駅のスタンプを押したスタンプ帳を期日内に事務局に送ると、認定証と景品がもらえるイベントである。

他にも、旅行会社がキャラクターの要素を取り込んだ旅行を企画している【図7】。「ムシキング」「ラブ and ベリー」「ポケモン」「コナン」「NARUTO」など、子どもが喜ぶキャラクターのアピール力を前面に打ちだしたこれらの企画は、家族旅行を最終決定する大人が得てして子ど

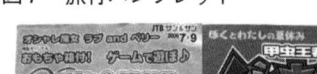

図7　旅行パンフレット

もの要求に弱いことを見越しているかのようである。少子高齢化による6ポケット[24]を背景に、子どもが好む企画に大人も誘い込まれている。子ども関連産業の新たな消費対象として、大人もターゲットになっているのである。

2　子ども時代の文化体験の行方

先に述べたように、1960年代にお茶の間に浸透したテレビは、多種・多様・多量の情報や娯楽を提供し、私たちの生活、遊び、価値観に影響を及ぼしてきた。おしゃれやダイエット、大人の世界の流行や価値観はメディア社会の発達につれて子どもの生活をコントロールし、また一方で、子ども向けといわれていたアニメやマンガ、玩具などは逆に大人を取り込んでいる。

例えばテレビ草創期から90年代後半まで、テレビアニメは子ども向け作品を中心に発展してきた。現在では、深夜の時間帯にも放送され、視聴対象を大人にまで広げている[25]。また1960年代以降、少年漫画・少女漫画誌[26]が次々と出版されたが、当時の大人は漫画を読みふける子どもを好意的に見て

24　シックス・ポケット。子どものための経費に出資する6人（両親とそれぞれの祖父母）をさしている。
25　深夜アニメは、90年代後半から増え始めた。2011年11月時点で、NHK総合では毎週火曜日（月曜日の深夜）1時5分～1時30分に小説をアニメ化した「アニメ心霊探偵八雲」を放送。毎日放送、TBS,フジテレビ、日本テレビ、テレビ東京各局で深夜25時～26時台が深夜アニメ放送帯になっている。
26　1959年に週刊の『少年サンデー』（小学館）『少年マガジン』（講談社）、1963年に週刊『週刊少女フレンド』が創刊された。『週刊少年ジャンプ』（集英社、1968年創刊）は、1988年には発行部数500万部を記録した。

いなかった。それとは対照的に、現在では1950年代60年代の子どもが親から隠れるようにして読んだ少年・少女漫画が文庫版や豪華本で復刊され、歴史・仕事・恋愛・家庭・育児・ファンタジー・ホラーなど多様なテーマを取り込んだ青年向け漫画や成人男性、成人女性向け漫画雑誌が店頭に並んでいる。

　平成18(2006)年3月、バンダイから「コンプリートセレクション　仮面ライダー新1号　変身ベルト」がメーカー希望価格3万1500円で発売された。昭和46(1971)年のテレビ放送から25年後に商品化されたこのキャラクター玩具は、初期の仮面ライダーをリアルタイムで見ていた30代から40代の男性を対象にした"大人のための変身ベルト"[27]で、変身音や発光機能など細部までこだわっていた。また、サンリオキャラクター「ハローキティ」は、1970年代には女児向けキャラクターだったが、1990年代後半に「キティラー」[28]という言葉が生まれるほど、若者や成人にも支持された。文房具や日用品のほかに、炊飯器や電気ポットなどの電化製品、パソコン、軽自動車まで幅広く商品を展開している。その人気は2009年時点で70か国と海外まで広がり、年間5万種類のキャラクターグッズが販売されている[29]。

　加えて、大人をひきつける遊び空間にも子ども時代の体験が連動している。昭和59(1983)年に、「夢と魔法の国」東京ディズニーランドが開園した。当初訪れた子どもたちは子育て世代となり、わが子を連れて来園する。大人になった自分を、幼い頃から親しんだキャラクターたちが迎えてくれる空間には、大人も楽しめる遊びと消費の要素が散りばめられている。また、ギャンブル性の強い娯楽であるパチンコやパチスロも、テレビや漫画の懐かしいキャラクターたちを前面に出したコマーシャルを演出し、キャラクターたちの吸引力による集客を狙っている[30]。

27　ベルトは一枚皮から切り出した牛皮、ウエストサイズは85〜110cm。
28　自分の生活空間や身の回りの物をキティグッズで揃える熱狂的愛好者。
29　「繊細さ受けたマンガ」『毎日新聞』2009年1月1日。
30　パチンコ機種に、「巨人の星」「あしたのジョー」「アタックNo.1」「北斗の拳」「デビルマン」「聖闘士星矢」「銀河鉄道999」など、40代以上には懐かしいマンガキャラクターが使われている。

かつて子どもを主な対象とした児童文化財は、時を経て大人を対象とする文化に拡大した。懐かしいアニメや特撮番組がＤＶＤ化され、大人たちは子ども時代の体験や感覚を思い起こし懐かしむアイテムとして、それらを再び身近に引き寄せる。大人になったからといって、子どもの頃に親しんだキャラクターたちを卒業する必要はなくなった。

　このように、子ども時代に出会った世界は成長した大人に懐かしさと親しみを感じさせることで、再び大人向けの商品として価値を再生産する。子ども時代に魅力的なキャラクター世界に浸って遊ぶ体験が、20年、30年後の消費者を生み出すことにつながっているのである。

　少子高齢化に歯止めがかからない現代では、子ども関連産業や娯楽産業が子ども時代の懐かしさを盛り込みながら、大人や家族にまでターゲットを拡大して商品開発を進めている。マンガやゲーム業界が送り出す商品が大人世代の郷愁を刺激して、その世界からいつまでも卒業させないようにしむけるのである。すでに見たように、テレビの普及は、文字優位の中でつくられた「教える者―教えられる者」という大人と子どもの関係を解体し、その境界線を曖昧にしてしまったといわれる。子ども関連産業などの現状を見ても、消費対象としての子どもと大人の境界線はボーダレス化しているといえるだろう。

3　電子空間の遊び

1　テレビゲームの浸透と大人の危惧

　子どもにとって自分の気持ちを発散し、自由に振舞える空間は魅力的である。従来、大人に管理されない空き地や原っぱ、路地裏などの自由な遊び空間がその役割を果たしていた（6章参照）。原っぱで草花を摘み、林で虫をつかまえる。川や溜池でザリガニをつり、田んぼや池におたまじゃくしを捕りに行く。路地で繰り広げられる鬼ごっこやまりつき、竹馬、メンコ、ベーゴマ、ゴム跳び、かくれんぼなど、子どもたちは時間を忘れて夢中になって遊んでいた。依然として自由な遊び空間と遊ぶ時間の減少が改善されない現在、遊び文化の伝承と創造を思う存分体験できる遊び環境を子どもたちに保

障することは難しい[31]。

だが、子どもたちは一昔前の子どもが遊んでいた現実空間とは、質的に異なった空間に遊び場を見出した。子どもの生活から遊ぶ〈時間・空間・仲間〉が減ったとき、テレビゲームの世界が新しい遊び空間として浮かび上がり、子どもたちを惹きつけた。現実世界の窮屈さを補うかのように、子どもたちはゲーム画面に対面しながら電子空間の遊びを楽しんでいる。

手軽にゲーム遊びができるようになったのは、1980年代前後にテレビゲームが登場した以降のことである。殊に、昭和58（1983）年7月に家庭用テレビゲーム機「ファミリー・コンピュータ」（通称「ファミコン」[32]）が誕生すると、ゲームセンターに行かなければ遊べなかったゲームを家庭で遊べるようになった。それはテレビと同様に、家庭に娯楽をもたらした。

ファミコン登場以降、家庭用ゲーム機の普及はめざましく、瞬く間に子どもたちの生活に浸透した。ファミコン発売10年後の1993年の時点で、自宅にテレビゲームがある幼児は56％。3歳未満からテレビゲームを始める幼児もおり、ほぼ100％に近い幼児が小学校に上がる前にテレビゲームで遊び始めている[33]。平成9（1997）年には、小学生男子の94.6％、小学生女子の84.4％が自宅にゲーム機があると答えている[34]。

テレビゲームは、遊びの中で次第に大きな比重を占めるようになり、熱中する子どもたちを心配する大人たちの声も上がっていた。その理由として、①生活時間全体のバランスを崩しやすい、②身体を使った集団遊びの機会の

---

31 子どもたちの想像力で遊びを生みだしていけるように、古タイヤや木材などの廃材や、ロープ綱などを用意した冒険的な遊びの場が、日本でも誕生している。日本で最初の冒険遊び場は、世田谷区に昭和54（1979）年にできた「羽根木プレイパーク」である。また、数は少ないが大人が子どもに遊びを教える市民活動も見られるようになった。これらの動きは、子どもが身体と五感を能動的に働かせて遊べる空間・場として、今後ますます重要性が増すであろう。
32 任天堂から発売された家庭向けのテレビゲームに用いるコンピューターゲーム（商標名）。
33 NHK放送文化研究所『放送研究と調査』10月号、1993年。
34 博報堂生活総合研究所『調査年報1997 子供の生活　少子化時代のアメンボキッズ』1997年。

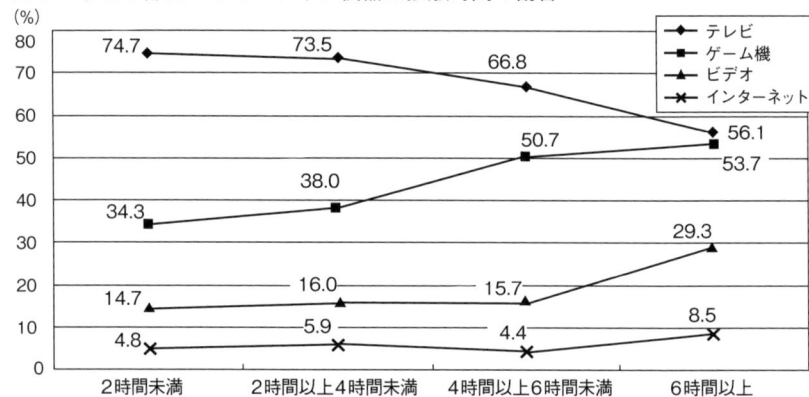

図8　子ども部屋にあるメディア機器と接触時間の割合

	2時間未満	2時間以上4時間未満	4時間以上6時間未満	6時間以上
テレビ	74.7	73.5	66.8	56.1
ゲーム機	34.3	38.0	50.7	53.7
ビデオ	14.7	16.0	15.7	29.3
インターネット	4.8	5.9	4.4	8.5

（文部科学省「子どものメディア接触と心身の発達に関わる調査・研究」2005年度事業報告書〈http://www.mext.go.jp/a_menu/sports/ikusei/06112702/006.htm〉）

減少、③視力の低下、睡眠時間の減少や不規則化など身体の健康面の問題、④ゲーム機やソフトの高性能化に伴う価格高額化、⑤暴力や性にかかわる刺激の強い場面の多さなどがあげられ、ゲームの展開に熱中して遊びが長時間になることで生活時間や生活習慣が乱れ、肥満や視力低下、運動不足を招き、身体や意識に好ましくない影響があるのではないかと懸念された[35]。

一方、架空の世界でプレイする体験が、知識や感覚、感情面で子どもに好ましい影響を与えるという意見や、テレビゲームは子どもたちにコンピューター文化との最初の出会いを与えている点を評価し、「コンピューター社会への適応能力を形成する役割も演じている」[36]という考えも示されていた。

【図8】は「子ども部屋にあるメディア機器と接触時間の割合」（小学生4〜6年生を対象に行った調査）[37]を示したものである。メディアとの接触時間が長くなるほど、テレビ所有の割合が減り、反対にゲーム機は所有割合が高くなっている。このことについて同調査では、「大人と一緒にテレビ視聴を行い、大人の目の届かない子ども部屋でゲームをしている様子が想像され

35　中野光・松平信久『教育改革を考える教育キーワード』（小学館、1984年）。
36　森楙監修『ちょっと変わった幼児学用語集』（北大路書房、1996年）。
37　文部科学省「子どものメディア接触と心身の発達に関わる調査・研究」2005年度事業報告書。

る」と推察している。

2　大人文化として定着する携帯型ゲーム

　ファミコン発売以来30年近く年月が経ち、当時ゲームに興じた「子ども」たちは既に子育て世代になった。子どもたちの遊びや生活においてテレビゲームが大きな位置を占め続けることは間違いないという予測を超えて、今では街や電車の中でもゲームに熱中する大人たちの姿を目にする。大人が子どもと同じようにゲーム遊びに夢中になることは、かつては「大人気ない」ことであったが、子ども時代にその面白さをリアルに体感した世代が大人になった時、ゲーム機が大人の娯楽として機能するのは自然なことかもしれない。

　大人が屋外でゲームに興じる現状は、ゲーム機開発メーカーが大人に対して戦略的にゲーム機を販売したことが影響している。平成9（1997）年には7500億円規模あったゲーム市場は、平成15（2003）年には4500億円へ縮小した。少子化傾向が続く中、子どもだけを相手にしていては売り上げが減少する。そこで、「子どもや若者より年長の大人ファン層拡大が緊急課題」となり、通勤電車や昼休みなど大人（ゲーム世代の「子ども」たち）の「空き時間」に目をつけ、市場縮小の歯止め役を期待した携帯型ゲーム機が開発された。

　平成16（2004）年に売り出された携帯型ゲーム機は、何れもゲーム機の新たなファン層として大人を狙っていた。「ゲームボーイ」（1989年）、「ゲームボーイアドバンス」（2001年）を国内で計4700万台売った実績をもつ任天堂は携帯型ゲーム機「ニンテンドーDS」（税込1万5千円）を、ソニー・コンピュータエンターテインメント（SCE）が、「プレイステーション・ポータブル（PSP）」（税込2万790円）を発売した[38]。

　「ニンテンドーDS」は、専用タッチペンで画面を「こする」「たたく」「息を吹きかける」という新しい入力方法を取り入れ、いくつものボタンによる複雑な操作が軽減された。新感覚で気軽に遊べるゲーム機は、国内発売4日間で57万台を売りあげた。また、「プレイステーション・ポータブル（PSP）」

---

38 「携帯ゲーム機　狙うは大人」『朝日新聞』2004年12月11日。

は、光沢感のある黒いシンプルなフォルムが施され、「大人が外で遊んでも気恥ずかしくない」ような商品デザインに仕立て上げた。

　短時間でも遊べるゲームソフトや、ゲームを途中でセーブできる機能などを備えた携帯型ゲーム機は、子どもの頃から家庭用ゲーム機に親しんできた世代を取り込みながら、「スーパーマリオブラザース」「ドラゴンクエスト」「ファイナルファンタジー」シリーズなどの人気ゲームソフトとともに売り上げを伸ばした。

　国内のゲーム市場規模は平成19（2007）年の約8000億円をピークに減少が続いている[39]。しかし、メーカー側は新感覚のゲーム機を開発し、市場拡大を狙っている。平成23（2011）年には任天堂から「ニンテンドー3DS」が発売され、奥行きの感じられる立体感がゲームに新感覚をもたらした[40]。同年12月に発売された「プレイステーション・ヴィータ（SCE）」は、全面と背面のタッチパネルで操作できる機能などを活用して楽しめるゲームソフト24本も同時発売された。

　さらに、平成23（2011）年にはスマートフォン（多機能携帯電話）の普及などにより、携帯電話で安価に遊べる「ソーシャルゲーム」の利用者が伸びた[41]。ゲームソフトを買わなくても、インターネット上の交流サイトで会員になると「無料」でゲームを始められる。ただし、人より優位にゲームを進めて自分の成績を上げるためには「有料」の道具が必要になる。「ソーシャルゲーム」を宣伝するテレビコマーシャルには、20代から40代の人気タレントたちが楽しげに遊ぶ姿が映し出され、提供されるゲームが大人を対象にしていることを明示している。

　以上のように、携帯型ゲームは、細切れの時間でも遊べるゲーム世界を遊び空間として提供している。ゲーム世代の子どもの志向が、年月を経て大人の遊び文化として定着した。大人が携帯型ゲーム機やスマートフォンを手に

39　「主役はソーシャルゲーム」『朝日新聞』2011年9月15日。
40　脳に錯覚を起こさせることによって画像を立体的に見せる3D映像は、視力への影響や健康に対する配慮と対策が課題となろう。
41　「主役はソーシャルゲーム」『朝日新聞』2011年9月15日。国内大手であるグリーとDeNAの会員数は、ともに2千万人を超えている。

ゲームに興じる様子は、現在日常的に見られる姿であり、それを見て育つ子どもたちが、ゲーム世界に惹きつけられるのは自然な成り行きであろう。

4 携帯文化の時代

1 便利な携帯電話

現在、成人の多くが外出時に携帯電話を手放せない生活を送っている。日本において移動しながら通話できる携帯電話が実用化したのは昭和54（1979）年、1980年代に事業として成立するようになった。1990年代に普及し始めた携帯電話は、当初働き盛りの年代を対象にしていたが、現在では小学生から高年齢層にまで対象を広げている【表1】。

文部科学省の発表[42]（平成21年5月）によれば、「子どもの携帯電話所有状況」は小学6年生が24.7％、中学2年生が45.9％、高校2年生が95.9％であった。「保護者が子どもに携帯電話を持たせた理由」は、「家族間でいつでも連絡がとれる」が最も高く、小6で68.4％、中2が69.2％、高2が72.4％である。この理由に次いで、小6では「塾や習い事を始めた」が39.2％となっている。この背景には便利さのみならず、夜遅く塾から帰宅することや子どもだけで行動することを心配する親の不安感が背景にあるといえよう。GPS機能[43]で子どもの居場所を確認でき、電話やメールですぐに連絡できることが、親子の安心につながっている。

だが一方、携帯電話はダイレクトに大人社会につながるため、子どもが犯罪や事件に巻き込まれる危険性が問題視されている。先の調査の中で「子どもに携帯を持たせない理由」として、「トラブルに巻き込まれる心配がある」を選択した保護者は小6の41.2％、中2の42.1％であった。携帯各社も学齢別の機能設定を提案するなど、携帯機能が危険と結びつかないよう推奨している[44]。

携帯電話（以下、「ケータイ」と記す）の機能は電話にとどまらず、テレビ、

---

42 文部科学省「子どもの携帯電話等の利用に関する調査」2009年。
43 Global Positioning System。人工衛星などからの電波によって位置を確かめる機能。

ゲーム機、音楽プレイヤー、カメラ、ビデオ、パソコン、時計、辞書、お財布などの役割を兼ね備えている。これらの実物すべてを日常持ち歩くことは、重たくかさばるので到底できない。従って、個人が屋外でできることには自ずと制限があった。今ではケータイが、先にあげた道具の役割を果たしてくれる。多機能型ケータイ普及以降、家庭内で行っていた行為（テレビを見る、電話をする、パソコンを使うなど）が外出先で簡単にできるようになった。

電車やお店の中などでケータイを使用している人は、〈私の世界〉を常にその手に握りしめ、目の前にいない相手と通信したりモニターに映しだされる世界に入り込み、ここではないどこかに気持ちを向けている。〈いつでも・どこでも・だれとでも〉つながることができ、どこにいても〈私の世界〉を身にまとえる感覚をケータイはもたらした。

表1 携帯電話・ＰＨＳの加入契約数の推移

時期	携帯電話 加入数	携帯電話 普及率	ＰＨＳ 加入数	ＰＨＳ 普及率
昭和63年度末	242,888	0.2%		
平成元年度末	489,558	0.4%		
平成5年度末	2,131,367	1.7%		
平成10年度末	41,530,002	32.8%	5,777,590	4.6%
平成12年度末	60,942,407	48.0%	5,841,967	4.6%
平成13年度末	69,121,131	54.3%	5,698,027	4.5%
平成14年度末	75,656,952	59.4%	5,461,372	4.3%
平成15年度末	81,519,543	63.9%	5,135,419	4.2%
平成16年度末	86,997,644	68.1%	4,476,296	3.5%
平成17年度末	91,791,942	71.8%	4,691,790	3.7%
平成18年度末	96,717,920	75.7%	4,980,245	3.9%
平成19年度末	102,724,567	80.4%	4,614,407	3.6%
平成20年度末	107,486,667	84.1%	4,563,410	3.6%
平成21年度末	112,182,922	87.8%	4,112,456	3.2%
平成22年度末	119,535,344	93.3%	3,751,781	2.9%

注：平成23年9月末からの普及率の人口値は、総務省統計局発表の「平成22年国勢調査（平成22年10月）全国の総人口（確定値：1億2805万7352人）」を使用。
（総務省ホームページ〈www.soumu.go.jp/johotsusintokei/field/data/gt01020101.xls〉より作成）

---

44 例えば、NTTdocomoでは、小学低学年向けには、電話とメールはできるが、サイトアクセスはできないプラン。小学校高学年は、サイトアクセスは可能だが、キッズモードフィルタやアクセス制限を取り入れるなど、学齢別に推奨コース（「小学校低学年向け」「小学校高学年向け」「中学生向け」「高校生向け」）を設けている（2011年10月現在）。

2　情報化社会における生活

「情報通信白書 for Kids」（総務省）[45]では、インターネットやモバイル通信でできること、ユビキタスネットワーク[46]の世界やインターネットの仕組み、接続方法、利用上の注意などを平易な言葉で解説している。

手の中に収まる情報機器を使って、個人が世界に向けて情報を発信できるようになった。簡単につながる手軽さと、つながるからこそ縛られる不自由さが表裏一体となった情報化社会では、発信された情報を社会的文脈でとらえ批判的に読み解く能力が、より早い時期から必要になる

今この時代に至って、私たちは自らが作り上げた人工的文化環境へのさらなる適応を迫られている。たとえ「インターネットの便利さやその恩恵にあずからなくてもよい」と個人が考えていても、最先端の便利な情報機器が私たちの生活に組み込まれ、テレビや雑誌は「詳しくはホームページで」と、私たちをネット空間へ誘導していく【表2】。

情報機器を活用する社会環境は、今後ますます常態化していくであろう。これからは「一人前」である要件のひとつとして、現実空間とネット空間を自由自在に渡り歩き、取捨選択する能力をもつことを求められるようになる。そのようなスキルを習得していない人間は、大人であっても情報化社会に適応できない「未熟な存在」という視線を向けられるかもしれない。

5　コンピューター時代の子どもと大人

コンピューター文化優位のメディア環境によって、子どもは「大人から保護され教育される存在」の枠に納まらなくなった。携帯型情報ツールが次々に進歩する社会を背景に、子どもと大人の関係性は変容していく。

45　総務省のホームページ〈http://www.soumu.go.jp/joho_tsusin/kids〉（2011年11月閲覧）。

46　ユビキタス（Ubiquitous）、ラテン語で「いたるところに在る」ことを意味する。ユビキタスネットワーク社会とは、「いつでも・どこでも・何とでも・誰とでも」ネットワークでつながることにより、さまざまなサービスが提供され、より豊かな生活を実現する社会である。

表2　インターネット普及率の推移

(%)

	平成9年末	平成10年末	平成11年末	平成12年末	平成13年末
世　　帯	6.4	11.0	19.1	34.0	60.5
個　　人	9.2	13.4	21.4	37.1	46.3
企業（従業者100人以上）	68.2	63.8	78.3	89.3	94.5
事業所（従業者5人以上）	12.3	19.2	31.8	44.8	68.0

平成14年末	平成15年末	平成17年末	平成19年末	平成21年末
81.4	88.1	87.0	91.3	92.7
57.8	64.3	70.8	73.0	78.0
96.1	97.5	97.6	98.7	99.5
79.1	82.6	85.7	—	—

注1：平成15年以降は2年毎の数値を示した。
注2：個人の平成9〜12年末までの数値は「通信白書（現情報通信白書）」から抜粋。
注3：個人は、過去1年間にインターネットを利用したことがある者が対象。インターネット接続機器については、パソコン、携帯電話・ＰＨＳ、携帯情報端末、ゲーム機等あらゆるものを含み（当該機器を所有しているか否かは問わない）、利用目的等についても、個人的な利用、仕事上の利用、学校での利用等あらゆるものを含む。
注4：世帯は、家族の誰かが過去一年間にインターネットを利用したかどうか（利用機器、場所、目的を問わない）についての設問に対して「利用した」旨回答した世帯の割合。
注5：企業の平成9年末は、従業者300人以上の企業の数値（300人未満の企業は調査対象外のため）。
注6：事業所は、平成19年末以降調査していない。
（総務省「通信利用動向調査」〈http://www.soumu.go.jp/johotsusintokei/statistics/index.html〉）

　情報化社会の諸要因は、近代以降の大人たちが作り上げてきた子どもと大人を分ける明確な境界線を曖昧にし、「経験をもとに大人が未熟な子どもを教え導く」というかつての大人と子どもの関係性を転換させる。情報を読み解く力は、依然大人が優位だとしても、探究心旺盛な子どもは情報収集力や発信力では大人に引けを取らない能力を秘めている。携帯文化の中で育つ子どもたちは、〈情報を受信する、加工する、発信する〉ための知識と技能の習熟面で、ややもすると大人より上達が早い。
　現代では乳児の頃から身近な大人たちが電子機器を操作する様子を眺め、親の持つ携帯電話やスマートフォン、タブレット型コンピューターの画面を見つめ、おもちゃ代わりに弄びながら育つ。0歳児から操作できるアプリケ

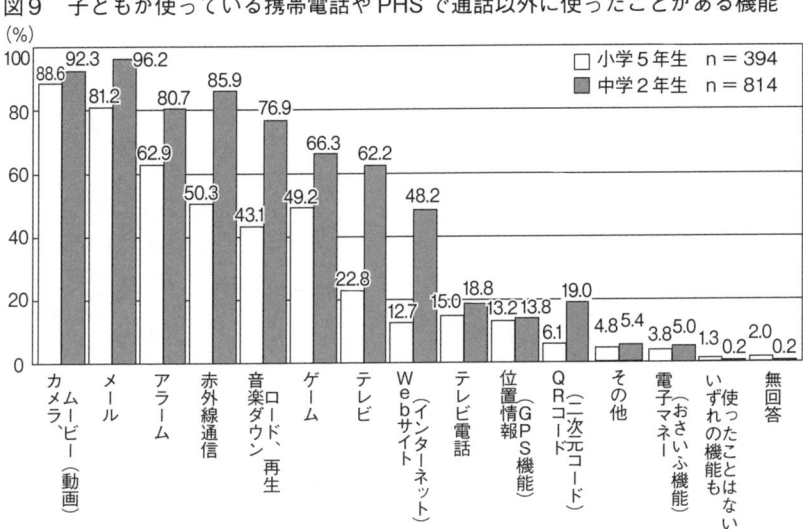

図9　子どもが使っている携帯電話やPHSで通話以外に使ったことがある機能

(%)
機能	小学5年生 n=394	中学2年生 n=814
カメラ・ムービー（動画）	88.6	92.3
メール	81.2	96.2
アラーム	62.9	80.7
赤外線通信	50.3	85.9
音楽ダウンロード、再生	43.1	76.9
ゲーム	49.2	66.3
テレビ	22.8	62.2
Webサイト（インターネット）	12.7	48.2
テレビ電話	15.0	18.8
位置情報（GPS機能）	13.2	13.8
QRコード（二次元コード）	6.1	19.0
その他	4.8	5.4
電子マネー（おさいふ機能）	3.8	5.0
使ったことはないいずれの機能も	1.3	0.2
無回答	2.0	0.2

注：調査は複数回答。
（日本PTA全国協議会「H21年度　マスコミに関するアンケート・子どもとメディアに対する意識調査」）

ーションも登場し、赤ちゃんのころから画面をさわり動かす方法を身につける時代が到来した[47]。幼児向けに提供されているゲーム・お絵描きソフト・学習ソフト・絵本ソフトなどのコンピューターソフトは、便利で面白い道具として育児雑誌などで紹介されている[48]。

　受信者の立場に置かれるテレビとは違い、自分で機械を操作する〈関わることで展開する面白さ〉が子どもをコンピューター文化に惹きつける【図9】【図10】。小学校でも電子機器を使った学習の実証実験が始まっている[49]。操作が簡便な情報ツールを使いこなし、発信能力を発揮する子どもたちは今後

47　Kids-app.comでは、「iphon」「iPad」「iPadtouch」の幼児向けアプリとして、「キッズクラッシック」（0円、0歳〜）、「BabyTap」（170円、0歳〜）、「フリフリくんを探せ」（85円、2歳〜）、「シールで遊ぶゆびさき絵本ももたろう」（350円、3歳〜）など乳幼児からさわれるアプリを紹介している。

48　一例として、『nina's』（祥伝社）2011年11月号の「みんなのスマホ活用術」の特集では、大人に便利なアプリと並んで、「ぐずり対策」「知育アプリでかしこい子」など、子育て中の親が使ってみたくなるアプリを紹介している。

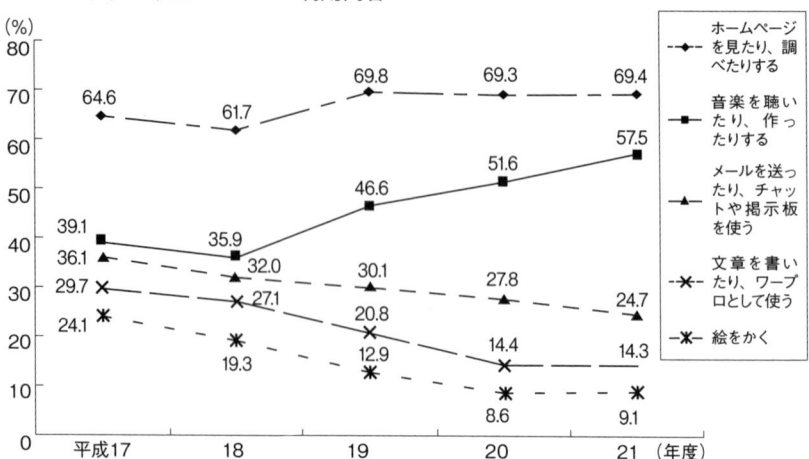

図10　中学2年生のパソコン利用内容

年度	ホームページを見たり、調べたりする	音楽を聴いたり、作ったりする	メールを送ったり、チャットや掲示板を使う	文章を書いたり、ワープロとして使う	絵をかく
平成17	64.6	39.1	36.1	29.7	24.1
18	61.7	35.9	32.0	27.1	19.3
19	69.8	46.6	30.1	20.8	12.9
20	69.3	51.6	27.8	14.4	8.6
21	69.4	57.5	24.7	14.3	9.1

（日本PTA全国協議会「H21年度　マスコミに関するアンケート・子どもとメディアに対する意識調査」）

ますます増えていくであろう。

　21世紀初頭の子どもにとって、テレビ・ケータイ・パソコン・タブレットなどの情報ツールが導くネット社会は、もはや現実社会と同等の重みで存在するもうひとつの社会となっている。この時代を生きる子どもは情報化社会の便利な道具によって、画面を通じて〈いつでも・どこでも・だれとでも〉つながる状況を当然のこととして育っていくのである。

49　「宿題もタブレット」『朝日新聞』2011年12月8日。電子黒板・タブレット型端末・デジタル教科書を、デジタル時代の「三種の神器」と紹介。子どもがタブレットパソコンに入力した写真や文字情報を、教師が操作する超大型テレビのような電子黒板に即時に映し出せる。デジタル化は、比較や変化、動きを瞬時に見せることができる良さがあるという。

付論8
情報化社会と音羽「お受験」殺人事件
――映しだされる子育て不安――

創られる虚像

　少数の情報の「送り手」が、圧倒的多数の「受け手」に一方的な影響を与え、人びとの考えを画一化する情報化社会の弊害はよく指摘される。例えば、幼い子どもが犠牲となった痛ましい事件などが起こると、ある人は次々と報道されるマスコミに釘付けとなり、有識者のコメントなどに耳を傾ける。やがてマスコミの情報を通じて知った被害者・加害者や関係者の人間像を理解したつもりになり、それぞれの立場から批評し、同情する。受け取った情報を自身だけが知りえたことのように思い込み、身近で起こった出来事のように語るのだ。

　だがメディアの流す情報は、ある視点から見たものであり、「受け手」が興味をもちやすいように、(意識的、無意識的にかかわらず)加工されている可能性も捨てきれない。速報される新聞やテレビの報道は、未だ十分に解明されていない事実関係をもとにした恣意的な解釈である事も多く、被害者や犯人の取り調べをつくし、弁護側・検察側、双方の主張を吟味して慎重に審議される裁判によっても、事件の真相が見えてこない場合さえある。

　しかしメディアはなぜ、事実関係さえ明らかでない段階から、ある特定のイメージをもって像をつくりあげてしまうのか。そこに圧倒的多数の「受け手」が、無意識の内に求める何かが映しだされているのではないか。私たちの心の底にある不安が投影され、モンスターのように一人歩きした、東京都文京区音羽で発生した幼女殺害・死体遺棄事件を見てみよう。

「お受験」殺人事件

　この事件は、マスコミなどの報道から「音羽お受験殺人事件」と呼ばれる

ことがある。平成11 (1999) 年11月22日、2歳の幼女Hちゃんが、兄が通園していた同区内の幼稚園の園庭で行方不明となり、3日後に静岡県で遺体となって発見された。犯人は同じ幼稚園に子どもを通わせていた、母親A (35歳) であった。

犯人Aは長男を幼稚園に迎えに行った時に、偶然一人で遊んでいるHちゃんを見かける。Hちゃんの母親B (32歳) が他の保護者と話しているすきに、幼稚園に隣接する寺の公衆トイレに連れ込み、身に付けていたマフラーでHちゃんを絞殺。遺体を持参していた黒い大きなバックに入れ、静岡の実家の裏庭に埋めた。そして公開捜査から2日後の25日、夫に付き添われ自首した、という痛ましい事件だ。

Aと母親Bは、長男同士が同じ幼稚園の年長クラスで、入園する前からの知り合いであった。しかも、Aの長女もHちゃんと同じ歳で、春には幼稚園入園を控えていた。文京区音羽地区は、国立大学付属幼稚園・小学校などがひしめく都内でも有数の文教地区で、教育熱が高い地域であった。事件の直前にAの長女とHちゃんが、同じ国立大学付属幼稚園を受験し、Aの長女は一次選考のくじ引きの抽選にもれ、Hちゃんは二次選考に残り、最終合格したこと。しかも事件が起こる3日前の金曜日 (19日) が合格発表で、その週明けの月曜日にBと他の母親たちが園庭でHちゃんの合格の話題をしていた直後の犯行であったこと。その間の事情が明らかになるにつれて、Hちゃん殺害の背景は、有名幼稚園の「お受験」をめぐる、母親同士の確執があったのではないか、過熱する幼児の「受験競争」がついに殺人事件を引き起こしたのか、という大きな社会的衝撃を与えた。

新聞報道がつくるイメージ

逮捕後の『朝日新聞』の一連の報道を見てみよう (以下、同紙による)。翌日の朝刊39面 (1999年11月26日) は、「なぜ2歳児が標的に」「背景に『お受験』事情？　長男同士、同じ幼稚園に」。続いて夕刊23面は、「『お受験』ダブル競争」「A容疑者とHちゃんの家庭は同年齢の子どもが二人おり、兄妹とも小学校と幼稚園を受験、明暗が分かれていた。……住民からは、名門校に囲まれた『独特の環境』と事件が関係しているのではないか、との声も

図　「検証『お受験』」

(『朝日新聞』1999年11月28日)

きかれた。」そして中曽根弘文文部大臣（当時）が、記者会見の席で詳しい事情がわからないのでコメントは控えたいが、「幼児期から受験が過熱しているということであれば……いろんな面から検討していかなくてはならない」（同上）と述べたことを掲載している。このように推測の余地を残しながらも、事件を幼稚園受験と関連付ける方向で紙面が構成されている。

　翌27日1面は、次第に断定的な論調になり、「関係者の話などから、背景に『お受験』の過熱が浮かび上がってきた。Hちゃんの合格した『超難関』国立大学付属幼稚園にA容疑者の長女ははいれなかった。」そして一次試験の抽選会の会場の母親たちの様子を詳細に紹介し、「抽選突破の『白い玉』じっと見つめる」、その会場にAがせん望をもって眺めていたかのような記事で、「お受験」殺人のイメージをつくりあげている。

　28日の社会面は、中央部ぶち抜きで、幼稚園の受験をめぐる確執が事件を引き起こしたとして、その背景を大々的に報じている。両面（38・39面）の右下、左上に「検証『お受験』」と黒枠で囲み、「『合格』しか見えない

子より親が熱中」という大きな見出し、中見出には、次のような文言が並ぶ。

「強いライバル意識　やきもちで仲たがいも」
「少子化でも競争過熱　ブランド校に人気集中」
「大学進学にも有利に働く　命がけ、親のメンツかかる」
「評判校ひしめく『文教地区』　意識せずにいられない」
「『名門中の名門』幼稚園　競争率は21倍超す」

　子を思う親の気持ちが幼児の国立私立受験になって現れるが、子どもより親がのめり込むケースが多いことなど、お受験教室の実体や親の苦悩、幼稚園受験の現状など、捜査段階にもかかわらず、事件は「お受験」と関係するかのように報じられたのだ。

母親間の人間関係へ——被害者への批判
　ところが逮捕後の取り調べでAは、犯行当時Hちゃんの合格を知らなかったこと（11月30日朝刊39面）や「（事件の動機に）子どもの受験は関係ない」「受験にそれほど熱心ではない」（同日夕刊19面）などと供述し、「お受験」が直接の動機でないことが、次第に明らかになった。そしてHちゃんの母親Bとの「付き合いの中で、心のぶつかり合いがあった」「許せないことがあった」というAの動機が報じられ始めると、今度は子育てをする母親たちの人間関係が問題にされ始める。
　そこからHちゃんの母親Bはグループのリーダー的存在であり、Aを「いじめていた」「使いぱしり」にしていたという歪んだ母親像がつくりだされる。そして被害者である母親Bが批判されることになる。
　Bの父親の証言によれば、「ワイドショーには、教育評論家と称する女性が登場して、まったく娘とは面識ないにもかかわらず、さも当事者を知っているかのごとく」AとBとの関係について「事実無根」の事を話し、「愛娘を失った心の傷に塩を塗りこむように、『娘は殺されてよかったんだ』『次には母親が後を追えばいい』などと常識では考えられないような内容の手紙」が見ず知らずの人から母親Bのもとへ届いたという（保坂渉『ひびわれた仮

面——東京・文京区幼女殺害事件』共同通信社、2002年、156〜157頁)。

心の闇——解明されない真相

　裁判を傍聴し、関係者からの取材を重ねた共同通信社会部の記者保坂渉は、事件から浮かび上がるのは「小さいころから身につけた過剰適応という適応形態から『いい子』を演じ続け、結婚後も自分の作り上げた『いい妻』『いい母親』像を演じ」「そのために抱え込んだストレス」の「はけ口を次々と転化させ」、それを母親Bに、そして最後にHちゃんに「向けていった心の破綻の軌跡」であった。「心のぶつかり合い」も、誰もがうなずける母親同士の確執ではなく、母親Bへの「一方的なこだわりの増幅」であり、いわばAの「一人相撲と言ってよかった」と指摘している（前掲書、204〜205頁)。つまりBの言動を一方的に悪意に解釈したAの特異な性格からくる被害妄想である、というのだ。

　しかし、その憎悪の対象がBではなく、なぜ娘のHちゃんに向かい、殺害にまでつながったのか。ギリシャ神話のメディア[1]のように、Bの大切な娘を奪うことで、彼女に地獄の苦しみを味あわせかったのか、もしそうであればその動機はあまりにも卑劣だが、理解できなくもない。しかし、Aはそうではない、という。では、その理由は何か、本人でさえうまく説明できない心の闇があった。

　事件の本質は、裁判によっても、心理学者によっても、十分には明らかにされなかった。ここでいえることは、マスコミの勝手な憶測からイメージばかりがエスカレートして、それを真実のように錯覚して「受け手」が反応することの怖さである。アメリカのジャーナリストであるリップマン[2]は、今から半世紀前にメディアが情報を意図的に操作し、人びとに一定のイメージを植えつけて世論操作を行う危険性を指摘している。私たちは情報の「受け手」として自覚をもつ必要があるだろう。だがそれを改めて本書で、指摘す

1　ギリシャ神話の魔女メディアは、イアソンをたすけて黄金の羊皮を手に入れさせ、祖国を捨てたが、のちに捨てられ、夫への復讐のために二人の間にできた子たちを殺す。
2　リップマン（Walter Lippman [1889〜1974]）著書に『世論』など。

るまでもないだろう。

　ここで問題としたいのはマスコミが作り上げる虚像を「ひとごととは思えなかった」と語る母親たちの「心の叫び」である。この事件を「お受験」や「子育てをめぐる母親間の葛藤」へと、情報の「送り手」も「受け手」も次々と勝手に関連づけて受け入れ、過剰に反応する、私たちの心の持ち方である。ここに現代の子ども像の本質の一端が、透けて見えるのではないだろうか。

母親たちの叫び

　『朝日新聞』（1999年12月11日朝刊27面）は、事件から約2週間後に「母親たちの叫び　文京区女児殺害事件に思う」という特集を、家庭面に掲載している。「事件に思う」という呼びかけをしたところ、全国から930通を超える声が寄せられた。しかし、それは「事件に対する意見よりも、母親として現代を生きることの難しさだった」。「主婦の孤立感や育児の重圧、人間関係、夫のすれちがい……」が寄せられたという。

　「満点ママになりたくて」という見出しの後に、子どもを国立と私立の幼稚園に受験させ、不合格だった母親（37歳）の言葉には、幼稚園受験の苦悩が語られている（以下、下線部は筆者）。

> 受かった二人の友人を見てみると、さもありなんと納得できます。幼稚園の試験は『親をみる』と聞いていたからです。二人とも優しくて子どもへの接し方も元幼稚園教諭だった私からみて百点満点お母さんだからです。落ちたのは、子どものせいというより、私の人間としての器量が足りなかったからではないだろうか。より良い母親イコール人間にならなくちゃ。

　横浜市の公務員（30歳）は、子どもの出来で代理戦争をした経験をつづる。

> 長男を友人とまったく同時期に出産してから私には（高校時代の友人と）競争がはじまってしまいました。『首がすわった』から始まり、零歳で彼女が十五万円の知育教材を子どもに与えたとすると、こちらも二十万

円のセットを買う。あせってしまいました。<u>この子の将来への道をできるだけ平たんにならして準備してあげることこそ母親としての務めだ</u>という思いがありました。

　そしてある父親は、妻と口げんかで「家と子供のことは、お前がやるんだろう」と言ってから、妻は育児や近所づき合いの悩みを一切話さなくなり、子どもの私立小学校受験にのめり込んでいった、という。
　第1章でも述べたように、現代は子どもの成長がある程度約束された時代だ。生まれや身分による差別がなく、自由に職業が選択できる社会では、よりよい子育ての成果をはかる基準を、学歴や学校名などに置いている人も少なくない。（誤解をおそれず言えば）学歴社会を生き抜くために、子どもが自分の将来の方向性を考えられない幼いうちから、未来への選択肢を広げるために幼稚園・小学校と道を整えることが母親の務めである、という幻想に囚われる時代なのだ。その重圧に押しつぶされそうな母親をはじめ周囲の人びとが、この事件の動機を「お受験」「子育てをめぐる母親間の葛藤」に仕立て上げ、語り合い、共感し、反発し、非難したのであろう。

子育てに熱心な母親——江戸の風景

　子育てに熱心な母親は、いつの時代にもいた。親がいくつもの習い事を強制し、忙しくて遊ぶ暇がないと愚痴を言う子どもの姿は、江戸期にもあったのである。それを滑稽本式亭三馬[3]『浮世風呂』三巻之上（文化9［1812］年）から紹介しよう。
　10歳頃の女児「丸」と「角」は、「お稽古のお休み」になる正月が来るのを楽しみにしている。角の母親は、娘にいくつも習い事を強要し、それを真剣に取り組まないと厳しく叱り、遊ぶ暇がないと、友人の丸に訴える。

　　まアお聞きな。朝むっくり起きると、手習（文字を書くことを習うこと）

---

[3]　式亭三馬（安永5［1776］年〜文政5［1822］年）江戸後期の戯作者。江戸の庶民の生活を細かく描写する。

のお師さんへ行ってお座を出して来て、夫から三味線のお師さんの所へ朝稽古に参ってね、内へ帰って朝飯を食べて、踊の稽古からお手習へ廻って、お八つ（今の午後2時頃から4時頃まで）に下ってから湯へ行って参ると、直にお琴の御師匠さんへ行って、夫から帰って三味線や踊りのおさらひさ、其内に、ちイッとばかり遊んでね、日が暮れると叉琴のおさらひさ。

つまり朝起きると手習いの塾へ行き、机を出すなどの準備をして、三味線の朝稽古、朝ご飯を食べて、踊りから手習い、それからお琴の先生のところに行き、帰ると三味線・踊り、日が暮れると琴のおさらい（復習）がある。「夫<ruby>それ</ruby>だからさっぱり遊ぶ隙<ruby>ひま</ruby>がないから」いやでいやでならない、という。父親はそんなにやかましく言わないでも奉公にでるための稽古だから、最低限のことが身についていればいいじゃないか、というが、母親は父親の言葉を聞かない。

　　なに稽古する位なら、身に染みて覚えねへじゃア役に立ちません。<u>女の子は、私のうけ取だから、お前さんお構ひなさいますな</u>、あれが大きくなった時、とうかい（後悔）とやらを致します

女の子の教育は、私（母親）の分担だから男は口をだすな、というのである。角の母親は「むしつ（無筆）とやらでね」字も書けない、三味線などできないので、「せめてあれには（娘の角）、芸を仕込」むのだ、と母親がやきもきしているようだ。
　ところが友人の丸の母親は「七の歳に、踊でお屋敷へお上り」、つまり武家奉公にでたぐらいだから、芸が身を助けることはよくわかっている。「稽古は何でも」娘にさせるはずなのだが、お丸はあまり体が強くない、「手習と三味線」だけでいい、その代わりに「女は縫物をよく覚えさせる」のが必要だとして、家で裁縫を覚えさせる。
　江戸期の社会では基本的に生まれつき身分は定まっており、生活に必要な「読み・書き・算盤」などを身につければ、それぞれの環境に応じて必

要な技能を身につければよかった。町人の娘角は、武家奉公にでて行儀作法を身につけ、よりよい嫁入り先を見つけられるよう、あるいは、将来芸事の師匠として一人立ちできるように、親は彼女に習い事を課しているのだろう。技能は着実に目に見える形で身につき、何のために習い事をしているのか、(好き嫌いは別として) 親も娘も納得できるのだ。

子育てへの不安と未来

しかし個人の能力により、何にでもなれる自由社会では、資格やパスポートを得るために学校が大きな役割を果たす。だが受験勉強が実際の生活や将来にどうつながるのか、見えないまま競争にさらされるのである。

なぜ勉強をしなければならないのか、幼稚園・小学校・中学・高校・大学と、合格を勝ち取り、一時的な安心は生まれるが、入学後には新しい競争が待っている。社会的評価の高い大学に入学すると人生の選択肢や可能性は広がり、いい生活が待っている、と親や周囲の大人はいう。でも「いい生活」とは何だろう。遊ぶことも我慢して、何のために勉強しているのか。実は多くの親や子どもは、漠然とした将来像しか描けないまま、学歴社会の渦に巻き込まれているのだ。文部科学省が定めた画一化された教科書と試験にまず適応すること。そこから外れることは「落ちこぼれ」「負け組」のレッテルが貼られることを意味する。

子育て不安は、豊かな社会になればなるほど再生産されるのかもしれない。情報化社会の中で画一化された場に生きるのではなく、自分を信じて、生きることの意味を自らが見出し、判断すること。それが次代を担う子育てにもつながっていくのではないだろうか。

おわりに

子ども時代への憧れ

　なぜ多くの大人は子どもの頃を、懐かしく幸福な時代として、思い出すのだろう。例えば『クレヨンしんちゃん　モーレツ大人帝国の逆襲』という映画では、しんちゃんの両親をはじめ大人たちは、子どもの頃の懐かしい暮らしが再現された「20世紀博」というテーマパークに心を奪われる。「20世紀博」のタワーから発せられる「懐かしいにおい」の虜になり、家事や仕事を忘れ、子どもたちを置き去りにして、どこかに去ってしまう。その「におい」は、昔を知らない今の子どもには通用しない。大人たちはそのテーマパークで、子どもに戻って生活を始める。テレビや家電用品が普及を始める、まだ貧しさが残る街「20世紀博」は、大人の現実生活を忘れさせる危うい場所であった。

　「社会の一員として必要な知識や技能、態度などを身につけ、周囲の人と協調して、気持ちよく物事を実行できる」(「社会化」の解説『高等学校改訂版現代社会』第一学習社、2002年) 大人とは正反対で、周囲の人の気持ちも気にせず、自己中心的ともいえるコミュニケーションをとることが多い子ども時代。なぜそこに大人たちは心をひかれ、懐かしさを感じるのだろう。

新しい貧困

　いまや日本の一人当りのGDP (国内総生産)[1]は世界のトップクラスになり、まわりは便利な電気製品などモノにあふれ、私たちは経済成長とともに、貧困からおこるさまざまな児童問題も克服した。しかし、豊かさを手に入れる手段であったお金がいつの間にか目的となり、物資的な豊かさの一方で、

心や時間の余裕など、見失ったものも多い。

　今日いわゆる先進国と、その南に位置する発展途上国との経済格差、及びそれにともなう問題（4章の児童労働もその一つである）を南北問題とよんでいる。大量生産・大量消費という社会の中に組み込まれた私たちの世界では、一人当りのGDPの大きさなど、豊かさ（幸福）の尺度をお金ではかることが多い。しかし、それだけで人びとの豊かさをすべて表すことはできない。

　100歳を超えて、元気な人たちの多い地域として知られる中国の少数部族の村人は、気候や食事などに恵まれ、住環境も整い「悩みがない」のが長生きの原因だとされる。ただしこの人たちの年収は4800円、一日当り0.15ドル（1995年）にすぎない（単純に比較はできないが）。彼らはそれで豊かに生活することができる。しかし、ニューヨークや東京で生活する人たちは、その10倍の年収でも、生きていくことは難しい。

　この村をはじめ、世界には「それぞれにちがったかたちの、静かで美しく、豊かな日々があった」。ところが「彼らが住み、あるいは自由に移動していた自然の空間から切り離され、共同体を解体された時に、彼らは新しく不幸となり、貧困」になった。経済学がはかる「所得」水準は上がるが、世界経済のシステムの中に取り込まれたことで、新しい貧困が生まれるのだ。「貧困は金銭をもたないことにあるのではない。金銭を必要とする生活の形式の中で、金銭をもたないことにある」、と見田宗介はいう（『現代社会の理論』岩波新書、1996年、104～5頁）。これは子ども時代を考え直す意味でも、示唆的な言葉である。

本書の立場

　戦隊ヒーローやテレビのアニメのヒロインになりきり「ごっこ遊び」をしたり、秘密基地をつくり世界征服を企てた子ども時代の一日は長く、基本的にお金がなくても楽しく遊べる時期である。しかし、今や子どもたちの周り

1　Gross Domestic Product　一定期間内（通常一年間）に一国内で生産された総生産額から、原材料のなどの中間生産物の価格を差し引いたもの。一国の経済活動の指標とされる。

には既製の玩具があふれ、大人はお金を使って遊ぶ環境を作ってしまう。そして、成長し、大人に近づくにつれて、ますます貨幣中心の社会の中に投げ込まれ、お金がなくては遊べなくなるのだ。

　学歴社会の中で、子どもが将来有利な社会生活を過ごせるように、乳幼児の内から意図的な教育が始まり、否応なく競争社会に組み込まれる現代の子どもの現状を見た。そして不便で、身分が固定し、乳幼児の死亡率も高いが、楽しく、おおらかに過ごす子どもの世界が、それ以前の社会には広がっていた。

　どちらの子どもが幸せなのか、それを同列に扱い、優劣を論じることは無意味であろう。しかし、過去の子ども像を探求することで、現代人が見失ってしまった、モノに還元することのできない、大切な何かを探り出すこと。そして今の豊かさを極力失うことなく、それを再生するために何をするべきなのか、その手掛かりを探ることは必要だろう。

　本書は、このような問題意識のもとに記されている。

偉大な人間苦の記録

　最後に柳田国男『山の人生』（大正14年）の冒頭の文章を紹介することで、本書の終わりにしたい。

　　今では記憶して居る者が、私の外には一人もあるまい。三十年あまり前、世間のひどく不景気であった年に、西美濃の山の中で炭を焼く五十ばかりの男が、子供を二人まで、鉞で斫り殺したことがあった。
　　女房はとくに死んで、あとには十三になる男の子が一人あった。そこへどうした事情であったか、同じ歳くらいの小娘を貰って来て、山の炭焼小屋で一緒に育てて居た。其子たちの名前はもう私も忘れてしまった。何としても炭は売れず、何度里へ降りても、いつも一合の米も手に入らなかった。最後の日にも空手で戻って来て、飢えきって居る小さい者の顔を見るのがつらさに、すっと小屋の奥へ入って昼寝をしてしまった。
　　眼がさめて見ると、小屋の口一ぱいに夕日がさして居た。秋の末の事であったと謂ふ。二人の子供がその日当りの処にしゃがんで、頻りに何

かして居るので、傍へ行って見たら一生懸命に仕事に使ふ大きな斧を磨いで居た。阿爺、此でわしたちを殺して呉れと謂ったさうである。さうして入口の材木を枕にして、二人ながら仰向けに寝たさうである。それを見るとくらくらして、前後の考も無く二人の首を打落してしまつた。それで自分は死ぬことが出来なくて、やがて捕へられて牢に入れられた。

此親爺がもう六十近くなってから、特赦を受けて世中へ出て来たのである。さうして其からどうなったか、すぐに分らなくなってしまった（『定本柳田国男集四巻』より）。

明治35年から10年ほど、柳田は法制局参事官として囚人の特赦に関する事務を扱っていた。この話は彼が扱った犯罪資料からえたものだが、「我々が空想で描いてみる世界よりも隠れた現実の方が遥かに物深い」、これは「偉大な人間苦」の記録であり、後に「これくらい私の心を動かした事件はなかった」とも回想している（『故郷七十年』『定本柳田国男集 別巻三』）。

評論家小林秀雄[2]も、この話に感動した人の一人で、講演の中で次のようにふれている。

柳田国男が深く心を動かされたのは、子どもたちの行為であった。彼らは父親の苦労を痛感していたはずである。「自分達が死ねば、阿爺もきっと楽になるだろう。それにしても、そういう烈しい感情が、どうして何の無理もなく、全く平静で慎重に、斧を磨ぐ行為となって現れたのか」、しかし「そういう事をいくら言ってみても仕方がない」。何故なら、

　　ここには、仔細らしい心理的説明などを、一切拒絶している何かがあるからです。柳田さんはそれをよく感じている。……夕日は、斧を磨く子供等のうちに入り込み、確かに彼等の心と融け合っている。そういう心の持ち方しか出来なかった。遠い昔の人の心から、感動は伝わって来るようだ。それを私達が感受し、これに心を動かされているなら、私達

2　明治35年（1902）～昭和58年（1983）日本を代表する文芸批評家。昭和42年（1967）文化勲章を受章。

は、それと気付かないが、心の奥底に、古人の心を、現に持っているという事にならないか。そうとしか考えようがないではないか(「信ずることと知ること」『考えるヒント3』文春文庫、1976年、19〜20頁)。

ここには貧困が生み出す悲惨な話が語られているが、私たちの琴線にふれる何かがある。大人が立ち入ることのできない、あるいは理解することのできない、古くから連綿と受け継がれた、子どもがもつ神秘的な何かが語られているようにも思われる。

柳田国男と児童文化

柳田の児童文化研究の代表的な著作の一つ『小さき者の声』は、「こどもが持って生まれ、または携えて学校に入ってくるあるものをもう少したいせつにしなければならぬ」という趣旨から記された(旧版の序文)。デューイ流にいえば、「子どもは社会にはめこまれた存在で社会と連動している社会的な存在」(松野安男)なのだろうか。すでに、子どもは人間社会の中に繋がる、文化の一端を背負った存在なのだ。

柳田に言わせれば、子どもたちはもっと自然のままにおかれていた。小さな大人になる以前の子どもは、民俗文化では神に近い存在であった。そして子どもは自分の周りの大人や自然の状態や活動を観察し、独特の模倣と創意で、自分たちの文化をつくりだし、生活していた(『小さき者の声』角川文庫版、1960年。石原綏代の解説もあわせて参照)。そしてそこに大人の社会の中で、すでに失われてしまった残像を見出すことで、柳田は児童文化の重要性を見る。そして小林秀雄は、炭焼きの子どもの話の中に、古人の心を感じたのである。

小林はいう。「緊張した雰囲気も、気負った様子もなく、純真に、率直に、われ知らずおこなっている、その趣が私達を驚かす。」「みんなと一緒に生活して行く為には、先ず俺たちが死ぬのが自然であろう。自然人の共同生活のうちで、幾万年の間磨かれて本能化した」智慧のようなものまで感じられるとすれば誇張になるだろうか、と(『考えるヒント3』20頁)。そしてこれら柳田の一連の研究は、「情操教育とは教育法の一種ではない。人生の真相に添

うて行なわなければ、凡そ教育というものはないという事を言っている言葉」だと結んでいる（同書、28頁）。

子ども像の真相

私たちは子ども像を探求する中で、人間の社会や文化の成り立ちの一端をのぞいてみたい、と述べた。そして、幼児教育が子どもを操作し、教育法の手段となる傾向を強めている現状を危惧している。

児童学が日本に紹介され定着する明治30年代から、100年以上の歳月が過ぎた。モノに取り込まれ、お金がなくてはほとんど生きていくことができない社会で私たちが生活を始めたのは、明治期、それも多くの人にとっては戦後になってからだ。それとともに子ども像も変容する。

子ども時代は、働く時代ではなく、社会や家庭で守られ、自立した社会の一員となるために学校で教育を受ける時期である。「児童（18歳以下）は生活を保障され、愛護され」、大人は児童を「心身ともに健やかに生まれ」「育成される」よう努力する必要がある（『児童福祉法』）。つまり、すべての子どもは、幸福な子ども時代を過ごすべきだ、という考え方が西洋で生まれ、後に日本に紹介され、浸透を始めるのは明治30年を過ぎた頃、それが広く日本の一般家庭にまでいきわたるのが、戦後の高度経済成長期であった。そして経済的な豊かさを手に入れることで、貧困からおこる悲惨な児童問題を解決してきたのである。

今日、子どもを保護し、教育するための福祉や教育制度も整い、子どもに関する研究は医学・心理学・教育学をはじめ多方面で進展している。その考え方に基づき、さまざまな保育法・教育法などが提唱され、一見子ども理解は進んだように見える。だが、近年の子どもをめぐる諸問題を見ても、逆にますます混迷は深まるばかりだ。

子どもに対する社会の見方、いわゆる子ども観は変わり、子ども期が大切に扱われ、そのための研究領域がひろがっても、「子ども」とは何かという疑問、その一点については、今も昔も何一つ変わっていないのではないか。

小林のいう「人生の真相に添うて行なわ」れることとは、「子ども像の真相」にふれることではないか。子どもを理解することは不可能であると知り

ながら、それでも子どもを見つめ、子ども像を探求すること、それによって一歩でもその真相に近づきたいと、私たちは願っている。

〔資料1〕 関連法令

日本国憲法（抜粋）

- 公布　1946（昭和21）年11月3日
- 施行　1947（昭和22）年5月3日

第三章　国民の権利及び義務

第11条〔基本的人権の享有・基本的人権の永久不可侵性〕国民は、すべての基本的人権の享有を妨げられない。この憲法が国民に保障する基本的人権は、侵すことのできない永久の権利として、現在及び将来の国民に与へられる。

第13条〔個人の尊重・幸福追求権・公共の福祉〕すべて国民は、個人として尊重される。生命、自由及び幸福追求に対する国民の権利については、公共の福祉に反しない限り、立法その他の国政の上で、最大の尊重を必要とする。

第14条〔法の下の平等、貴族の禁止、栄典〕①すべて国民は、法の下に平等であつて、人種、信条、性別、社会的身分又は門地により、政治的、経済的又は社会的関係において、差別されない。

②華族その他の貴族の制度は、これを認めない。

③栄誉、勲章その他の栄典の授与は、いかなる特権も伴はない。栄典の授与は、現にこれを有し、又は将来これを受ける者の一代に限り、その効力を有する。

第23条〔学問の自由〕学問の自由は、これを保障する。

第25条〔生存権、国の社会的使命〕①すべて国民は、健康で文化的な最低限度の生活を営む権利を有する。

②国は、すべての生活部面について、社会福祉、社会保障及び公衆衛生の向上及び増進に努めなければならない。

第26条〔教育を受ける権利、教育を受けさせる義務〕①すべて国民は、法律の定めるところにより、その能力に応じて、ひとしく教育を受ける権利を有する。

②すべて国民は、法律の定めるところにより、その保護する子女に普通教育を受けさせる義務を負ふ。義務教育は、これを無償とする。

児童憲章（全文）　　1951（昭和26）年5月5日制定

われらは、日本国憲法の精神にしたがい、児童に対する正しい観念を確立し、すべての児童の幸福をはかるために、この憲章を定める。

　児童は、人として尊ばれる。
　児童は、社会の一員として重んぜられる。
　児童は、よい環境の中で育てられる。

一　すべての児童は、心身ともに健やかにうまれ、育てられ、その生活を保証される。

二　すべての児童は、家庭で、正しい愛情と知識と技術をもつて育てられ、家庭に恵まれない児童には、これにかわる環境が与えられる。

三　すべての児童は、適当な栄養と住居と被服が与えられ、また、疾病と災害からまもられる。

四　すべての児童は、個性と能力に応じて教育され、社会の一員としての責任を自主的に果たすように、みちびかれる。

五　すべての児童は、自然を愛し、科学と芸術を尊ぶように、みちびかれ、また、道徳的心情がつちかわれる。

六　すべての児童は、就学のみちを確保され、また、十分に整つた教育の施設を用意される。

七　すべての児童は、職業指導を受ける機会が与えられる。

八　すべての児童は、その労働において、心身の発育が阻害されず、教育を受ける機会が失われず、また、児童としての生活がさまたげられないように、十分に保護される。

九　すべての児童は、よい遊び場と文化財を用意され、悪い環境からまもられる。

十　すべての児童は、虐待・酷使・放任その他不当な取扱からまもられる。あやまちをおかした児童は、適切に保護指導される。

十一　すべての児童は、身体が不自由な場合、または精神の機能が不充分な場合に、適切な治療と教育と保護が与えられる。

十二　すべての児童は、愛とまことによつて結ばれ、よい国民として人類の平和と文化に貢献するように、みちびかれる。

児童の権利に関する条約（抄）〔通称：子どもの権利条約〕

- 採択　　1989（平成元）年11月20日
- 日本批准　1994（平成6）年 4月（発効5月）

前文
　この条約の締約国は、
　　　……
　国際連合が、世界人権宣言において、児童は特別な保護及び援助についての権利を享有することができることを宣明したことを想起し、
　家族が、社会の基礎的な集団として、並びに家族のすべての構成員、特に、児童の成長及び福祉のための自然な環境として、社会においてその責任を十分に引き受けることができるよう必要な保護及び援助を与えられるべきであることを確信し、
　児童が、その人格の完全なかつ調和のとれた発達のため、家庭環境の下で幸福、愛情及び理解のある雰囲気の中で成長すべきであることを認め、
　児童が、社会において個人として生活するため十分な準備が整えられるべきであり、かつ、国際連合憲章において宣明された理想の精神並びに特に平和、尊厳、寛容、自由、平等及び連帯の精神に従って育てられるべきであることを考慮し、
　　　……
　児童の保護及び調和のとれた発達のために各人民の伝統及び文化的価値が有する重要性を十分に考慮し、
　あらゆる国特に開発途上国における児童の生活条件を改善するために国際協力が重要であることを認めて、
　次のとおり協定した。

第1部
第1条〔定義〕
　この条約の適用上、児童とは、18歳未満のすべての者をいう。ただし、当該児童で、その者に適用される法律によりより早く成年に達したものを除く。

第2条〔差別の禁止〕
1 締約国は、その管轄の下にある児童に対し、児童又はその父母若しくは法定保護者の人種、皮膚の色、性、言語、宗教、政治的意見その他の意見、国民的、種族的若しくは社会的出身、財産、心身障害、出生又は他の地位にかかわらず、いかなる差別もなしにこの条約に定める権利を尊重し、及び確保する。
2 締約国は、児童がその父母、法定保護者又は家族の構成員の地位、活動、表明した意見又は信念によるあらゆる形態の差別又は処罰から保護されることを確保するためのすべての適当な措置をとる。

第3条〔最善の利益〕
1 児童に関するすべての措置をとるに当たっては、公的若しくは私的な社会福祉施設、裁判所、行政当局又は立法機関のいずれによって行われるものであっても、児童の最善の利益が主として考慮されるものとする。
2 締約国は、児童の父母、法定保護者又は児童について法的に責任を有する他の者の権利及び義務を考慮に入れて、児童の福祉に必要な保護及び養護を確保することを約束し、このため、すべての適当な立法上及び行政上の措置をとる。
3 締約国は、児童の養護又は保護のための施設、役務の提供及び設備が、特に安全及び健康の分野に関し並びにこれらの職員の数及び適格性並びに適正な監督に関し権限のある当局の設定した基準に適合することを確保する。

第6条〔生命への権利、生存・発達の権利確保〕
1 締約国は、すべての児童が生命に対する固有の権利を有することを認める。
2 締約国は、児童の生存及び発達を可能な最大限の範囲において確保する。

第12条〔意見表明権〕
1 締約国は、自己の意見を形成する能力のある児童がその児童に影響を及ぼすすべての事項について自由に自己の意見を表明する権利を確保する。この場合において、児童の意見は、その児童の年齢及び成熟度に従って相応に考慮されるものとする。
2 このため、児童は、特に、自己に影響を及ぼすあらゆる司法上及び行政上

の手続において、国内法の手続規則に合致する方法により直接に又は代理人若しくは適当な団体を通じて聴取される機会を与えられる。

第13条〔表現・情報の自由〕
1　児童は、表現の自由についての権利を有する。この権利には、口頭、手書き若しくは印刷、芸術の形態又は自ら選択する他の方法により、国境とのかかわりなく、あらゆる種類の情報及び考えを求め、受け及び伝える自由を含む。
2　1の権利の行使については、一定の制限を課することができる。ただし、その制限は、法律によって定められ、かつ、次の目的のために必要とされるものに限る。
　　(a) 他の者の権利又は信用の尊重
　　(b) 国の安全、公の秩序又は公衆の健康若しくは道徳の保護

第17条〔マス・メディアへのアクセス〕
　締約国は、大衆媒体（マス・メディア）の果たす重要な機能を認め、児童が国の内外の多様な情報源からの情報及び資料、特に児童の社会面、精神面及び道徳面の福祉並びに心身の健康の促進を目的とした情報及び資料を利用することができることを確保する。このため、締約国は、
　　(a) 児童にとって社会面及び文化面において有益であり、かつ、第29条の精神に沿う情報及び資料を大衆媒体（マス・メディア）が普及させるよう奨励する。
　　(b) 国の内外の多様な情報源（文化的にも多様な情報源を含む。）からの情報及び資料の作成、交換及び普及における国際協力を奨励する。
　　(c) 児童用書籍の作成及び普及を奨励する。
　　(d) 少数集団に属し又は原住民である児童の言語上の必要性について大衆媒体（マス・メディア）が特に考慮するよう奨励する。
　　(e) 第13条及び次条の規定に留意して、児童の福祉に有害な情報及び資料から児童を保護するための適当な指針を発展させることを奨励する。

第19条〔親による虐待・放任・搾取からの保護〕
1　締約国は、児童が父母、法定保護者又は児童を監護する他の者による監護

を受けている間において、あらゆる形態の身体的若しくは精神的な暴力、傷害若しくは虐待、放置若しくは怠慢な取扱い、不当な取扱い又は搾取（性的虐待を含む。）からその児童を保護するためすべての適当な立法上、行政上、社会上及び教育上の措置をとる。
2 1の保護措置には、適当な場合には、児童及び児童を監護する者のために必要な援助を与える社会的計画の作成その他の形態による防止のための効果的な手続並びに1に定める児童の不当な取扱いの事件の発見、報告、付託、調査、処置及び事後措置並びに適当な場合には司法の関与に関する効果的な手続を含むものとする。

第28条〔教育への権利〕
1 締約国は、教育についての児童の権利を認めるものとし、この権利を漸進的にかつ機会の平等を基礎として達成するため、特に、
　（a）初等教育を義務的なものとし、すべての者に対して無償のものとする。
　（b）種々の形態の中等教育（一般教育及び職業教育を含む。）の発展を奨励し、すべての児童に対し、これらの中等教育が利用可能であり、かつ、これらを利用する機会が与えられるものとし、例えば、無償教育の導入、必要な場合における財政的援助の提供のような適当な措置をとる。
　（c）すべての適当な方法により、能力に応じ、すべての者に対して高等教育を利用する機会が与えられるものとする。
　（d）すべての児童に対し、教育及び職業に関する情報及び指導が利用可能であり、かつ、これらを利用する機会が与えられるものとする。
　（e）定期的な登校及び中途退学率の減少を奨励するための措置をとる。
2 締約国は、学校の規律が児童の人間の尊厳に適合する方法で及びこの条約に従って運用されることを確保するためのすべての適当な措置をとる。
3 締約国は、特に全世界における無知及び非識字の廃絶に寄与し並びに科学上及び技術上の知識並びに最新の教育方法の利用を容易にするため、教育に関する事項についての国際協力を促進し、及び奨励する。これに関しては、特に、開発途上国の必要を考慮する。

教育基本法（抄）

- 公布　1947（昭和22）年 3月31日　法律第 25号
- 改正　2006（平成18）年12月22日　法律第120号

　我々日本国民は、たゆまぬ努力によって築いてきた民主的で文化的な国家を更に発展させるとともに、世界の平和と人類の福祉の向上に貢献することを願うものである。
　我々は、この理想を実現するため、個人の尊厳を重んじ、真理と正義を希求し、公共の精神を尊び、豊かな人間性と創造性を備えた人間の育成を期するとともに、伝統を継承し、新しい文化の創造を目指す教育を推進する。
　ここに、我々は、日本国憲法の精神にのっとり、我が国の未来を切り拓く教育の基本を確立し、その振興を図るため、この法律を制定する。

〔教育の目的〕
第1条　教育は、人格の完成を目指し、平和で民主的な国家及び社会の形成者として必要な資質を備えた心身ともに健康な国民の育成を期して行われなければならない。

〔生涯学習の理念〕
第3条　国民一人一人が、自己の人格を磨き、豊かな人生を送ることができるよう、その生涯にわたって、あらゆる機会に、あらゆる場所において学習することができ、その成果を適切に生かすことのできる社会の実現が図られなければならない。

〔教育の機会均等〕
第4条　すべて国民は、ひとしく、その能力に応じた教育を受ける機会を与えられなければならず、人種、信条、性別、社会的身分、経済的地位又は門地によって、教育上差別されない。
2　国及び地方公共団体は、障害のある者が、その障害の状態に応じ、十分な教育を受けられるよう、教育上必要な支援を講じなければならない。
3　国及び地方公共団体は、能力があるにもかかわらず、経済的理由によって修学が困難な者に対して、奨学の措置を講じなければならない。

学校教育法（抄）

- 公布　1947（昭和22）年3月31日　法律第26号
- 改正　2007（平成19）年6月27日　法律第98号

第一章　総則
〔学校の範囲〕
第1条　この法律で、学校とは、幼稚園、小学校、中学校、高等学校、中等教育学校、特別支援学校、大学及び高等専門学校とする。

第二章　義務教育
〔就学義務〕
第16条　保護者（子に対して親権を行う者（親権を行う者のないときは、未成年後見人）をいう。以下同じ。）は、次条に定めるところにより、子に九年の普通教育を受けさせる義務を負う。
第17条　保護者は、子の満六歳に達した日の翌日以後における最初の学年の初めから、満十二歳に達した日の属する学年の終わりまで、これを小学校又は特別支援学校の小学部に就学させる義務を負う。ただし、子が、満十二歳に達した日の属する学年の終わりまでに小学校又は特別支援学校の小学部の課程を修了しないときは、満十五歳に達した日の属する学年の終わり（それまでの間において当該課程を修了したときは、その修了した日の属する学年の終わり）までとする。
2　保護者は、子が小学校又は特別支援学校の小学部の課程を修了した日の翌日以後における最初の学年の初めから、満十五歳に達した日の属する学年の終わりまで、これを中学校、中等教育学校の前期課程又は特別支援学校の中学部に就学させる義務を負う。
3　前二項の義務の履行の督促その他これらの義務の履行に関し必要な事項は、政令で定める。
〔就学義務の猶予・免除〕
第18条　前条第一項又は第二項の規定によつて、保護者が就学させなければならない子（以下それぞれ「学齢児童」又は「学齢生徒」という。）で、病弱、発育不完全その他やむを得ない事由のため、就学困難と認められる者の保護

者に対しては、市町村の教育委員会は、文部科学大臣の定めるところにより、同条第一項又は第二項の義務を猶予又は免除することができる。

第19条　経済的理由によつて、就学困難と認められる学齢児童又は学齢生徒の保護者に対しては、市町村は、必要な援助を与えなければならない。

第20条　学齢児童又は学齢生徒を使用する者は、その使用によつて、当該学齢児童又は学齢生徒が、義務教育を受けることを妨げてはならない。

第三章　幼稚園
〔目的〕
第22条　幼稚園は、義務教育及びその後の教育の基礎を培うものとして、幼児を保育し、幼児の健やかな成長のために適当な環境を与えて、その心身の発達を助長することを目的とする。
〔目標〕
第23条　幼稚園における教育は、前条に規定する目的を実現するため、次に掲げる目標を達成するよう行われるものとする。
一　健康、安全で幸福な生活のために必要な基本的な習慣を養い、身体諸機能の調和的発達を図ること。
二　集団生活を通じて、喜んでこれに参加する態度を養うとともに家族や身近な人への信頼感を深め、自主、自律及び協同の精神並びに規範意識の芽生えを養うこと。
三　身近な社会生活、生命及び自然に対する興味を養い、それらに対する正しい理解と態度及び思考力の芽生えを養うこと。
四　日常の会話や、絵本、童話等に親しむことを通じて、言葉の使い方を正しく導くとともに、相手の話を理解しようとする態度を養うこと。
五　音楽、身体による表現、造形等に親しむことを通じて、豊かな感性と表現力の芽生えを養うこと。
〔家庭及び地域への支援〕
第24条　幼稚園においては、第二十二条に規定する目的を実現するための教育を行うほか、幼児期の教育に関する各般の問題につき、保護者及び地域住民その他の関係者からの相談に応じ、必要な情報の提供及び助言を行うなど、家庭及び地域における幼児期の教育の支援に努めるものとする。

児童福祉法（抄）

- 公布　1947（昭和22）年12月12日　法律第164号
- 改正　2010（平成22）年12月10日　法律第71号

　　第一章　総則

〔児童福祉の理念〕

第1条　すべて国民は、児童が心身ともに健やかに生まれ、且つ、育成されるよう努めなければならない。

　2　すべて児童は、ひとしくその生活を保障され、愛護されなければならない。

〔児童育成の責任〕

第2条　国及び地方公共団体は、児童の保護者とともに、児童を心身ともに健やかに育成する責任を負う。

〔原理の尊重〕

第3条　前二条に規定するところは、児童の福祉を保障するための原理であり、この原理は、すべて児童に関する法令の施行にあたつて、常に尊重されなければならない。

　　第一節　定義

〔児童及び障害児〕

第4条　この法律で、児童とは、満十八歳に満たない者をいい、児童を左のように分ける。

一　乳児　満一歳に満たない者
二　幼児　満一歳から、小学校就学の始期に達するまでの者
三　少年　小学校就学の始期から、満十八歳に達するまでの者

　2　この法律で、障害児とは、身体に障害のある児童又は知的障害のある児童をいう。

少年法（抄）

● 公布　　1948（昭和23）年7月15日　法律第168号

〔この法律の目的〕
第1条　この法律は、少年の健全な育成を期し、非行のある少年に対して性格の矯正及び環境の調整に関する保護処分を行うとともに、少年の刑事事件について特別の措置を講ずることを目的とする。

〔定義〕
第2条　1　この法律において「少年」とは、二十歳に満たない者をいう。
　2　この法律において「保護者」とは、少年に対して法律上監護教育の義務ある者及び少年を現に監護する者をいう。

〔審判に付すべき少年〕
第3条　次に掲げる少年は、これを家庭裁判所の審判に付する。
　一　罪を犯した少年
　二　十四歳に満たないで刑罰法令に触れる行為をした少年
　三　次に掲げる事由があつて、その性格又は環境に照して、将来、罪を犯し、又は刑罰法令に触れる行為をする虞のある少年
　　イ　保護者の正当な監督に服しない性癖のあること。
　　ロ　正当の理由がなく家庭に寄り附かないこと。
　　ハ　犯罪性のある人若しくは不道徳な人と交際し、又はいかがわしい場所に出入すること。
　　ニ　自己又は他人の徳性を害する行為をする性癖のあること。
　2　家庭裁判所は、前項第二号に掲げる少年及び同項第三号に掲げる少年で十四歳に満たない者については、都道府県知事又は児童相談所長から送致を受けたときに限り、これを審判に付することができる。

〔記事等の掲載の禁止〕
第61条　家庭裁判所の審判に付された少年又は少年のとき犯した罪により公訴を提起された者については、氏名、年齢、職業、住居、容ぼう等によりその者が当該事件の本人であることを推知することができるような記事又は写真を新聞紙その他の出版物に掲載してはならない。

〔資料２〕 戦後の子ども向けメディア年表（1945年〜2013年）

年	戦後日本経済	社会の動き	子どもの流行	漫画雑誌・映画・ラジオ
1945（昭和20年）	戦後復興期	1941〜45 太平洋戦争 ポツダム宣言受諾 8月15日 終戦	ブリキのジープ玩具	
1946		日本国憲法公布		小学館の学年別学習雑誌復刊
1947		教育基本法・学校教育法公布 「六・三制」義務教育スタート 日本国憲法施行（5月3日） 第1次ベビーブーム（1947〜49 団塊の世代）		
1948		児童福祉法施行 日米国際電話開通		
1949		「子どもの日（5月5日）」制定 1ドル＝360円（4月）		
1950				ディズニーアニメ映画「白雪姫」
1951		児童憲章制定		ディズニーアニメ映画「バンビ」
1952				ディズニーアニメ映画「ピノキオ」
1953		テレビ放送開始	洗濯機・冷蔵庫などのママゴト玩具	ディズニーアニメ映画「シンデレラ」「不思議の国のアリス」
1954		神武景気（1954〜57）	プロレスブーム、空手チョップ ミルクのみ人形	ラジオ「お話でてこい」（NHKラジオ第2） 映画「ゴジラ」（東宝） なかよし（講談社）
1955（昭和30年）	高度経済成長期	三種の神器（電気冷蔵庫・電気洗濯機・白黒テレビ）		ディズニーアニメ映画「ピーターパン」 りぼん（集英社）
1956		国連加盟	ホッピング	「たのしい幼稚園」（講談社）
1957		5千円札、百円硬貨発行	漫画「赤胴鈴之助」大人気	ラジオドラマ「赤胴鈴之助」（ラジオ東京）
1958		岩戸景気（1958〜61） 東京タワー完成	フラフープ 切手収集	
1959		伊勢湾台風による死者・行方不明者が5千人以上 交通事故の死者が全国で1万人を突破		週刊少年サンデー（小学館） 週刊少年マガジン（講談社）
1960		国民所得倍増計画 カラーテレビ放送開始	ビニール製人形「ダッコちゃん」	ディズニーアニメ映画「眠れる森の美女」
1961		ソ連が初の有人宇宙飛行に成功 ベルリンの壁がつくられる	汽車の電動おもちゃ「プラレール」発売	映画「モスラ」（東宝）
1962		オリンピック景気（1962〜64） サリドマイド薬害問題 テレビの受信契約数1000万件超（普及率48.5%）		週刊少女フレンド（講談社）
1963		衛星中継開始 ケネディ大統領暗殺	お菓子のおまけ（アトムシール、鉄腕ワッペンなど）	
1964		東京オリンピック開催 東海道新幹線開通 海外旅行の自由化	バービー人形、タミー人形	少年マガジン（講談社） ラジオ「子ども電話相談室」（東京放送）
1965（昭和40年）		いざなぎ景気（1965〜70）		映画「大怪獣ガメラ」（大映）

資　料　233

| テレビ ||| テレビゲーム 携帯型ゲーム |
アニメ	特撮・実写版ドラマ	教養・娯楽番組	
		NHK人形劇「チロリン村とくるみの木」	
	月光仮面	テレビのおばちゃま	
	少年ジェット／鉄腕アトム（実写版）／まぼろし探偵	おかあさんといっしょ	
	白馬童子／怪傑ハリマオ		
鉄腕アトム／鉄人28号／エイトマン		ロンパールーム〔NTV〕	
少年忍者風のフジ丸		ひょっこりひょうたん島	
スーパージェッター／宇宙少年ソラン／オバケのQ太郎／ジャングル大帝		おはよう！こどもショー	

年	戦後日本経済	社会の動き	子どもの流行	漫画雑誌・映画・ラジオ
1966	高度経済成長期	日本の人口1億人を突破 新三種の神器、3C（カー・カラーテレビ・クーラー） 母子保健法施行	第1次怪獣ブーム	
1967			「リカちゃん」人形発売	
1968		GNP（国民総生産）世界第2位	「人生ゲーム」登場	週刊少年ジャンプ（集英社）
1969		アポロ11号月面着陸成功 東大紛争 東名高速道路全面開通 0歳児保育所設置認可	「ママレンジ」発売 宇宙ものおもちゃ ♪「黒ネコのタンゴ」	週刊少年チャンピオン（秋田書店）
1970		大阪万博開催 日航機よど号ハイジャック事件	国産初の本格ミニカー「トミカ」シリーズ	月刊少年チャンピオン（秋田書店）
1971		第2次ベビーブーム（1971～74） サリドマイド児の全国調査	第2次怪獣ブーム 玩具「アメリカンクラッカー」	「テレビマガジン」（講談社）
1972		児童手当スタートする 沖縄返還 札幌オリンピック開催 浅間山荘事件 パンダ上野動物園へ	パンダ大人気 超合金ロボット 仮面ライダー関連商品	
1973		粉ミルクヒ素中毒、損害賠償訴訟提起 コインロッカーに捨て子多発 第1次石油危機（オイルショック）	「オセロゲーム」登場	「テレビランド」（徳間書店）
1974		戦後初のマイナス成長 ラジオで「子ども電話相談室」がはじまる	「ハローキティ」登場 「モンチッチ」 ユリ・ゲラー来日、スプーン曲げなどの超能力ブーム ブルース・リー人気によるカンフー・ブーム	月刊プリンセス（秋田書店） 花とゆめ（白泉社）
1975 昭和50年		山陽新幹線開通 国際婦人年 家庭用ビデオデッキ発売（ベータマックス） ベトナム戦争終結		
1976	安定成長期	日本初の五つ子誕生（鹿児島） ロッキード疑獄事件 家庭用ビデオデッキ発売（VHS）	♪「およげ！たいやきくん」 ピンクレディ	「てれびくん」（小学館） ちゃお（小学館）
1977				月刊コロコロコミック（小学館）
1978		成田・新東京国際I空港開港 日本が世界一の長寿国（男72.69歳、女77.95歳）	「スライム」発売 「口裂け女」の怪談	
1979		国際児童年 第2次石油危機 グリコ・森永事件 「ウォークマン」発売（ソニー）	インベーダーゲーム大流行	週刊ヤングジャンプ（集英社） マイバースディ（実業之日本社）
1980		校内暴力増加や家庭内暴力が社会問題となる	「ガンプラ」大ブーム 「ルービックキューブ」 小型液晶ゲーム機	ドラえもん映画第1作「のびたの恐竜」 週間ヤングマガジン（講談社） ビックコミックスピリッツ（小学館）
1981		スペースシャトル「コロンビア」打ち上げ成功	「チョロQ」 マンザイブーム なめねこ	
1982		東北・上越新幹線開業 500円硬貨発行		映画「E・T」
1983		東京ディズニーランド開園 大韓航空機撃墜事件 日本初の体外受精児誕生（東北大）	ファミコン大流行 NHK連続テレビ小説「おしん」大人気	

資　料　235

テレビ			テレビゲーム
アニメ	特撮・実写版ドラマ	教養・娯楽番組	携帯型ゲーム
おそ松くん／魔法使いサリー	ウルトラQ／ウルトラマン／マグマ大使	ママとあそぼう!ピンポンパン／ちびっこのど自慢／笑点	
黄金バット／パーマン／マッハGoGoGo／リボンの騎士	ウルトラセブン／仮面の忍者赤影		
ゲゲゲの鬼太郎／巨人の星／サイボーグ009／妖怪人間ベム／サスケ			
ムーミン／タイガーマスク／サザエさん／ハクション大魔王／ひみつのあっこちゃん／アタックNo.1	柔道一直線／サインはV	8時だヨ!全員集合	
あしたのジョー／みなしごハッチ／いなかっぺ大将／のらくろ／魔法のマコちゃん	金メダルへのターン		
天才バカボン／ふしぎなメルモ／ルパン三世	仮面ライダー／帰ってきたウルトラマン／ミラーマン		
海のトリトン／デビルマン／科学忍者隊ガッチャマン／ど根性ガエル／マジンガーZ	ウルトラマンA／快傑ライオン丸	セサミストリート（NHK）⇒2004年10月からテレビ東京	
バビル2世／ドラえもん[NTV]（'79[ANB]に再登場）／エースをねらえ!／侍ジャイアンツ／キューティーハニー	仮面ライダーV3／ウルトラマンタロウ	NHK人形劇「新八犬伝」／ひらけ!ポンキッキ（1993から「ポンキッキーズ」に改名）／コント55号のなんでそうなるの?	
アルプスの少女ハイジ／魔女っ子メグちゃん／宇宙戦艦ヤマト	仮面ライダーX／仮面ライダーアマゾン／ウルトラマンレオ	カリキュラマシーン	
フランダースの犬／まんが日本昔話[NET→TBS]／タイムボカン／一休さん	秘密戦隊ゴレンジャー／仮面ライダーストロンガー		テレビテニス（エポック社）
キャンディ♥キャンディ／ドカベン			
タイムボカンシリーズヤッターマン／あらいぐまラスカル	ジャッカー電撃隊		家庭用ゲーム機「テレビゲーム15」（任天堂）
未来少年コナン／銀河鉄道999	西遊記	ザ・ベストテン	
花の子ルンルン／機動戦士ガンダム／ベルサイユのばら	バトルフィーバーJ／仮面ライダースカイライダー		
	電子戦隊デンジマン／仮面ライダースーパー／ウルトラマン80		ゲーム&ウォッチ（任天堂）
Dr.スランプあられちゃん／じゃりんこチエ／うる星やつら	太陽戦隊デンジマン	オレたちひょうきん族	
魔法のプリンセスミンキーモモ／タッチ	大戦隊ゴーグルファイブ／宇宙刑事ギャバン		
キン肉マン／キャプテン翼／魔法の天使クリィミーマミ／キャッツ♥アイ	科学戦隊ダイナマン		ファミリーコンピュータ（任天堂）

年	戦後日本経済	社会の動き	子どもの流行	漫画雑誌・映画・ラジオ
1984	安定成長期	グリコ・森永事件	珍獣ブーム（エリマキトカゲ、コアラなど） 「キン消し」大ブーム	映画「風の谷のナウシカ」
1985 昭和60年	安定成長期	乳児死亡率世界最低値記録（出生1000人に対し5.5人） 日本電電公社、日本たばこ産業民営化によりNTT、JTになる つくば科学万博	ファミコンソフト「スーパーマリオブラザーズ」 「シルバニアファミリー」登場	ビジネスジャンプ（集英社）
1986	安定成長期	男女雇用機会均等法施行 チェルノブイリ原発事故 スペースシャトル爆発	ファミコンソフト「ドラゴンクエスト」 ビックリマンチョコのシール集め大流行	
1987	バブル期	国鉄の民営化によるJRグループ発足	ミニ四駆ブーム	月刊アフタヌーン（講談社）
1988	バブル期	瀬戸大橋、青函トンネルの開通 東京ドーム完成	ゲームソフト「ドラゴンクエスト2」「ファイナルファンタジー」 アイドルグループ「光GENJI」の影響によるローラースケート流行	映画「となりのトトロ」「火垂るの墓」
1989 昭和64年 ・平成元年	バブル期	昭和天皇崩御 合計特殊出生率1.57 消費税実施（4月、3％） ベルリンの壁崩壊、東西ドイツ統一 天安門事件 子どもの権利条約国連で採択（日本批准1994年4月、発効5月） 幼女連続殺人事件自供（宮崎勤）		映画「魔女の宅急便」
1990	バブル期			
1991	平成不況	「バブル経済」崩壊 ソ連崩壊 湾岸戦争 育児休業法成立	「バーコードバトラー」発売	
1992	平成不況	学校五日制導入 GNP（国民総生産）世界第2位 「少子化」という言葉が国民生活白書に登場 高年齢出産が30歳から35歳へ引き上げ		
1993 平成5年	平成不況	合計特殊出生率1.46 Jリーグ開幕		クレヨンしんちゃん映画第1作「クレヨンしんちゃんアクション仮面VSハイグレ魔王」
1994	平成不況	松本サリン事件 1ドル＝100円を割る（6月） 製造物責任法（PL法）制定		映画「平成狸合戦ぽんぽこ」
1995	長期不況に突入	阪神淡路大震災（1.17） オウム真理教事件 地下鉄サリン事件 育児・介護休業法成立	ミニ四駆 「たれぱんだ」人気 「プリクラ」登場	
1996	長期不況に突入	首都圏で「おやじ狩り」横行 「コスプレ」少女たちの間で流行	「たまごっち」爆発的人気 ゲームボーイソフト「ポケットモンスター」 プリクラ	たまごっち
1997	長期不況に突入	消費税の税率を5％に引き上げ（4月） 金融機関破綻が相次ぐ 「酒鬼薔薇事件」（神戸市）	「ポケットモンスター」関連商品 ハイパーヨーヨー 「ハリー・ポッターと賢者の石」ベストセラー	映画「もののけ姫」
1998 平成10年	長期不況に突入	戦後最悪のマイナス成長 長野冬季オリンピック開催 児童福祉法改正により「保母」「保父」が「保育士」に	「遊戯王」関連商品	カードゲーム「遊戯王」
1999	長期不況に突入	情報公開法成立 EU17カ国がユーロを通貨として導入	♪だんご三兄弟 電子ペット「ファービー」	ファービー AIBO

テレビ			テレビゲーム
アニメ	特撮・実写版ドラマ	教養・娯楽番組	携帯型ゲーム
魔法の妖精ペルシャ／北斗の拳	超電子バイオマン		
機動戦士Ζガンダム／タッチ	電撃戦隊デンジマン／スケバン刑事		
ドラゴンボール／聖闘士星矢	超新星フラッシュマン	ミュージックステーション	
シティハンター／ビックリマン	光戦隊マスクマン／仮面ライダーBLACK		
それいけ！アンパンマン／ひみつのアッコちゃん（第2シリーズ）	超獣戦隊ライブマン／仮面ライダーBLACK RX	あっぱれ！さんま大先生	
新ビックリマン／ドラゴンボールΖ／ドラゴンクエスト／おぼっちゃまくん	高速戦隊ターボレンジャー		ゲームボーイ（任天堂）
ちびまる子ちゃん	地球戦隊ファイブマン	英語であそぼ	スーパーファミコン（任天堂）
DRAGON QUEST ―ダイの大冒険―	鳥人戦隊ジェットマン	ひとりでできるもん〔NHK教育〕	
美少女戦士セーラームーン／クレヨンしんちゃん／スーパービックリマン	恐竜戦隊ジュウレンジャー	ウゴウゴルーガ〔CX〕	
美少女戦士セーラームーンR／機動戦士Vガンダム／忍たま乱太郎／SLAM DUNK	五星戦隊ダイレンジャー	天才テレビくん	
赤ずきんチャチャ／美少女戦士セーラームーンS／機動戦士Gガンダム／魔法騎士レイアース／キャプテン翼J	忍者戦隊カクレンジャー		プレイステーション（SCE）セガサターン（セガ）
美少女戦士セーラームーンSuperS／あずきちゃん／スレイヤーズ／新世紀エヴァンゲリオン	超力戦隊オーレンジャー		
名探偵コナン／ドラゴンボールGT／美少女戦士セーラームーンセーラースターズ／機動新世紀ガンダムΧ／花より男子	激走戦隊カーレンジャー／ウルトラマンティガ	いないいないばぁ！	NINTENDO64（任天堂）
ポケットモンスター／夢のクレヨン王国	電磁戦隊メガレンジャー／ウルトラマンダイナ		
こっちむいて！みい子／遊☆戯☆王／ひみつのアッコちゃん（第3シリーズ）／カードキャプターさくら／スーパードール★りかちゃん／おじゃる丸	ウルトラマンガイア		ゲームボーイカラー（任天堂）ドリームキャスト（セガ）
おジャ魔女どれみ／デジモンアドベンチャー／∀ガンダム／ビックリマン2000	救急戦隊ゴーゴーファイブ		

年	戦後日本経済	社会の動き	子どもの流行	漫画雑誌・映画・ラジオ
2000		2千円札発行 人型ロボット「ASIOMO」発表（ホンダ）		
2001		同時多発テロ（アメリカ、9.11） 池田小学校事件（無差別殺傷事件） 完全失業率が5％を上回る	「ベイブレード」関連商品	映画「千と千尋の神隠し」 映画「クレヨンしんちゃん嵐を呼ぶモーレツ！オトナ帝国の逆襲」
2002		完全学校5日制 国際子ども図書館開館 拉致家族5人が北朝鮮から帰国		
2003 平成15年		地上デジタル放送開始 少子化社会対策基本法公布 個人情報保護関連法成立 人型ロボット「QRIO」発表（ソニー）		
2004		大学で「子ども学科」相次いで開設 裁判員法制定	プリキュア関連商品	
2005		食育基本法成立 合計特殊出生率1.26	トレーディングカードアーケードゲームが大流行（『甲虫王者虫キング』、『ラブ and ベリー』）	
2006	平成不況	教育基本法改正	「こなぶん」発売	映画「ゲド戦記」
2007		「赤ちゃんポスト」の運用開始（熊本・慈恵病院）		
2008 平成20年		サブプライムローン問題（2007）による世界的金融不安 児童虐待相談件数が初めて4万件を超える		映画「崖の上のポニョ」
2009		合計特殊出生率1.37 完全失業率5.1％ 児童虐待の相談のできる全国共通の電話番号を設置（厚労省）		
2010		小惑星探査機「はやぶさ」（JAXA）地球に帰還		
2011		東日本大震災（3.11） 九州新幹線開業	「ダンボール戦機」プラモデル	女子小学生向けファッション誌「JSガール」創刊（三栄書房）
2012		東京スカイツリー開業（5月） 尖閣諸島・竹島をめぐり中国・韓国と領土問題		
2013 平成25年		アベノミクス		

	テレビ			テレビゲーム・携帯型ゲーム
アニメ	特撮・実写版ドラマ	教養・娯楽番組		
おジャ魔女どれみ♯／デジモンアドベンチャー02／遊☆戯☆王デュエルモンスターズ／とっとこハム太郎／犬夜叉	未来戦隊タイムレンジャー／仮面ライダークウガ			プレイステーション2（SCE）
爆天シュートベイブレード／も～っと！おジャ魔女どれみ／デジモンテイマーズ／星のカービィ／テニスの王子様／ヒカルの碁／カスミン	百獣戦隊ガオレンジャー／仮面ライダーアギト／ウルトラマンコスモス			ニンテンドーゲームキューブ（任天堂）ゲームボーイアドバンス（任天堂）X box（マイクロソフト）
おジャ魔女どれみドッカ～ン！／わがまま☆フェアリーミルモでポン！／デジモンフロンティア／あたしンち／機動戦士ガンダムSEED／デュエル・マスターズ／釣りバカ日誌／ポケットモンスターアドバンスジェネレーション／NARUTO－ナルト－	忍風戦隊ハリケンジャー／仮面ライダー龍騎	ピタゴラスイッチ		
爆天シュートベイブレードGレボリューション／明日のナージャ／アストロボーイ・鉄腕アトム／金色のガッシュベル!!／鋼の錬金術師	爆竜戦隊アバレンジャー／仮面ライダー555／美少女戦士セーラームーン	にほんごであそぼ		
ふたりはプリキュア	特捜戦隊デカレンジャー／仮面ライダー剣／爆竜戦隊アバレンジャー／ウルトラマンネクサス			ニンテンドーDS（任天堂）プレイステーションポータブル（SCE）
ふたりはプリキュア Max Heart／ふしぎ星の☆ふたご姫／創聖のアクエリオン／甲虫王者ムシキング森の民の伝説	魔法戦隊マジレンジャー／仮面ライダー響鬼／ウルトラマンマックス			X box360（マイクロソフト）
ふたりはプリキュア Splash Star／涼宮ハルヒの憂鬱／デジモンセイバーズ／銀魂／NANA／きらりん☆レボリューション／DEATH NOTE／家庭教師ヒットマンREBORN!	轟轟戦隊ボウケンジャー／仮面ライダーカブト／ウルトラマンメビウス	みいつけた！		Wii（任天堂）プレイステーション3（SCE）
のだめカンタービレ／Yes！プリキュア5／古代王者恐竜キングDキッズ・アドベンチャー／精霊の守り人／らき☆すた／電脳コイル／機動戦士ガンダム00／しゅごキャラ！	獣拳戦隊ゲキレンジャー／仮面ライダー電王			
Yes！プリキュア5 GoGo！／遊☆戯☆王5D's	炎神戦隊ゴーオンジャー／仮面ライダーキバ			
フレッシュプリキュア！／戦国BASARA／けいおん！／怪談レストラン／ジュエルペット	侍戦隊シンケンジャー／仮面ライダーディケイド／仮面ラーダーW			ニンンテンドーDsiLL（任天堂）
ハートキャッチプリキュア！／デジモンクロスウォーズ／ポケットモンスター／ベストウィッシュ／ジュエルペットてぃんくる☆	天装戦隊ゴセイジャー／仮面ライダーオーズ			
スイートプリキュア♪／プリティーリズム・オーロラドリーム／遊☆戯☆王ZEXAL／とっとこハム太郎でちゅ／ジュエルペットサンシャイン／ダンボール戦機	海賊戦隊ゴーカイジャー／仮面ライダーフォーゼ			ニンテンドー3DS（任天堂）プレイステーション・ヴィータ（SCE）
スマイルプリキュア！／プリティーリズム・ディアマイフューチャー／ジュエルペットきら☆デコッ！／ダンボール戦機W	特命戦隊ゴーバスターズ／仮面ライダーウィザード			WiiU（任天堂）
ドキドキ！プリキュア／プリティーリズム・レインボーライブ／ジュエルペットハッピネス／ダンボール戦機WARS	獣電戦隊キョウリュウジャー／仮面ライダー鎧武	おとうさんといっしょ（NHK.BS）		

主な参考資料：下川耿史『近代子ども史年表 昭和・平成編』河出書房新社、2002年。『テレビ史ハンドブック』自由国民社、1998年。『テレビでたどる子どもの文化』岩崎書店、2005年、など。

〔資料３〕 1953年テレビ放送開始期の番組

NHK総合テレビ

	月	火	水	木	金	土	日
11	11:55　番　組　予　告							
12	12:00 映画「お父ちゃんのハンドル」	映画ニュース／ＶＯＡ週間ニュース				ＶＯＡ週間ニュース	
	12:20	音　楽　・　演　芸					12:30 落語・漫才
	12:50 12:55～	ニ　ュ　ー　ス 生活情報 他					
13	13:00 ちえくらべ	さる	健ちゃんと読書の秋	渡り鳥	18世紀のスペイン	ミシンの使い方	
	13:15 季節の西洋料理	育児問答	赤ちゃん十二カ月	玩具の選び方	はだの手入れ	対談 早慶戦の思い出	
					13:30 六大学野球中継 早慶一回戦		六大学野球中継 早慶二回戦
14〜16								
17								
18	18:30　子　ど　も　の　時　間							
	映画「りんご園物語」	菊のお庭	アラジンの不思議なランプ	秋の音楽会	劇「風車とガマと武士」	影絵劇「奇巌城」	劇「正と三郎」
	19:00	特集ニュース			世界ニュース	週間ニュース	特集ニュース
19	19:20	ニ　ュ　ー　ス　解　説						
	19:30 民謡	私の仕事は何でしょう	談話室「さし絵四方山話し」	早慶アイスホッケー中継	影絵「河童ものがたり」	クイズ漫画くらぶ	今週の明星
	19:45 バレエ		19:50				
	20:15 ぼくの見たものきいたもの	20:00 トニーのバレエへの招待			ジェスチャーゲーム	落語ショー	
20	20:30　ニュース		寄席中継	ニュース				
	20:35 近代彫刻の話①、②			世相漫画川柳風景	明日の早慶戦	家具とデザイン	テレビアマチュア写真懸賞発表
	20:55　卓上日記			卓上日記			
21			〜21:30				21:00 映画「アレン対マリノ戦」「白井対マリノ戦」

出典：「テレビ史ハンドブック」（伊豫田康弘他著、自由国民社、1896年）より

資料 241

日本テレビ

		月	火	水	木	金	土	日
11		11:55		今日のお知らせ				
12		12:00 民謡 12:15 人形劇「大蛇と田野久」 12:40 NTVニュース・天気 12:55 NTV特集ニュース	12:00 コンチネンタルメロディー 12:30	12:00 トロピカルリズム	12:00 歌謡絵巻	12:00 テレビ・カーニバル	12:00 歌って踊ってテレビに乗って	12:00 NTVニュース・天気 12:15 リズム・フェスティバル
13		13:10 ランボーの詩 13:30 私達の感覚 13:45	12:45 私の顔 13:00 歌の玉手箱 13:15 映画「子供の国」	海外スポーツ コメディー「故郷のなし」 劇画漫文 13:40 味覚のしおり	スポーツ特集 太宰治をしのぶ 13:15 ストックフォルムの話 読書の手引き 13:45 手品教室	テレビ舞踏集 連続劇「さつきさん」 明日のホープ オリオンズ対全米オールスターズ中継	アマチュアスター道場 13:45	子供のパーティー 12:25 映画「鉄路に生きる」
14		全日本対NYジャイアンツ中継	ゲームの宝					
16							オールパシフィック対全米オールスターズ中継	
17		17:30 子供新聞 17:50 少年西遊記	狂言 17:45 私の動物記	青少年コンサート 少年西遊記	子供新聞 17:40 夢のお国	スポーツ特集 少年西遊記		
18		18:00 歌の玉手箱 18:15 町から村から 18:30 カブキバラエティーとんだ忠臣蔵	NTV特集ニュース テレビリサイタル 行楽案内 18:45 産業めぐり	世界ニュース ジェスチャークイズ 影絵「アラビアンナイト」	ようこそオールスターズ ステップゲーム	影絵劇場 国際ニュース・案内 テレビ浮世亭	動物びっくり箱 花のビデオ 映画「稲田家の結婚」	日曜コンサート 特集ニュース 懐かしの民謡集
19		19:00	三社ニュース（朝日・毎日・読売）					NTVニュース
		19:15	天気・NTVスポーツニュース・お知らせ					スポーツ 19:20 社会探訪
		19:30 落語裁判	国際ニュース 19:45 ぼうふら教室	伊映画「純愛」 ミュージックサロン	歌の玉手箱 お笑い玉手箱	日本舞踊	なんでもやりまショー	映画クイズ
20		20:00 バレー名作選 20:30 軽音楽と歌	NTV劇場 （輝く新星）	有名二人芸 テレビコント	連続劇「バック町を行く」 歌ごよみ	洋楽（ジャズ） 漫談	歌謡ショウ 落語鑑賞会	連続劇「我家の日曜日記」 邦楽百貨撰
		20:45	時の話題					特ダネくらぶ
21		21:00	テレニュース				テレニュース・ウィークリー	テレニュース・スポーツ

あとがき

　本書は児童学、教育学の分野で児童文化を学ぶ学生と子どもについて関心のある一般の人たちを対象に書かれたものである。

　学校で学ぶ歴史や社会の教科書で、子どもが主役になることはあまりない。しかも昔の子どもの姿を探しても、わずかな記録しかなく、全貌を知ることは不可能に近い。それでも大人によって愛され、育まれる子どもは、いつの時代にもいた。そして彼らが次の時代を連綿と築き上げてきたことも事実である。そこにあえて歴史的なまなざしを向けてみると、その時代の人びとの生活が違った視点から見えてくるのではないか、私たちはこのような確信のもとに、「子ども像を探究」してきた。

　「子どもとは何か」、その根本的な問題を考えることのできる、数少ない科目が児童学の分野では「児童文化」である。このような立場からどのような子どもの姿を見ることができるのか。混迷する子どもをめぐる諸問題を考えるために、本書が少しでも参考になれば幸いである。

　　　　　＊

　なお、はじめに、第1章～第5章、おわりに、付論1～8は是澤博昭、第6章、第7章、資料は是澤優子が担当した。

　特に第1章～第5章、付論は、大妻女子大学、及び前任校の聖徳大学「児童文化論」の講義ノートをもとにしている。本書をまとめるにあたり、大妻女子大学をはじめ、非常勤で出講しているお茶の水女子大学、東洋大学、それぞれの授業で相当する章の草稿をもとに講義をした。学生の皆さんに教えられることも多く、その意見や反応を参考にしながら加筆、修正できたことに感謝している。

第5章の児童福祉の歴史は、渋沢研究会でお世話になっている長沼友兄先生にご教示いただくとともに、同僚の加藤悦男先生からも貴重なアドバイスを頂戴した。世織書房の伊藤晶宣さんをはじめその他の名前を記すことができないが、お世話になった多くの皆さんに心より御礼を申し上げたい。

著者を代表して　是澤博昭

〈著者プロフィール〉
是澤博昭（これさわ・ひろあき）
現在、大妻女子大学教授。博士（学術）。
専攻は、文化史・児童文化（人形玩具文化論）。
著書に、【子ども史四部作】『教育玩具の近代』『青い目の人形と近代日本』『軍国少年・少女の誕生とメディア』『赤本1937〜1941』（以上、世織書房）、『子供を祝う端午の節句と雛祭』『日本人形の美』『決定版日本の雛人形』（以上、淡交社）、『六義園柳沢家の雛祭』（ミネルヴァ書房）など。

是澤優子（これさわ・ゆうこ）
現在、東京家政大学教授。博士（教育学）。
専攻は、児童学・児童文化。
著書に、『子どもたちの文化史』（臨川書店・共著）、『新版児童文化』（ななみ書房・共著）など。

Social Compass Series 3
子ども像の探究────子どもと大人の境界

2012年5月5日	第1刷発行 ©	
2023年9月1日	第8刷発行	
	著　者	是澤博昭・是澤優子
	装　画	金子知子
	装幀者	M．冠着
	発行者	伊藤晶宣
	発行所	（株）世織書房
	印刷所	新灯印刷（株）
	製本所	協栄製本（株）

〒220-0042　神奈川県横浜市西区戸部町7丁目240番地　文教堂ビル
　　　　　　電話 045-317-3176　振替 00250-2-18694

落丁本・乱丁本はお取替えいたします　Printed in Japan
ISBN978-4-902163-64-3

教育玩具の近代
教育対象としての子どもの誕生
是澤博昭
〈2700円〉

青い目の人形と近代日本
渋沢栄一とL・ギューリックの夢の行方
是澤博昭
〈2600円〉

軍国少年・少女の誕生とメディア
子ども達の日満親善交流
是澤博昭
〈2800円〉

平和を生きる日米人形交流
渋沢栄一とシドニー・ギューリックの親交からキッズゲルニカへ
宮崎広和・是澤博昭・井上潤＝編
〈1600円〉

世織書房

〈価格は税別〉